中华人民共和国北京市版权局作品登记证号01-2011-A-192230

价值经济管理学新体系系列专著之五十二

# 企业价值管理学

# Management on Enterprise Value

周天华⊙著

打开商品"价值"之谜

建设"健康态"社会经济

知识产权出版社
全国百佳图书出版单位

**内容提要**

本书主要内容包括：商品的全面实时价值、企业全面实时价值管理概述、企业内部全面实时价值管理、企业外部全面实时价值管理、全面实时价值的资本运营管理、企业剩余价值管理等。企业的价值管理，是对企业的人、财、物、产、供、销等，各种资源所进行的计划、组织、领导、沟通、协调、控制、激励、考核、分配等管理，并且是使用计算机价值管理软件及互联网系统自动化操作下的"过程"管理，通过及时改进管理、创造商品的"价值"及"剩余价值"，带来管理的经济效益，有效解决大企业、跨国公司等一切企业管理难的问题，同时也是培养"实用人才"的必经途径。

**责任编辑**：张筱茶

**图书在版编目（CIP）数据**

企业价值管理学/周天华著．—北京：知识产权出版社，2013．12
ISBN 978-7-5130-2282-8
Ⅰ．①企…　Ⅱ．①周…　Ⅲ．①企业管理　Ⅳ．①F270
中国版本图书馆CIP数据核字（2013）第218987号

**企业价值管理学**
QIYE JIAZHI GUANLIXUE
**周天华　著**

出版发行：知识产权出版社
社　　址：北京市海淀区马甸南村1号
邮　　编：100088
网　　址：http://www.ipph.cn
邮　　箱：bjb@cnipr.com
发行电话：010-82000860转8104/8102
传　　真：010-82005070/82000893
责编电话：010-82000860转8180
责编邮箱：baina319@163.com
印　　刷：知识产权出版社电子制印中心
经　　销：新华书店及相关销售网点
开　　本：787mm×1092mm　1/16
印　　张：18
版　　次：2014年1月第1版
印　　次：2014年1月第1次印刷
字　　数：300千字
定　　价：62.00元
ISBN 978-7-5130-2282-8

# 前　言

首先，作为企业来说，是生产经营“商品”的载体。这样，企业的管理首先是建立在对“商品”的管理之上。

然而，作为企业管理，当然不能只限于对于商品的表面所进行的管理，而要对一切商品的“全部共同抽象的本质”的全面实时的“价值”所进行的管理，才是具有明确目标效益指向的管理。反之，离开对一切商品的全部共同抽象的本质的全面实时价值所进行的管理，难免是“空头”管理，所谓“计划没有变化快”、“管理无定论”完全是一种自我解脱。

由于商品经济社会以来，缺少商品的全面实时价值的企业管理的整套理论和计算机实操方法，所以形成世界性的企业管理难，特别是大企业、跨国公司管理难的问题。影响商品社会特别是市场经济社会经济效益的发挥，而市场经济社会主要是企业支撑下的“工业化”、“外贸化”为主的社会经济。这样就要通过对企业的全面实时价值管理来有效解决企业管理难的问题。

关于价值管理的由来，根据百度百科的介绍，1994 年，当大多数企业管理人员正在按照传统的绩效标准为创造股东价值的企业战略浴血奋战时，JamesM. McTaggart 发表了价值管理理论的分水岭之作《价值命令》，提出了价值管理（Managing for Value）的观念，构建了股东价值管理的一个全新架构。特别是 Alfred Rappaport（1986）提出的贴现现金流模型使价值最大化不仅成为一种管理理念，也变成一种可操作的管理技术，从此基于价值的企业管理（VBM）成为战略决策、公司治理、过程控制、业绩评价和并购扩张中共同的声音（汤谷良，2003）。汤姆·科普兰等早在其合著的《价值评估：企业价值的衡量和管理》一书中，已经提出了价值管理的唯一目标是股东价值最大化，即股东价值的管理是高层管理者的核心职责，概述了价值创造的基本原理，并在此基础上积极寻求最大化股东价值的方法。

肯尼斯·布兰佳（Kenneth Blanchard）是美国著名的商业领袖，曾荣获国际管理顾问麦克·菲利奖。他与斯宾赛·约翰逊合著的《一分钟经理人》连续3年《纽约时报》畅销书排行榜第1名。全美畅销了22年，销量超过1500万册，并先后被翻译成27种语言出版，影响了整整两代经理人阶层。而斯宾赛·约翰逊也获得了世界诺贝尔经济学奖。这就是世界最早的关于价值管理的雏形，即以“股东收益最大化”以及“现金流折现”为主要内容的价值管理。但从中可以看到社会的企业家们对于价值管理的极大渴求。

而在中国，作为企业管理理论，也经历了从无到有的长期艰难复杂寻找过程，走了大弯路，最后找不到方向了。

首先是中国改革开放之初，通过批判的方式引进了西方经济学理论，进行企业管理培训，结果由于西方经济学理论，只是建立在商品的“劳动”和“资本”的“两种生产要素”的“片面价值论”基础上的理论，而现实社会的所有商品都是建立在全部成本加全部利润的全部价格的全面价值基础上的，这样在实践上用不上就显然的了。

无奈之下，中国的企业管理培训转而发展为使用“国学”理论进行授课，投入了大量的人力物力等社会资源，但由于国学理论是关于人文、社会生活方面的伦理道德的学说，与企业管理价值创造及剩余价值形成并不是同一码事，所以，使企业家们心恢意冷。

无奈之下，又转而用《孙子兵法》对企业家进行培训，由于“孙子兵法”是关于军队作战的理论，与企业管理相关关系不大，这样，企业家花了大把的钱进行培训，收到的效果微乎其微。

而作为企业来说，至少承担四大社会责任，一是对国家的税收贡献责任，二是向社会提供消费品，满足人类生活、生存的各种消费需要责任，三是满足社会就业的责任，四是企业资本金价值保值、增值责任。而企业的这些责任，都要经过企业家对于社会资源的“少投入、多产出”的运作，笔下生花，才能实现，因为企业家是社会财富的资源的调度者。这样，就要造就整个社会的一大批真正的懂经营、会管理的企业家队伍，作为大学，就要培养真正懂经营、会管理的企业家、创业家等实用人才。可以说，在一个缺少真正懂经营、会管理的企业家队伍之前，市场经济社会经济制度的优越性是难以体现出来的。

所以，建立企业的全面实时价值的价值管理的整套理论与方法，包括计算机自动化实施操作，就成为市场经济社会，特别是当代社会以来急切的大事，甚至关乎整个市场经济社会的运行效率及成败。

本书就是在这样的世界企业管理背景下形成的基于企业的全面实时价值的价值规律下的企业管理整套理论与计算机自动化操作方法的阐述，为世界各国企业提供计算机自动化价值管理以及为世界各国大学提供相应的“VM 价值管理实验室”系列软件。是世界“新一代”的“价值经济管理学新体系”系列专著 62 分册整套理论在企业管理方面的具体应用。

根据本书的企业价值管理学理论形成的“全球经济一网通系统–企业总价值、剩余价值每日实时评估显示预测系统”的计算机自动化操作下的价值管理，能够对企业每天每时每刻的总价值、剩余价值及价值规律进行全方位的实时过程管理。并且通过对企业全面实时价值的价值规律下的“过程”管理，有针对性地及时改进经营与管理，带来管理上的效益。形象地说，就是总经理及各部门经理的管理当局，每天围绕“全球经济一网通–企业总价值每日实时统计评估显示预测系统”动态变化曲线，对企业的每日每时的总价值、剩余价值动态变化曲线来进行的计划、组织、领导、控制、沟通、协调、激励、考核、分配等“过程”管理来及时改进管理，带来企业管理的剩余价值，使企业管理如同行驶中的汽车有了“方向盘”、“导航仪”和“测速仪”一样，确保企业的商品生产经营活动建立在商品的全面实时价值的价值规律基础上，“少投入、多产出”，最大限度地实现剩余价值，优化社会资源的配置，从根本上化解企业管理风险。进而开辟当代世界计算机智能化价值管理的新时代。

作为《企业价值管理学》对于现行价值管理理论以及企业管理、财务管理理论的发展主要体现在以下几个方面上。

1. 作为目前的企业管理以及财务管理教材中的“收益净现值 NPV”概念是建立在未来预测基础上的或事后总结的基础上的数据指标计算的结果，属于“算命先生”或“盖棺定论”的结果，自然在企业管理以及财务管理的“过程 ”中用不上，无法依此改进管理。

2. 现金流折现形成的“复利收益净现值 NPV”概念的全面完善与发展问题。

因为“复利收益净现值 NPV”是投资商品（也称投资项目）各年税后的“净”现金流量 NCF 按复利分年折现到期初加总的结果。丢掉了各年为国家提供的税收部分的剩余价值，因此，充其量只是投资者资本金期初回报的部分利润剩余价值，不是投资项目的全部剩余价值所在，更不是投资项目的“总价值”，因为投资项目的总价值，不但包括剩余价值，而且还包括期初生产要素投入固定资产的价值。而目前的教材把整个投资项目的部分的剩余价值的“复利收益净现值 NPV”当成一切投资项目的统一的“总价值”加以认定，就会以偏盖全。而投资项目是整个国家或社会的基本经济基础，如同会下蛋的母鸡一样，支撑整个国民经济的运营及发展，而这样的理论用于实际上，势必带来整个项目投资决策以及项目价值判断上的误导，影响整个国民经济管理。

不但如此，作为各年折现的方法上，根据不同的投资，形成的收益率不只包括复利情况，而且还包括单利情况，这时就要复利与单利区分开来加以研究，形成单利收益净现值 NPV 等概念下的投资者剩余价值计算问题。

所以，本书郑重指出了，只有投资项目的各年税前利润分年折现到期初加总得到的“收益总现值 TPV”，才是一切投资项目的统一的“剩余价值”所在，并且要严格区分单利与复利的不同折现。此外，还要区分资本金不同投资对比下的折现率的折现。如银行存款利率、证券投资收益率、行业基准收益率下的折现结果，是相对这些方面的投资带来的剩余价值，而只有取或通货膨胀或通货紧缩率作为折现率计算出来的收益总现值 TPV，才是资本金本身的时间价值下的期初剩余价值。进一步，只有取各种投资收益率减去通货膨胀率或加上通货紧缩率的“实际折现率”折现下的收益总现值TPV，才是项目去掉其他投资机会成本以及通货膨胀、通货紧缩因素影响下的，资本金资源最大利用下的剩余价值。再进一步，一切投资项目统一的剩余价值的“收益总现值TPV，当项目期为零时，就是消费品的剩余价值，而一切投资项目与消费品的生产要素投入完全相同，这样，就找到了包括消费品以及投资商品的世界一切商品的全面统一实时价值评估计算公式，并且使用1克黄金为一个价值单位来度量，则整个世界的一切商品，不但可以统一实时计算总价值、剩余价值，而且经过黄金价值单位换算后，还能通过一定克数的重量的黄金直接对比价值大小，不但能够统一计算，而且还能够“看得见、摸得着”了，这就是商品经济社会以来，人们“梦里寻他千百度”，“只能意会、不能言传”的我们每天每时都要用到的所有商品的客观上的“价值”所在。

这样，我们就真正找到了客观上的所有商品的全面统一价值的真谛所在，构成整个企业、政府等各种经济组织的价值管理的基础。使企业管理有了明确具体的目标指向。

3. 首次建立“按商品的生产要素投入比例”分配企业利润剩余价值的“标准市场经济社会”的新概念及具体核算方法。

这是对按“资本”“一种生产要素”分配企业利润的“股东收益最大化”的进一步完善与发展。

这是因为，只有货币“资本”，没有其他生产要素配合，是无法生产经营出来商品的，所以，企业商品生产经营的本质是土地、资本、劳动、科技及企业家多种生产要素按比例投入形成的结果，而各种生产要素是投资商品，具有获得多期收益的本质属性，这样，各种生产要素共同参与企业商品生产经营，都是投资商品，所以，就要按投入比例共同参与企业利润剩余价值分配，只有这样，才能实现各种生产要素与企业的商品买卖上的等价交换。在操作上，就是把各种生产要素根据投入比例计入股份，这样，就能够形成各种生产要素对于企业的产权化，而职工劳动者就能够以企业的法律地位上的“主人”出现，而按资分配以及计划经济都没有实现职工的当家作主，形成“无产阶级”，而在充分调动所有生产要素积极参与企业商品生产经营的基础上，创造出超过“按资分配”下的资本主义市场经济社会的更大的经济奇迹。这个社会，我们称为“标准市场经济社会”，从根本上改变企业的本质属性，实现企业价值管理下的公平合理的剩余价值分配，而2013年春节期间，作为中国新一届中央政府，已经将此纳入《国务院收入分配改革方案》当中，作为整个国家未来的基本治国方略，能够消除资本主义市场经济社会所遇到的各种风险以及相对低效率。

4. 作为当代世界目前正在使用的ERP计算机管理系统，在“投入”与“产出”的性价比上，一直处于争论当中，这是因为，作为ERP系统，确实比算盘计算先进了，但充其量只是一个企业信息传递系统，因为它的设计理念是建立在零散的管理理论基础上的，自然脱离商品的全面价值及价值规律的。起不到智能化管理作用。ERP项目的投入产出比还在争论不休之中。

还有其他方面的完善与发展，等等。

这样，我们就形成了比较完善化的可操作的企业价值管理理论与方法。

而社会的需要，就是大学努力的方向，培养社会真正懂经营、会管理的企业家人才，主要在大学经管专业特别是工商管理专业的人才培养上。缺少企业价值管理理论的学科专业，特别是工商管理科科专业理论，始终是一个空洞的理论的学科专业。

而作为目前的大学毕业就业难，其主要原因是学生课堂学习的知识与社会企业管理实际需要结合不到一起，用不上。特别是对一个具有14亿人口的大国，每年有六七百万名大学毕业生难以找到工作，带来大学生的人生痛苦，影响家庭生活甚至带来社会不安定因素。这样，也迫切需要进行经济管理专业人才即职业经理人的实用人才的培养，这样，就要求在建立工商管理企业价值管理方向的课程学习的基础上，建立起价值管理实验室进行配套实验进行实习教学。

为此，浙江越秀外国语学院国际商学院在世界上第一个开设了工商管理专业下的“企业价值管理方向”，开设的课程包括《价值管理学基础》《企业价值管理学》《企业人事全面实时价值管理》《企业财务全面实时价值管理》《企业物质全面实时价值管理》《企业生产全面实时价值管理》《企业供应全面实时价值》《企业销售全面实时价值管理》《企业金融全面实时价值管理》等，本批出版的《企业价值管理学》和《企业财务全面实时价值管理》两个分册就是其中之一，可以称为姊妹篇，因为二者内容太紧密了。除此之外，浙江越秀外国语学院国际商学院还正在开始建设世界上第一个“VM 价值管理实验室”，配合理论教学，使培养“实用人才”真正落到实处。此外，还有四川师范大学经济管理实验中心等一大批院校也正积极准备建立“VM 价值管理实验室”。

最后感谢浙江越秀外国语学院国际商学院朱土兴院长在国内外首先提出开设工商管理专业的“企业价值管理方向”的新创想，这一新创想对工商管理学科、专业建设发展具有特别重大的意义。同时，也对国际商学院党委书记、常务副院长赵海峰老师对“企业价值管理方向”下的整套课程体系建设所给予的充分肯定与积极支持深表感谢。还要特别感谢浙江越秀外国语学院党委组织部王越部长提出有益宝贵意见。

此外，对于本书提出宝贵意见的专家朋友还有：美国印第安纳波利斯大学国际学院教授、博士生导师吕立行先生，国际商学院任建华教授，美国留学、工作多年归国的经济学博士陈刚副教授，美国留学归来的胡凡博士、美国林肯大学（中国区）胡泽国教授、以及浙江大学出版社孙会雨编辑，清华大学经济管理学院国际工程专业硕士研究生蒋刘蕊同学以及绍兴市越城区灵芝镇人民政府王婵琼老师、王全一总经理等对本书提出宝贵意见，在此一并致谢。

而要特别一提的，要由衷地感谢知识产权出版社张筱茶编辑对本书所倾注的大量心血以及相关编辑所倾注的大量的心血，在这里请允许我由衷地说一声，谢谢！因为从签定出版合同到正式出版过程中，每过几天修改一次内容，合计下来足有二三十次，每次都不厌其烦，而我自己也感觉不好意思的，能够得到这些编辑的理解，这是我最愉快的出书合作。

而读者如果对“价值经济管理学新体系”系列专著其他 60 多个分册感兴趣的话，可以通过国际价值中心网站下载全套的电子书。网址是 http：//WWW. valuezhou. com（建设中，计划 2013 年年末前完成）

最后，本书已于2011年在中华人民共和国北京版权中心正式备案注册，根据伯尼尔公约规定，其版权在世界150个公约国范围内均受到同等的“国民待遇”保护，以及相应的价值管理系列软件同样得到注册与保护。

祝世界企业价值管理新时代早日到来！

祝世界价值管理新时代早日到来！

# 目　录

# 第一章　商品的全面实时价值

要进行企业价值管理，首先要对一切商品的全面统一实时价值有一个全面透彻的了解和掌握。为此，本章中我们对一切商品的全面统一实时价值做了全面详细的介绍，为之后的学习打下坚实的基础。

## 第一节　商品的全面价值

### 一、价值

对于“价值”问题，社会上的人们经常提及，甚至一些社会科学理论中也时而提到。

然而，到底什么是“价值”，目前的社会科学还没有给出明确统一的解释。

简单来说，“价值”就是事物的“共同抽象的本质”。事物的价值是由多方面的共同抽象的本质决定的，多方面的共同抽象的本质就构成全面价值或总价值。而全面的价值，则是指“事物的‘全部’共同抽象的本质”。

这就意味着，“价值”问题是抛开事物的不同虚幻的外表，而专门对事物的“全部的共同抽象的本质”所进行的抽筋拨骨的理论研究得出的结果，如“白骨精”，可以一个老人的形象出现，也可以一个小孩的形象出现，但它的本质是“白骨”，“万变不离其宗。”

对于世界的事物的认识，只有拿到“价值”上来考量，才是对事物的本质的认识，不为表面现象所迷惑。而离开“价值”的理论以及社会生产实践，都是浮在事物的外表的，难以解决社会实践中遇到的各种问题。

对于整个世界的“全部共同抽象的本质”的“价值”是什么的问题，是一个“世界观”的问题，目前世界上存在“唯物主义”和“唯心主义”两种世界观。

现实世界中，研究“某一领域”的“全部共同抽象的本质”的“价值”的理论体系，就构成某一门学科专业。如对于一切事物的“全部共同抽象的本质”的“数”或“形”的研究，形成数学学科专业。而对于“一切物质的全部共同抽象的本质”的100多种化学元素的研究，形成化学、生物、医学、药学、物理学等各门学科专业，这样，100多种化学元素，就是这些学科、专业所研究的“价值”……

## 二、商品的价值

既然抽象的价值是事物的“全部共同抽象的本质”的体现，则商品的价值也同样是一切商品的“全部共同抽象的本质”的体现。即：“商品的价值”是“一切商品的全部共同抽象的本质”。

显然，这样定义出来的商品的价值，与其他自然科学以及社会科学研究的“价值”取得完全一致，而形成的相应理论也是对“一切商品全部共同抽象本质”的体现。

那么，一切商品的“全部”的“共同抽象的本质”的“价值”具体内容包括什么呢?

回到现实社会中来，容易发现，一切商品都离不开土地、资本、劳动、科技及企业家等“生产要素”投入而形成，同样离不开商品的“效用”而存在。即：

$$\text{一切商品的价值} = \text{生产要素投入} + \text{效用} \tag{1}$$

这就是一切商品的全部的共同抽象的本质的“价值”所在。

如果将商品的生产要素投入用实物货币来表示，就形成了商品的“成本”，而将商品的效用用实物货币来表示，就形成了商品的“利润”，这样，生产要素加效用的全面价值，使用实物货币来表示，就是成本加利润的全部价格的价值。即：

商品的价值=全部成本+全部利润=全部价格　　（2）

而在纸币社会中，由于纸币的通货膨胀或通货紧缩带来价值的贬值或增值，是一种虚拟的价值，所以，不能直接使用纸币价格表示价值，需要将纸币去掉通货膨胀率或加上通货紧缩率，才是真正的“价值”。

现对公式（1）或实物货币下的公式（2）进行数学实证分析。

1. 反证法

如果没有土地、资本、劳动、科技及企业家生产要素投入，则商品无法生产出来，也就谈不上商品的价值了。而如果市场上的商品没有效用，则就不会有人购买它，这时商品卖不出去，利润无法形成，也就没有人生产它了，也就谈不上价值了。而只有土地、资本、劳动、科技及企业家的一种、两种或几种生产要素也无法生产出来商品，自然谈不上形成商品的价值问题了。比如只有土地一种生产要素，没有其他生产要素，不能生产出来商品，也就不会形成商品的价值，需要全部要素综合配套才能生产经营出来的商品并且商品具有为社会认可的效用，才能形成“商品价值”。而且要不同行业，不同商品的生产特点，各种生产要素投入的比例也有所不同。

2. 数学归纳法

现对上面的一切商品全面统一价值计算公式（1）或实物货币下的公式（2）使用数学归纳法进行实证分析。

数学归纳法是根据自然数的特点，即从 1 开始，每加上一个数就得到下一个数，并且是“无限集”。这样，对于一个数学命题，能够证明对于自然数 1 是成立的，并且能够在假设对于任意的自然数 n 也成立。则能够证明出对于 n+1 时也成立，从而也就证明了对于所有的自然数 1、2、3、4……都是成立的。

为此，我们要验证命题（1）或实物货币下的（2）式对于所有自然数的商品的集合都是成立的，则只需要证明命题（1）或实物货币下的（2）式是成立的，假定对于任意 n 种商品也成立，而证明出对于 n+1 种商品也成立，也就证明了对于所有“自然数”的商品都成立就可以了。

现验证如下：

设商品的全面价值用 V 表示，商品的生产要素投入用 a 表示，商品的效用用 b 表示。且 a、b 是实数，则

商品的全面价值计算公式为：

$$V=a+b \tag{3}$$

第一步，对于一种商品时（3）式成立是显然的，可以在市场上随意寻找一种商品看其缺少生产要素投入和效用能否存在即可。

由于是一种商品，即 1V 表示的商品，所以可以将（3）式两边同时乘以 1 得到 1 种商品的价值表达式，即

$$1V=1(a+b)$$

如果是 n 种商品，可以将（3）式两边同时乘以 n，得到 n 种商品的价值之和表示式；而如果是 n+1 种商品，则可以将（3）式两边乘以 n+1 得到 n+1 种商品的价值之和表达式。

第二步，设对于任意自然数数量的商品 n 时，（3）式成立，即对（3）两边同时乘以 n 得到 n 种商品的总价值表达式。

$$nV=n(a+b)=na+nb$$

由于 n 是自然数，所以，na 和 nb 也是实数，二者之和仍然是实数，公式成立。

第三步，则对于 n+1 种商品时，（3）式为

$$(n+1)V=(n+1)(a+b)=(n+1)a+(n+1)b$$

由于 n+1 也是自然数，并且分别乘以 a 或 b 结果也是一个实数，所以（3）式仍然成立。

综合起来，则说明公式（1）或实物货币下的（2）式仍然成立。

对于纸币社会，（1）式只需要去掉通货膨胀率或通货紧缩率即可得到实物货币的价值表示。

对于任意自然数集下的商品，公式（1）或（2）式都成立，则小到一个家庭的全部价值、一个商场的全部商品价值、一个单位全部商品价值、一个地区、一个国家乃至整个世界的全部财富的商品的价值都可以统一用公式（1）或（2）式进行全面统一的价值计算。根据加法交换律，可以将一个集合中的所有商品中的每一种商品的实物货币下的成本加利润直接加总得到全部财富的总价值，也可以将每种商品的成本直接加总再把每种商品的利润直接加总得到总价值，计算结果是一样的，这样，商品的全部价值计算也就是只是加法或相同价格的乘法的计算问题，而剩余价值或利润只是做减法运算或相同的价格的除法计算问题。

这样，我们就从各种不同形式的商品中找到了“全部的共同抽象的本质”的“全面化”的“价值”，打开了人类市场经济社会三四百年时间以来的关于商品的“价值”的各种“谜”，使商品的“价值”大白于天下。

包括有形产品、无形服务、有形产品加无形服务、证券及实物货币等不同形式的商品的统一价值表示，如图 1-1 所示。

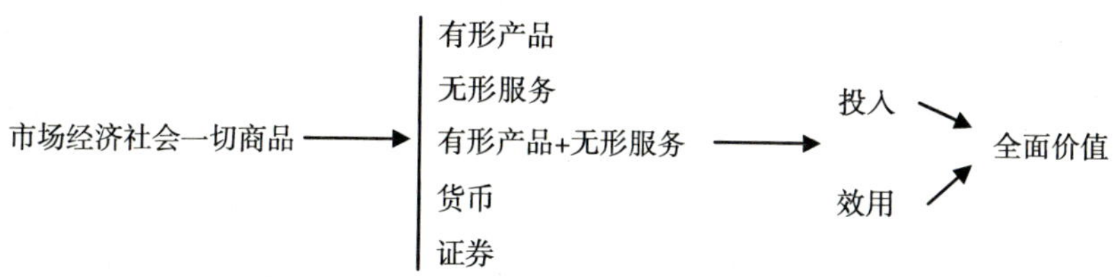


**图 1-1 各种不同形式的商品的全面统一价值**

不论消费品还是投资类商品，在生产要素投入上基本相同，即都是由土地、资本、劳动、科技及企业家组成的。而对于商品的效用，则消费品和投资商品有着很大的不同。下面具体介绍一下消费品和投资商品的效用计算上的区别，并构成各种投资商品的价值统一评估计算的基本理论基础。

1. 消费品效用

作为消费品，它的效用，就是能够满足日常的消费需求，如吃、穿、住、行、医疗、教育、旅游等，构成人类生存与生活幸福的基本保障。

各种消费品，尽管消费的内容不同，但是都需要支付利润及成本购买到，并且成本是商品的投入价值的转移，所以，实质上只是消费消费品的利润，这样，一切消费品的效用都可以统一用购买者支付的价格中的利润来表示，这样，我们就破解了传统的经济学理论中消费品效用度量难以及不统一的问题，以及带来的传统的《西方经济学》理论中的消费理论的难点与不适用性问题。

消费品的效用特点是每一种消费品都有其独特的消费效用，比如，吃饭不能代替住房，也不能代替交通，必须专项使用，因此，构成一个社会的合理消费问题，不能只顾及一头，否则由此将带来社会产业结构平衡问题。

随着科学技术的不断发展，除了传统的商品有特定的效用以外，通过科技手段人为创造的新商品带来的效用层出不穷，不断提升人类社会生活水平。消费是“个性化”的消费，也是市场经济的优越性之一，能够最大限度满足个性化的消费需要，相应的也要求企业商品生产经营的品种、质量、外形、品牌等“个性化”、“差异化”，在此基础上形成整个社会资源的优化配置。

一个社会新增消费品的效用越多，整个社会的福利增加越大，人民实际生活水平提高越多。新增消费品效用主要是通过科技来实现的，而科技是依托于文化知识而产生的，所以，文化知识是拉动社会经济发展的原动力，相应地一国的知识产权拥有量也是一国国民经济增长的基础，而我们当代社会就处于知识经济时代。而毁灭一国的文化，就等于毁灭了一国的经济基础。

现实中，凡是人们有效用需求的商品，就会有人来生产与经营，凡是没有效用的商品，因为没有人来购买，也不会有剩余价值形成，也就不会有人生产和经营。有的企业为了获得商品的利润，甚至会挖空心思地研究新产品，形成各种新、奇、特的有形产品、无形服务或产品加服务等。特别是在知识经济时代，更多的是靠各种知识产权的工业产权及版权拉动下的商品生产与经营，带动社会经济发展，而未来的社会经济发展，更加突出地体现在知识产权商品的效用带动下的社会经济增长。

2. 投资商品的效用

与消费品效用的“个性化”、“多样化”不同的是，各种不同的投资类商品的效用是完全相同的，即都是“收益”，而且都具有“多期性”的特点。如投资项目、企业、资产、矿业权、房地产、土地、知识产权、证券等，尽管外形不同，但是收益效用性上完全相同，而且可以统一计算与度量。

此外，各种商品的效用，不但包括内部直接的效用，而且包括外部效用。作为消费品，内部直接效用就是直接的消费满足程度的效用，而外部效用就是消费品对外部世界带来的好的或不好的影响。而作为投资商品的效用，既包括直接的收益利润效用，也包括外部的社会正面或负面影响的效用，如城市发展、新农村建设、国家税收或环境污染等。都是整个商品价值的有机组成部分，在进行商品价值评估时要特别计入当中。

（1）内部效用

内部效用就是投资商品本身的直接的收益效用，一般具有多次性特点。

（2）外部效用

外部效用就是投资商品给社会或市场等方面带来的收益与影响，如文化创意项目，本身有收益效用，同时还会拉动交通、旅游、饭店等其他商业及服务业的收入增加。还有体育等投资项目，除了本身的门票收益的直接效用外，还会带来社会公众身体健康的效用，而一些带来环境污染的投资项目，外部效用为负数，要从总效用中扣除。

（3）总效用

总效用就是商品的内部效用与外部效用之和。对于正的外部效用，应当在总效用中加上；对于负的外部效用，应当从总效用中减掉。

通过这一介绍不难看出，不同性质商品的效用实现方式不同，消费品由于“一次性”利润的收益效用，所以只能“以量取胜”，在完全自由竞争市场上薄利多销；而投资类商品的效用由于它的“多期性”收益（或亏损），并且总是面对未来长期的不确定性，所以要在项目建设之前进行项目投资决策论证，包括市场、社会、技术、规模、选址、财务、经济效益、风险等综合评估。而目前国际社会中，还没有形成建立在商品的全面价值的价值规律基础上的投资决策分析、判断、计算及度量的整套理论体系，这是当前技术经济学理论需要进一步完善与发展的地方。关于全面价值的投资决策分析评估理论，可以参看本系列书的有关分册介绍。

除了从性质上划分商品的不同效用以外，还可以从商品的外形上区分不同商品的不同效用。

（1）有形产品的效用

有形产品，就是具有某种几何形状的商品，如电视、汽车、房子、桌子、沙发、电脑、医药。这些商品的效用，就是商品的产品说明书中说明的功能效用。而产品说明书上注明的“保质期”，是这些有形产品效用的保证期；“免费保修期”，是对这种商品的效用部分价值的承诺，如果在保修期内质量出现问题，消费者就没有得到相应的价值中的效用保障，这样就会出现消费品价值贬值情况，对于消费者是不公平的，所以，司法实践中的消费者投诉，都以购买消费品的发票或收据作为证据。当然，对于投资类商品的效用保障机制也有类似的意义，形成保险业。

对于各国市场上普遍存在的假货现象，是为了以次充好，以低效用或无效用获得超过实际效用的利润，获取不义之财。而通过假商标迷惑消费者或投资者，骗取与真商品相同效用价值的行为也要受到法律的制裁。我国将每年的3月15日定为消费者权益日，表明我国对于打假的重视，用以确保消费者购买的商品是货真价实的，能够获得与花费相当的效用，形成商品买卖上的等价纯交换。

对于消费品而言，根据消费者消费的多样化、个性化特点，不但存在几千种不同商品，而且同一类商品，随着市场的细分化和科学技术的不断进步，形成不同规格、型号及价格商品，最大限度满足社会消费需求，扩大企业市场占有量，甚至通过创新产品及产品细分化形成新企业等。也是市场经济社会的优越性所在，能够最大限度地节约社会资源，使之真正能够把生产与消费及时有效对接。

（2）无形服务的效用

无形服务的效用，是通过直接的人工服务所体现的某种消费或投资效用，如各种服务业岗位工作规范实现的服务效用。

与有形产品的效用实现方式不同，无形服务的效用是通过人面对面的直接交流实现的，这样就形成了服务企业的岗位工作规范，如酒店服务员及迎宾人员，一举一动都有要求，计入商品价格当中，如果没有达到，消费者支付的价格就没有实现相应的效用，对于服务商品的购买者形成价值亏损。特别是演员表演时，表情动作都要到位，才能出好戏。

职工对于企业的劳动服务，也是一种服务商品，某种工作岗位的专业技能要求越高，服务的效用则越大，带来的服务商品的价值增值越大，这就是名人效应的体现。例如，专家演讲费高是因为其专业拔尖水平效用带来的效用增加的结果，同样一个专业，不同职称学历表示其专业服务水平不同，增加的服务效用不同。而专业化分工又是专业化人才形成的基础，专业化的商品生产与专业化的社会分工，带来的专业化的服务商品的效用增值，是市场经济社会经济快速发展的主要原因。而这又建立在商品的等价交换基础上。

普通体力劳动由于人体的化学力很小，所以提供的服务效用很低，导致市场经济社会下体力劳动者的体力劳动服务的报酬很少，所挣到的工资除了维持生存以外，几乎所剩无几，形成了“无产”阶级，所以，“无产”阶级中体力劳动者的解放，除了政治上解放以外，必须通过提高文化知识专业技能，创造超过体力的劳动服务效用，才能得到长期根本的解放，全民培训、终身学习也是提升国民经济增长实现方式之一。特别是中国改革开放以后各种资格让考试制度，值得肯定。

关于服务商品的效用大小的计量问题，只能通过服务的规范标准来实现，体现在两个方面上，一个是作为企业服务商品与商品购买者的合同上，即企业无条件地执行服务合同内容的要求，按时保质保量地为服务对象提供服务，并取得相应价格报酬。如果没有达到服务合同规定的内容，就会导致服务对象多花钱，买不到相应的服务价值。另一个就是企业为了提高这种整体对外的服务水平，也需要员工具备相应的服务技能，通过责、权、利明确的合同来招聘员工。如香港的招聘公告中，主要说明对专业技能水平的要求及相应的待遇，体现的就是一种企业报酬与员工劳动的等价交换。此外，还有消费者评价制度。

总之，不论是企业对用户的服务合同，还是企业对员工的劳动合同，都是服务效用与报偿等价交换的法律文书，是以劳动结果来体现的，并且体现了劳动法的立法思想。

（3）有形产品加无形服务的效用

由于社会生产力的长期不断进步与发展，当今社会已经进入知识经济时代，知识是拉动整个社会经济的“航母”，目前市场上很少能找到不包含科技的有形产品或无形服务，可以说，绝大部分商品都是科技无形产品加有形实物产品的结合。

有形产品加无形服务的效用，就是有形产品的说明书加上质量保证书上注明的售后服务的内容规定的效用。如购买一台电脑、汽车或空调，既有有形产品的产权交接，又有售后跟踪的服务要求，如免费安装、培训、换件、更新技术。一年内保修保换等。现实中很多商家，为了促进销售，往往在机器设备上给出优惠价格，然后在售后服务上不断变换内容，取得竞争的成功，排挤同类竞争者。如日本的马自达汽车，以低价格销售到中国，然后再以高价格的专用配件来实现利润，还有一些高科技的程控交换机或调度机及各种 IT 电子产品器材也有这样的情况。

商品的效用，是相对于一定时间而言的，所以，所有商品在保值期内的服务保证，都是商品的效用价值的保障，也是商品的购买者与销售者“等价交换”的基本体现。

（4）货币的效用

因为货币是商品的抽象的价值的“等价物”，所以，货币的效用就是对商品的购买能力，一种货币能够购买到的其他商品的数量多，则收益能力大，这种货币的价值大，反之则小。

相同数量的各国货币对应不同的商品购买数量，形成国际贸易金融结算上的“汇率”概念。汇率实际上反映的是各国货币价值差别。

货币本身的价值是货币的购买力效用加上货币制造的成本及费用。

（5）证券的效用

股票、债券、基金等各类证券的效用，就是它作为投资商品的收益功能。一种证券的投资收益越大，则投资这种证券得到的效用越大，反之则小。

（6）知识产权的效用

知识产权的效用，就是通过这种知识产权的使用带来商品的科技化，具体来说，就是通过对知识产权的购买，带来超过购买价格的利润。

由于商品新增的剩余价值的大小与商品新增的效用大小完全相等，商品新增加的效用越大，则带来的价值增值也越大；反之，如果某种商品新增加的效用较小，则价值增值较小，整个商品总的价值就较小。正因为如此，促使企业在追求商品剩余价值最大化的同时，积极增加商品的多功能开发，甚至不断开发新产品或服务或产品加服务实现商品价值增值。如在市场上，黑白电视与彩色电视的功能效用不同，则价值增值不同，最终表现为价格差异，彩电的价格高于普通黑白电视机。

由于商品的效用等于新增价值，等于价格中的利润，所以，企业在追求商品的利润目标时，就要为商品的购买者即消费者或投资者提供相应的投资收益效用并带来整个社会财富的增加，这样，通过商品的生产与经营，在满足社会消费者对商品进行消费的同时，带来了相应的企业利润。通过商品的利润增加，带动国民经济财富的增加的国民经济增长。

实践中，我们每一个消费者或投资者在购买消费品或投资品时，首先要考虑花这么多钱获取这些效用是否值得，质价相等就可以成交了，这就是商品的效用与价格利润要求保持一致的具体体现。而供求关系对商品价格产生的影响也是通过供求关系影响到商品的效用大小，进而影响利润带来的总价格的变化。

正因为商品的效用体现了商品的价值增值，消费者购买商品愿意支付成本基础上的利润补偿，所以出现了企业在商品宣传上的突出效用及功能特色，甚至经常夸大商品的功能效用。例如，一些商家经常打出“物超所值”的口号，彰显商品的“效用”价值大于实际支付的“货币”利润价值，通过购买该商品能够获得额外的“剩余价值”，达到促销目的。

企业商品生产经营在项目策划及战略制订上，首先要考虑商品的效用为社会所认可的问题，比如能够为消费者带来哪些消费效用，或能够为投资者带来哪些收益或风险化解。随着科技的发展，消费品和投资商品的品种不断开发出来，比如现代小区时兴养狗、猫、乌龟类宠物，则宠物的粮食商店、药品医院就是在为消费者提供了相应的消费效用基础上形成的；而股票、证券、基金等各种投资商品也是随着投资收益的效用需求而产生的，因而形成证券行业。所以，企业利润来自商品的剩余价值，商品的剩余价值来自商品的效用，企业要围绕商品的效用研究“生产什么”、“生产多少”及“怎样生产”的问题。当然，在研究商品效用的同时也要考虑生产要素、成本投入两者之间是否有差额问题。

对于银行存款，由于存在通货膨胀，所以，如果通货膨胀率大于存款利率，则会出现存款货币价值贬值，这时为了实现存款的价值保值，需要设立存款的“保值利率”，即大于或等于通货膨胀率的存款利率。目前由于缺少通货膨胀率或通货紧缩率的全面计算公式，这个保值利率实际上是无法正确计算出来的。这样，存款剩余的价值及风险无法判断。长期的通货膨胀率大于存款利率情况下，银行吞食了存款者的货币价值。俗称“吃钱”。而没有客观、全面的通胀率的计算情况下，存款者被“吃钱”竟然还不知道，省吃俭用为银行作贡献。

整个市场经济社会就是一个为了商品的“效用”而生产经营与消费投资的社会。人类生存或投资需要哪些效用的商品，企业就会生产经营哪种效用的商品；人类生存或投资需要哪种效用的商品，市场上就能够见到哪种商品。同样，市场上所见到的各种商品，也无一例外地是消费者或投资者所需要的商品，商品的买卖是通过商品的“效用”这一中介来实现的，如果没有对于某消费品的效用的需求，就没有人购买这种商品，企业无利润，也就没有人生产这种商品。当市场上商品买卖成交时，消费者实现了消费效用同时投资者实现了投资收益效用。而作为商品的价格中的生产要素投入价值或成本价值毫无疑问地、别无商量地要由商品的购买者来承担。商品的生产要素投入价值，或称为价格成本是一国原有的国民经济的基础价值，而商品新增的效用部分的价值，或称为利润价值，则是一国国民经济的新增价值。一个国家乃至整个世界，只有不断地通过科学技术、资源整合及高效的社会管理，才能不断地创造出大量有效用的商品，整个国民经济才能快速发展起来。比如信息及现代化交通，能够提供快速的商品生产，拉动整个国民经济快速发展。还有教育科技成果的应用，也能够取代人工体力而创造出来超过人工体力几十倍几百倍甚至难以计算的效用，成为推动整个国民经济快速发展的原动力。

为了效用而购买及生产经营商品，是市场经济社会的基本经济特征，通过效用拉动商品的生产与经营及消费或投资，体现了社会资源的最大利用。把各种资源，包括自然的和社会的资源通过企业自由生产经营与购买实现了最大优化组合，这也就是经济学上所讲的“经济”概念中的“节省”之意。而其他经济体制难以做到这一点。

最后，所有商品的投入加效用的全面价值，不但包括内部的直接投入加效用，而且还包括商品的外部投入及带来的效用。特别是投资类商品的外部投入加效用更加突出。因此，对于一切商品特别是投资类商品的全面价值分析时，一定要将商品的内、外投入加效用一并计算在内，而不能只算内部不算外部，这一点在传统的理论中比较缺乏。

同一种商品的外部效用，主要是受商品的市场销售的供求关系影响的。

当商品的供求相等时，正常效用，形成“公允价值”；

当商品的供小于求时，商品的效用增加，价值增加；

当商品的供大于求时，商品的效用减少，价值下降。

整个商品通过内部的生产要素投入加效用的内部价值加上外部销售的供求关系影响的价格共同决定了最终的价值。

商品的总价值=内部价值+外部价值

=（生产要素投入+直接效用）+外部供求效用

如果使用实物货币表示商品的总价值，则有：

商品的总价值=（内部成本+内部利润）+外部供求利润

例如，市场上的500克鸡蛋，成本价格为3元，利润价格为2元（税前），则总价格的价值为3+2=5元。这只是平时的供求相等时的价格价值。而对于供大于求时，则会低于5元销售，比如4元销售，则成交后确定的价值为4元；而供小于求时，可以6元销售，这时价值为6元。这样，500克鸡蛋的价值从内部来说是5元，而受市场供求变化影响，可以是4元或6元，整个500克鸡蛋的长期价格价值为4—6元之间。

世界所有市场的所有商品的价格价值都是这样最终确定下来的。

总之，商品的全部价值是内部投入加效用（或成本加利润）与外部市场供求关系决定的价格与价值，而且是实时的。这样，同样一种商品，因购买者给出的时间、地点、心理以及爱好不同，则给出的效用值不同，带来利润不同以及最终价格价值不同。这样，形成同一种商品的不同价格的价值，只有在商品成交时，才能确定下来。对于商品的生产要素投入列入价格中的成本是天经地义的，而价格上所差的只是购买者给出的效用值不同，带来利润不同以及价格价值不同。实际上，作为商品的购买者，对于商品的效用的判断都是“个性化”的，个性化的效用判断带来个性化的利润，所以，带来效用价值量不同，进而带来的价格的价值不同，也完全没有脱离商品的全面价值内涵。

同种商品以成交价格确定价值是肯定的，对于没有成交的商品，如放在仓库中的商品，摆在柜台上的商品，只在资产价值评估时，需要核定公允价格来确定价值。

按这一价值内涵，在完全自由竞争的市场条件下，企业所关注的是从事哪个行业或生产哪种商品能够最大限度地带来商品价值的增值，形成企业与行业的兴衰，形成商品的生产、经营、消费及政府宏观经济调控的各项政策与法律措施等。

由于每种商品的成本大致都有一个平均的成本数，而对于企业来说，通过科技及管理的创新，以低于商品的平均成本生产或经营出来，则会获得高于平均利润的剩余价值，所以，这是市场经济环境下，企业千方百计开发科技产品及提升管理水平的目的和动力所在，也是市场经济社会推动生产力发展的具体体现之一。

由于没有人愿意花高价购买效用低、质量差的商品，所以，任何企业的利润都是建立在为社会提供相同效用价值的基础上的。在公平竞争的条件下，企业获得的利润越多，表示其为社会提供的商品的效用越多，同时对社会资源整合的程度也越高。正因为企业的商品买卖是建立在商品的价值与货币价值的等价交换基础上的，所以，正常的合法的企业商品经营成果的利润受国家法律的保护的。

总之，价值经济学理论体现在对各种社会资源的“投入”与“产出”的“价值”及“剩余价值”的分析判断与计算上，通过对各种社会资源的有效整合来创造商品的“价值”与“剩余价值”。事实上，企业家们每天都在做这件事，只是没有上升到系统的经济学理论当中而已。

## 第二节　商品的实时价值

商品的全面价值，是指商品的总投入加总产出的价值。随时间推移，总投入与总产出是变化的，带来总价值量的变化，这个随时间的永续自然增加而带来的商品的总投入与总产出之和的总价值的变化，称为商品的“实时价值”。即现实社会商品客观上动态变化的价值。

对于所有商品来说，都是处在总价值的实时变化当中。这样，对于商品的价值研究，不但要从总量上进行全面化研究，而且还要研究它的实时变化中的总价值，才能客观地反映商品的实际价值及变化情况。

对于消费品来说，从新商品到旧商品，随着消费效用的减少不断折旧，而价值也不断贬值，所谓旧货市场商品价格低，就是因为旧货市场上商品是被消费过的，效用不断减少，所以总价值下降，价格下降。对于投资类商品，如矿业权，则因较长时间的开采，剩余的矿业储藏量减少，带来的未来各年收益减少，因此，总收益减少，导致它的剩余的价值减少。知识产权也一样，随着社会科学技术发展，新技术、新知识不断涌现，这样旧的技术及知识就落后了，对比之下，旧知识效用低，所以，对应的知识产权价值就会贬值。特别是对于IT行业来说，日新月异，旧知识技术性比不上新一代的技术性，那么，它的消费效用以及相应的收益效用就都会下降，导致价值贬值，而价格下降。但是对于古董类商品，因为随时间的增加，稀缺性增大，效用增加，所以价值增值。考古专家会根据古物时代的远近给出一个价值增加系数，年代越远的古物，则稀缺性越大，带来的效用越大，因此总价值较大。同样，书画、邮票等也是时间越长、价值越大。

当然也有比较稳定的价值不变的商品，即为“保值品”。

随着时间的增加，商品的效用不断贬值或增加或不变，形成商品的不同的时间价值。作为商品的价值评估，严格来说，应当是时间价值，或短时间内的公允价值。

为了研究及应用上的方便，我们通常取每一天的价值平均值作为当天的价值加以研究与使用，“全求经济一网通系统——企业总价值、剩余价值每日实时评估显示预测系统”就是根据企业每天商品进出带来的总收入与总投入变化实时总价值统计记录显示系统。通过该系统对企业总价值剩余价值的实时显示，进行“过程”管理，形成企业价值管理系统，是对ERP系统的“革命性”升级换代产品。而在大学里建立相应的“价值管理实验室”是培养“实用人才”的实际举措。

## 第三节 商品的价值单位

实际上，人类社会对于商品价值的研究，说到底，无非就是两个问题。一个是商品价值内容上的“完满性”，包括内含及外延的两个方面，一个都不能少。另一个就是它的度量上的“恒定性”，只有做到度量上的“恒定性”，才能使价值的数量能够被确指，可以加以使用。如同只有定义出重量、长度、温度等单位以后，才能加以使用一样。这样，在有了商品的全面实时性价值定义以后，还要进一步定义商品的价值单位，使之对于商品的价值能够确切进行度量。做到了这两点，商品的价值问题基本得到圆满解决。

从原则上来说，商品的价值单位可以有多种度量方法，如同重量、长度或温度可以有不同的度量单位一样。同样的商品的价值，使用不同的度量体系得到的结果不同。而统一度量的实际作用在于“统一性”。比如，我们给出了“黄金-美元”价值单位，就是其中的一种，起到了商品价值的统一度量作用。但是，这种价值单位是把黄金与美元联系在一起定义出来的价值单位，如果美元发生通货膨胀率或通货紧缩率，则直接影响价值单位，所以，只能取62年的平均价格，这样，比较粗略。为此，我们将这一价值单位体系进一步进行发展，使之能够具有独立性，不受任何国家货币影响的价值单位。

商品价值的全部投入加效用的具体数量，就是商品的价值量，而且仅仅是“数量”。

我们可以单独使用一定重量的黄金表示商品的投入价值量，也可以单独使用一定重量的黄金作为商品的效用产出的价值量，则商品的投入加效用的总价值量，就可以通过一定重量的数量的黄金来表示。即一切商品的投入加效用的数量都可以统一通过一定重量的黄金来表示。而作为黄金的重量是恒定的，则黄金表示价值也具有恒定性。这是非常关键的地方所在，剩下的问题就是具体规定多少克黄金为一个价值单位的问题了。

**定义：**

**1 克黄金=1 个价值单位**

价值单位用 Tianhua 表示，或简写成 Th，这样：

**1 克黄金=1Tianhua 价值**

所有商品对应的黄金的重量的克数，就是商品的价值数。比如某种商品对应 200 克重量的黄金，则我们说，这种商品的价值是 200，记成 200Tianhua 或 200Th。

我们建立起来了商品的价值数与黄金重量数之间的 1 比 1 的对应关系。多少克重量的黄金，就是多少价值；反之，多少价值，对应多少克黄金。全世界的商品都可以通过固定的黄金重量表示价值。

这是从商品价值本身的意义上定义出来的商品价值单位。而由于 1 克黄金的重量是恒定的，所以，黄金价值单位表示的商品的价值结果是恒定不变的。通过将纸币的价格换算为一定的价值单位结果，直接得到相同数量重量的黄金克数，则整个商品的价值，就可以直观观察得到了。即一切商品都唯一对应相应的重量的黄金的价值。一切商品特别是投资商品的价值评估结果就可以看得见、摸得着了，而以包含通货膨胀率或通货紧缩率的纸币价格表示价值，等于在商品的实际价值上蒙上了一个面纱，这个面纱就是通货膨胀率或通货紧缩率，而要揭开这个面纱，就要使用一个国家或社会的“全部”财富的商品的一段时间价格普遍上涨或下降的平均百分比来表示。

只有在全面的通货膨胀率或通货紧缩率的价格换算以后得到的结果才是真正的价值。

这样，要想将纸币价格换算为价值单位，就将商品的纸币价格的货币数除以 1 克黄金的价格。如某一商品纸币价格是 200 美元，1 克黄金 70 美元，则 200/70=2.86 克黄金=2.86Tianhua 价值。同样，某个商品的价格为 1000 元人民币，1 克黄金 400 元人民币，则 1000/400=2.5 克黄金=

2. 5Tianhua 价值。

同样 1 克黄金的不同货币价格数之间的比例，就是“汇率”。

如美国 1 黄金 66 美元，而中国 1 克黄金 400 元人民币，则美元/人民币=66/400=1/6. 06，就是美元与人民币之间的汇率，其内在意义是，二者对应的是相同重量的 1 克黄金。

世界各国货币均可以通过 1 克黄金的本国货币价格得到相应的价值，并且通过 1 克黄金的各国货币的价格换算成汇率。

这是在一个国家的商品的纸币价格换算为价值单位，如果定义 1 克黄金等于 1 世界元，

**1 克黄金=1 世界元**

则这个世界元，就是建立在固定重量的 1 克黄金基础上的世界元。

在世界范围内，人们手中有多少世界元，就对应多少克黄金，或有多少克黄金也同样对应多少世界元，世界元与固定重量的黄金绑定在一起，则世界元就不会受各国纸币的通货膨胀、通货紧缩的水涨船高或水落船低的虚假价值的误导。国际贸易中普遍使用这个价值单位基础上的世界元，则汇率的风险彻底消失。国际贸易与国内贸易一样，不用国际金融换算，推动了世界经济的大发展。

“世界元”的首提者是世界诺贝尔经济学奖获得者，欧元之父蒙代尔先生。把纸币世界元直接升华为价值单位下的世界元，就可以从根本上防范纸币世界元本身的通货膨胀、通货紧缩的虚假价值表示的误导。

我们可以通过商品的纸币价格直接换算为价值单位，找到一切商品的真正的“价值”数量所在，揭开蒙在商品的价值之外的价格面纱。

不管在通货膨胀或通货紧缩的社会里，一定数量的纸币价格总是对应一定的价值，纸币数量多，对应的商品价格高，则商品的价值大；反之，小。在商场上，我们看到一种商品的纸币价格非常高，自然想到这种商品的贵，价值大；反之，小。而通货膨胀不会带来商品价值增加，

只是带来商品价格普遍平均上涨，反之，通货紧缩带来商品价格普遍下降。

相同的商品，不同时间对应不同的纸币价格，则不是商品本身的投入加效用的增加，而是虚拟货币带来结果，即纸币社会特有的现象，也就是纸币社会的通货膨胀率或通货紧缩率拉动的整个社会的商品的价格的普遍上涨或下降带来的结果。需要除去通货膨胀率或加上通货紧缩率加以换算调节，使虚拟价格还原为实际的价值。

如果没有纸币社会，一直使用实物货币，则商品的价格就是价值，是显然的了。在纸币社会之前，实物货币时代，商品的价格就是价值，不论使用哪种实物作为商品的投入价值及效用价值，即不论使用哪种实物作为商品的价值单位，价格都始终与价值完全相等。这时的货币价格单位，与实际的价值单位是不折不扣的相等关系。

综合以上，我们有：

1 克黄金=1Tianhua 价值=1 世界元

有了商品的全面价值内涵及外延以及商品的这个“黄金-价值单位”以后，一切商品的全面价值就可以通过各国货币统一换算为一定克数的黄金，进行统一的价值对比。如一个台灯是 200 元人民币，在 1 克黄金 400 元人民币时，则 200/400=1/2 克黄金=1/2Tianhua 价值=1/2 世界元。而一个别墅是 400 万元人民币，400 万/400=1 万克黄金=1 万 Tianhua 价值=1 万世界元。这样，我们就能够把这个台灯与别墅的价值通过黄金重量比例进行对比，得出一个台灯的价值小于一栋别墅的价值判断结果。

所有的商品都可以通过本国货币价格除以 1 克黄金的重量而得到确切的价值结果，或者通过换算为世界元找到固定重量的克数的黄金在世界范围内比较价值大小。

对于各种投资类商品商品可以进行全面统一的价值评估并且使用相应

的重量的黄金直接进行价值对比，各种投资类商品以及投资商品与消费品之间都可以通过黄金重量差别进行价值对比。

全面统一实时价值不但可以实时计算，而且实时进行黄金重量对比可以直观看出价值大小，也就是一切商品的全面统一实时价值的具体计算及度量问题得到了解决。

通过这一全面价值的黄金价值单位的使用，能够有效消除现行社会经济生活实践及整个传统的经济管理学理论中对于商品的价值模糊认识，从对商品的价值只能意会，不能言传的朦胧中走出来，透彻见底地学会使用商品的价值。或将现行的所有经济管理类专业理论中的货币价格表示的理论结果，换算为价值单位结果加以应用。建立起新的价值单位度量基础上的整套经济管理类学科专业理论体系，就是世界“新一代”的“价值经济管理学理论体系”。

最后，关于价值单位的应用上，能够消除会计利润的价值上的虚拟性、现金价值上的虚拟性等。

作为目前的会计学理论及社会上会计核算方法，是建立在含有通货膨胀率或通货紧缩率的纸币价格基础上的。这样，不是真正的价值结果是显然的。通过纸币价格核算出来的企业净利润、总利润等财务指标，需要去通货膨胀率或加通货紧缩率换算为价值单位才是确切的财务成果。单独从纸币价格上的企业总利润、净利润以及其他所有会计指标是无法知道真正的价值所在的。这样，就需要将现行的纸币价格下的会计核算进一步升级为价值会计加以核算。

使用纸币价格核算的结果，会随通货膨胀率或通货紧缩率的大小不同，偏离实际价值的程度也不同。通货膨胀率或通货紧缩率越大，则纸币价格下的会计核算结果偏离实际价值越大；反之，小。而会计核算结果的偏离实际价值的虚假性程度越大，如果用于企业、政府等会计信息使用人身上，带来的经济误导越大。只有通货膨胀率或通货紧缩率为零时，会计利润才等于剩余价值。为此，当代美国的经济学家们在2008年的金融危机研讨上，对于会计信息的误导作出了批评。

以“黄金–价值单位”计量形成一整套的“价值经济管理学理论体系”能够从根本上消除传统经济管理学理论使用纸币价格作为分析核算结果带来的不当，而在社会经济实践上，也能够消除纸币价格下对于价值的雾里看花的困境。

由于纸币的通货膨胀率或通货紧缩率的存在，导致纸币价格的虚拟价值表示，在商品—纸币—商品的价值流转过程中，因纸币的通货膨胀或通货紧缩带来了商品的价值的扭曲，而影响到对整个社会的全部财富的商品的价值判断。商品买卖过程中，通过纸币的价值的虚拟变形，带来整个社会的金融“皮肤病”，如同人体中的血液有了病毒一样。整个社会的金融呈现病态现象，也就是人们常说的通货膨胀或通货紧缩是社会金融“皮肤病”而无法治理，则因缺少对于一个社会的全部财富的商品的总价值的实时掌控所致。

最后，1克黄金的价格，可以通过国际平均黄金价格来定。

## 第四节　商品的价值与货币

商品的全部价值是生产要素投入加上效用的和的结果，一切不同商品的全部共同抽象的本质的投入加效用的数量，可以选择一个社会公认的实物来统一表示，这种“实物”，称为“货币”。

“实物货币”的实物本身是“商品”，同时又是能够代表其他一切不同商品的统一抽象的价值的“商品”，或者说，“实物货币”是一种特殊的“商品”。如古代时曾经使用“黄牛”实物商品作为货币，后来普遍使用“黄金”实物商品作为“货币”。有了为社会所公认的这种实物作为货币，商品的价值就可以统一度量了。其他所有商品的投入加效用之和相当于这种实物商品的多少倍就是多少单位的货币。

社会商品流通发达，对货币的需求量增加，于是出现了纸币。而纸币的出现，则带来了商品经济社会长达人类上千年甚至更长时间的通货膨胀或通货紧缩的社会金融“皮肤病”。

由于货币是为社会公选出来的表示所有商品统一价值的商品，货币成为一种抽象的价值的“特殊商品”，人们拥有了多少实物货币，就等于拥有了多少相应的价值的商品，所以，实物货币成为衡量社会财富的标准尺度。

货币对于商品具有无所不能的购买能力，并且容易流通，因而成为社会经济运行的“血脉”。而由于货币能够购买一切商品，以货币表示的资本，也就能够购买其他生产要素，形成资本一统天下的“资本主义市场经济社会”。

货币在充当商品的价值流通中介时，可以传递商品的价值，这就是实物货币对于商品价值的传导作用，也可以使用纸币作为价值流通工具。此时，只有纸币数量与实际商品价值数量 1 比 1 的对应时，整个社会的金融才是健康的，而如果纸币在充当商品的价值流通中的表现是偏离 1 比 1 的对应价值传导关系，则会带来纸币流通中商品价值扭曲的现象，这就是著名的通货膨胀或通货紧缩问题，危及整个世界的经济。

## 一、通货膨胀

通货膨胀是一个国家或社会一定时期由于纸币脱离社会财富的实际价值而带来的平均价格上涨的情况。反映通货膨胀具体程度的百分比，称为通货膨胀率：

$$\text{通货膨胀率 } t=\left[\frac{\text{社会名义纸币总量}}{\text{社会全部商品价值总量}}-1\right]\times 100\% >0 \qquad (4)$$

显然，通货膨胀率越大，表示货币超过商品价值的程度越大，即货币的贬值程度越大。如前一时期的通货膨胀率为 3%，后一时期的通货膨胀率为8%，则说明后一时期的通货膨胀率大于前一时期的通货膨胀率，后一时期的通货膨胀程度大于前一时期的通货膨胀程度，后一时期的货币贬值程度大于前一时期的货币贬值程度，俗称“钱毛”。

从现实世界来看，以美元为世界货币的时代里，由于美元从1946年的1克黄金对应1美元左右平均上升到了2008年对应30美元左右，表明美元对比黄金价值贬值了30倍左右。这样，通过国际贸易的汇率战的反外汇倾销，拉动整个纸币社会的通货膨胀呈现总体上涨趋势，出现通货膨胀—通货紧缩—再通货膨胀—再通货紧缩……的长期中的通货膨胀而短期中的通货紧缩，中间夹杂着两次大的金融危机的总体世界金融病态社会金融现象（如图1-2所示）。

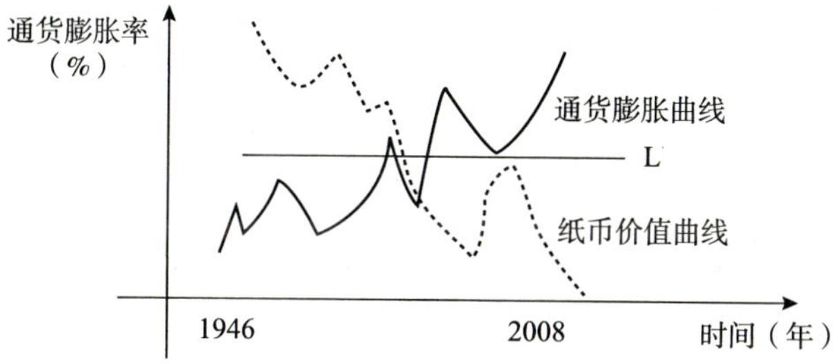


**图1-2　世界通货膨胀率曲线**

图1-2的世界货币通货膨胀率曲线是各国通货膨胀率曲线叠加的结果。容易发现，世界各国纸币长期中总的态势是通货膨胀率上升，因而拉动纸币的价值长期贬值。图中的曲线下降是通货紧缩的结果，此时通货膨胀率为负数。

而通货膨胀带来纸币价值贬值的程度是根据通货膨胀率确定的，这样，随通货膨胀率的上升，纸币的价值下降。如图1-2所示，纸币价值曲线是以水平线L为对称轴形成的曲线，即通货膨胀率多大百分比上升，就会带来纸币价值多大百分比的下降。通胀率是货币价值“贬值率”，而通缩率是商品价值“增值率”。通胀率或通缩率为零，就是实物货币的价值体现。

## 二、通货紧缩

通货紧缩是一个国家或社会的纸币发行量小于社会财富的实际价值量而带来的平均价格下降的情况。反映通货紧缩的具体程度的百分比，称为通货紧缩率：

$$\text{通货紧缩率}\ t=\left[\frac{\text{社会名义纸币总量}}{\text{社会全部商品价值总量}}-1\right]\times100\%<0 \tag{5}$$

这样，通货膨胀率或通货紧缩率就看上面两个公式计算的结果的符号而定，如果为正数，则为通货膨胀率，表示社会纸币数量大于现存社会财富的商品价值量的具体程度的百分比，如果为负数，则为通货紧缩率，表示社会纸币数量小于现存社会财富商品价值量的具体程度的百分比。特别：

$$\text{通货膨胀率}\ t=\left[\frac{\text{社会名义纸币总量}}{\text{社会全部商品价值总量}}-1\right]\times100\%=0 \tag{6}$$

此时，既没有通货膨胀率也没有通货紧缩率，纸币充当了实物货币的价值表示功能，这是一个理想化的金融社会，也是一个健康态的世界经济社会的基本前提保障。

总之，上述公式（4）（5）（6）总结起来我们有：

当 $t>0$ 时，表示这段时期的通货膨胀率，纸币时间价值贬值；

当 $t<0$ 时，表示这段时期的通货紧缩率，纸币时间价值增值；

当 $t=0$ 时，没有通货膨胀率或通货紧缩率，纸币本身的时间价值任何时点都相等。

**例**：一段时期某国家的全部财富对应的商品价值总量折合成货币单位是200亿元，根据这一价值总量，如果国家发行不同的货币数量，则会产生“通货膨胀”、“无通货膨胀及通货紧缩”、“通货紧缩”三种情况。

如果这一时期的社会货币总量为300亿元，即以超过实际存在的社会财富的商品的价值总量来发行货币，或以较多的货币数来表示社会全部财富的商品的价值量，则根据公式有：300/200－1＝0.5＝50%＞0，表现为通货膨胀，且通货膨胀率为50%，是由于过多发行1/2价值量的货币的结果。

如果这一时期的社会货币总量为200亿元，即以等于社会全部财富商品的价值量发行纸币，此时的社会财富的商品价值量与货币表示的社会财富的商品价值量是相等的。既没有通货膨胀，也没有通货紧缩，是健康态的金融现象，体现在公式上也是通货膨胀、通货紧缩率为零：200/200－1＝0。

如果这一时期社会货币发行量为100亿元，此时，根据上面的通货膨胀率计算公式计算结果为：100/200－1＝1/2－1＝－1/2＝－50%＜0

说明此时发生了通货紧缩，且通货紧缩率为50%，此时整个社会物价下降了50%，很明显，200亿元的商品的价值货币数只用了100亿元货币来表示，此时1元钱价值的商品只用0.5元来购买，货币对商品的购买能力增加了50%，而储存中的货币在这一时期是"增值"的，增值率是50%，即每1元钱增值0.5元。

总之，政府超过现存商品价值量百分比多少发行货币，就会形成多少百分比的通货膨胀率，反之，政府以低于现存商品价值量多少百分比来发行货币，就会形成多少百分比的通货紧缩率。

在实际操作上，一个国家的全部社会财富的商品价值总量需要每日实时统计出来，可以使用"全球经济一网通系统——国民经济总价值及剩余价值每日实时统计显示预测系统"来完成。而作为纸币发行量，政府或银行有关部门自然知道。这样，要从根本上控制通货膨胀或通货紧缩，只要根据这套软件统计出来的国民经济每日实时总价值，再根据这个结果，政府有关部门实时调整纸币发行量，就能够从根本上控制通货膨胀或通货紧缩现象发生。

这时，纸币充当了实物货币的职能，而纸币便于携带，并且可以通过电子货币来完成交易。如果当今社会直接恢复到实物货币时代，使用"黄牛”作为货币，则整个世界遍地的“黄牛”也无法满足全球70亿人口的每时每刻的商品买卖需要。当然，如果使用纸币没有这种控制，就会带来世界金融的混乱成灾，所以使用这一软件系统根治通货膨胀或通货紧缩，就是取“实物”货币之长，补“纸币”货币之短，对社会金融及经济社会健康发展，具有不可估量的社会经济意义。这样，就能够实现计算机自动化管理下的全部商品全部价格的实时性通货膨胀率或通货紧缩率的计算，并实时向社会发布。而如果政府对纸币发行量进行实时监管，实时根治通货膨胀、通货紧缩，也方便社会及时掌握纸币的通货膨胀率或通货紧缩率，进行实时的纸币价值判断。

目前国际上广泛使用CPI指数来计算通货膨胀率或通货紧缩率，由于CPI不是全部财富的商品的一段时间价格的平均上涨或下降的数据，只是消费品市场抽样调查的结果，这样，从计算内容以及抽样方法等方面都存在困难，这样，所得到的通货膨胀率或通货紧缩率，绝对不是实际纸币的时间价值下的通货膨胀率或通货紧缩率，但却被当成全部商品的价格的平均上涨或下降的通货膨胀率或通货紧缩率，这样，势必直接误导社会纸币价值量的判断，带来整个社会的金融病态现象，直接危害社会经济健康发展。而在治理通货膨胀过程中，因不知道正确的纸币发行量，所以如果过多回笼纸币，则会带来通货紧缩，甚至引发金融危机，导致社会经济灾难性后果；如果回笼的纸币量不足，通货膨胀仍然继续，纸币发行量与实际需要的纸币发行量擦肩而过。而每一个通货膨胀到通货紧缩的转变周期往往需要很长时间，因此，往往在通货膨胀没有得到治理的同时，又会发生通货紧缩，即所谓的滞胀现象，令世界经济学家们在治理通货膨胀及通货紧缩的过程中迷失了方向，甚至得出“不可治”的结论。

使用全部商品的“价格指数法”计算通货膨胀率或通货紧缩率公式为：

$$\text{通货膨胀、紧缩率}=\left(1-\frac{\text{现期商品价格}-\text{基期商品价格}}{\text{基期商品价格}}\times100\%\right) \qquad (7)$$

当上式计算结果为正数时，为通货膨胀率，为负数时为通货紧缩率，实现“实物”货币的价值功能。显然，根据公式（7）计算通货膨胀率或通货紧缩率，需要实时掌握整个社会的全部商品的价格上升或下降情况，如果取一年或几年为时间段来计算，所得到的结果则是一年或几年全部商品的平均价格上升或下降的通货膨胀率或通货紧缩率。公式（7）需要实时计算一国全部财富的价格上升或下降情况，而对于一个国家特别是大国来说，操作起来几乎是不可能的。所以，只能使用“全球经济一网通系统——国民经济实时总价值每日实时统计显示系统”得出总价值量，再结合纸币发行量来确定纸币偏离实际价值情况，问题就能够得到根本解决，而这个统计的结果是每日实时统计的，所以，通货膨胀率或通货紧缩率的计算非常精准。对整个社会的纸币价值量实时准确掌控，起到了与实物货币完全相同的价值表示作用。

根据全部商品的“价格指数法”计算出来的通货膨胀率或通货紧缩率，需要确定一个时间段，只是在这一个时间段内通货膨胀率或通货紧缩率的计算结果，时间段换了，则需要重新计算，所以，形成“相对通货膨胀、紧缩率”的概念。这样，当人们问起通货膨胀率是多大的时候，就要首先问清是哪个时间段上的通货膨胀率或通货紧缩率。而使用“全球经济一网通系统——国民经济总价值每日实时统计显示系统”计算出来的通货膨胀率或通货紧缩率，不受时间段的影响，是实时的通货膨胀率或通货紧缩率，所以称为“绝对通货膨胀率、通货紧缩率”。

## 第五节　商品的价值形态

**案例 1–1**

### 二元店

经常在大街小巷遇到“二元店”，只要走进这家店，就会听到扩音器中周而复始地连续呐喊："走一走，看一看啦，任意挑，任意选，买啥都2元……"这就直接体现了不同形式商品的相同的价值。

另外，在商场购买商品后换货时，也只能是价格相同的才能换，这也说明了商品的价值与商品的种类及外形无关，只与投入加效用或成本加利润的价格价值有关，相同的价格的价值的商品才可以进行易货。

而作为任何商品的买卖行为，本质上就是货币价值与商品价值的等价交换行为。

总之，对于商品来说，不论形式如何多样，在价值本质上都是完全一样的，就是用数量表示的相等与不相等的关系。

市场经济社会中，我们随处可见的各种商品都以不同的形式存在，如有形产品、无形服务、有形产品加无形服务及证券、货币等。这些不同形式的商品，虽然外在形式不同，但却都存在着完全相同的投入加效用的全面价值。不同形式的商品存在着完全相同的内在价值，体现了商品的"二重性"特点，即不同的外形与相同价值的有机结合体。正因为一切不同形式的商品都存在着完全共同的投入加效用的全面价值，所以，经济学在研究经济现象时，并不只研究经济的表面现象，而是要根据一切商品完全相同的抽象的本质价值来研究。

正因为一切不同形式的商品及货币或证券都统一于价值，所以，在现实社会经济活动中，不同形式的商品、货币、证券之间可以进行统一的价值评估、计算与度量，并且形成建立在价值基础上的商品买卖与交换。比如，银行贷款抵押时，由于房子、汽车的价值大，所以使用这些商品做抵押贷款能够贷到更多的货币。作为知识产权，也与其他商品一样，具有统一的价值内涵。所以，知识产权的价值也与其他投资商品一样，可以用于买卖、上市、抵押、贷款等各项经济活动中，并且价值计算方法与其他商品也完全一样。

通过不同形式的商品中统一价值的研究我们可以看出，不管商品的外形如何多样，其内部价值都是一样的，即投入加效用或成本加利润的价格的统一性，一个电脑3000元与听一次讲座3000元，两者表现形式不同，但实际上两者的价值相等。

作为“有形产品”的生产者，主要是通过原料的加工，包括科技管理等其他生产要素综合投入形成商品，通过商品的效用获得利润剩余价值，并且受同种商品的供求关系影响。而作为无形服务的商品，是通过直接服务实现价值，也是通过服务的投入与产出确定出来的价值，而在本质上与有形产品具有完全相同的价值。

但由于各种不同商品以不同的形式存在，所以，不同商品的价值计算有所不同。对于有形产品，可以根据一定的数量如个数、重量、长度或温度等单位乘以数量来计算，如果用货币价格表示价值，则乘以单价就可以了，如购买一本书20元钱，乘以数量就得到货币价格，换算为价值单位就是价值结果。对于证券类商品也是直接根据货币数乘以数量计算。而对于服务商品来说，从投入上可以进行计算，即单位商品的投入成本，对于效用上则只能通过服务对象认可度确定。现在一些单位推行领导与员工互相评分，学生与老师互相评分的做法，实际是对服务的效用价值的一种考量。

正是因为各种不同形式的有形产品、无形服务、有形产品加无形服务、证券、货币等内在价值具有统一性，所以形成了不同形式的各种资产，如投资项目、企业、矿业权、房地产、土地、证券、知识产权……价值评估方法相同，构成“全面价值评估法”。构成“价值经济管理学新体系”系列专著的“价值评估”学系列之一。

不同形式的商品之间在价值上的“同一性”，形成不同形式的商品之间的价值可以如同流水一样进行流转，如将纸币形式的价值通过购买各种商品，形成纸币价值与其他商品的价值之间的流转。

以什么样的形式表示商品的价值，关乎商品的价值的保值、增值或贬值及风险，也关乎商品的流转是否畅通。

通过货币—商品—货币的价值流转，即钱物的价值流转，在把现金变成实物商品时，可以化解投资风险，即用钱把实物商品买到手以后，还可以再变现为货币，虽然实物再还原纸币时，可能价格变化带来价值变化，但是，不至于所有货币扔水不响，形成沉没成本。

在货币—货币的直接资本运营或证券投资时，结果或者盈利或者亏损，而没有商品的价值保值或贬值或增值的缓冲，如购买一支证券，如果证券价值贬值为零，则无法得到现金回笼，所以，证券投资以及从货币到货币的直接的资本运营，则风险大，利润也大。

现实中的所有商品买卖，都是在货币—商品—货币循环中实现的。人们愿意保留纸币形式的商品，是因为纸币对于其他商品的购买是“无所不能”，而其他商品没有这种功能，充其量只能用于个别的易货贸易上。

保持不同形式的商品带来的价值变化情况，有以下几种情况。

保存现金商品：保存在保险柜里的现金，则要经受通货膨胀率带来的价值贬值，而将现金存入银行，则要经受银行存款利率与通货膨胀率或通货紧缩率共同作用形成的实际利率的价值变化。

保存有形产品商品：如房地产、小汽车、机器、设备、仪器等，则受物质的化学及物理变化以及技术落后带来效用的减少，形成折旧价值贬值。也会遇到这类商品本身未来的市场供求的增减带来的价值增值，如房地产遇到市场价格暴涨时，旧房的价格上升了，保存房地产的价值增加。当然，作为房地产，在带来价格上升、价值增值的同时，折旧是不可避免的，而具体二者的对比，则是由市场确定的。

保留服务，可能会随服务的内容改变带来风险，如文艺作品，一个阶段人们有一种喜欢口味。如果没有创新，总是旧的方式，就会落后，使效用减少，带来服务价格利润减少，如前几十年的东北二人转比较受人喜欢，二人转的票价较高；现在，人们对于东北二人转比较淡薄，所以，门票价格就会降低。只有不断创新才能消除内容落后带来的价值贬值。

随着时间的推移，各种新服务商品不断产生，旧的服务方式就要淘汰，所以，服务业要创新服务方式，不要过长时间保留旧服务方式。

保留科学技术商品：会因科学技术的日新月异而带来技术上的相对落后，由于科技效用的降低，价值下降，如对于大哥大手机技术，在今天是淘汰的，而在多少年前刚出来时，用在生产上，一部大哥大销售几万元，则价值很大。而这种贬值需要进行知识产权全面实时价值评估。由于目前世界缺少知识产权的全面实时价值评估，则带来了整个世界的知识产权定价难，应用难，限制了知识经济时代的科技生产要素的价值的实现。

保存证券商品：由于证券的价格随市场变化而变化，所以保存证券商品要随证券市场价格变化而增值或贬值，形成证券投资风险。

## 第六节　商品的等价交换

商品的等价交换，是指不同形式的商品之间的相同的价值下的交换。最基本的商品的等价交换是实物货币与其他商品的买卖上的等价交换。纸币社会的纸币与其他商品之间的买卖，也是等价交换，只不过是纸币中包含通货膨胀率或通货紧缩率，带来纸币价值的流水或贴金而已。各种不同商品之间的直接的易货贸易，也是根据相同价值确定其交易量。

例如，一辆汽车是 20 万元人民币，而一幢房子也是 20 万元人民币，一个作品稿费也是 20 万元，这时，这辆汽车和这幢房子及作品在价值是“相等”的。

用货币表示商品的价值的时候，使商品的买卖成为现实了。即人们手中掌握多少货币，就意味着掌握了对应多少价值的商品的“所有权”或“使用权”。

不仅在一国之内，世界各国都可以用货币进行商品买卖，也是建立在商品与货币的等价交换基础之上的，只不过这是国际易中使用货币进行商品买卖时要进行外汇汇率换算而已。

一般，n 个价值相等的商品称为“等价物”，等价物之间可以通过货币进行买卖交换。

现实社会生活当中，当您走进商场或超市时，各种琳琅满目的商品令你目不暇接，同一种类的商品有不同的价格，不同的商品有不同的价格，甚至不同商品也会有相同的价格，这是为什么呢，原来都是由商品的内在的“价值”决定的。

至此，我们常说的商品的“价值”及“等价交换”就不再是“只可意会，不可言传”，而是实实在在地能够具体进行等价交换的计算了。

定义：

设 A 商品的价值为 a，B 商品的价值为 b，C 商品的价值为 c。则各种商品价值之间的运算满足以下等价关系及运算定律：

等价关系包括：

（1）自返性：$a=a$；

（2）对称性：若 $a=b$，则 $b=a$；

（3）传递性：如果 $a=b$，$b=c$，则 $a=c$；

运算定律：

加法交换律：$a+b=b+a$

乘法交换律：$a\times b=b\times a$

加法结合律：$a+b+c=(a+b)+c=a+(b+c)$

乘法结合律：$(a\times b)\times c=a\times(b\times c)$

加乘分配律：$(a+b)c=ac+bc$

注意两点：

（1）不能使用复数进行价值运算，因为复数不是现实的数，价值是客观的价值结果。

（2）运算中出现“无理数”时，只是理论价值结果，因为对于无理数，我们无法进行实际使用，如3.1415……这样的无理数，怎样能够拿出来？因此，在应用上，只能使用有理数表示总价值。

不难看出，商品的等价交换是构成整个市场经济社会中专业化分工的基础，即不论生产经营什么形式的商品，都可以等价交换。所以形成企业的一切经济行为都是围绕商品价值的剩余价值追求来进行的，而专业化的行业及岗位分工，则能够以其资源的优势及劳动者的训练技术或专业技术的优势，通过少投入、多产出创造剩余价值，形成市场经济社会的经济奇迹。

## 第七节　商品的公允价值

在现实的所有商品买卖过程中，首先要遇到商品的价值判断问题，根据价值确定价格。作为对某类商品的价值判断，一般是开始于公允价值判断的。如要想购买一套房子，首先想到的是，可能是几十万元或上百万元吧，而要购买一套服装，也就是几百元或上千元吧。

对于某一类商品的初步价格价值判断，形成了商品的公允价值问题。

在传统的会计学、资产评估等研究应用中，经常会遇到“公允价值”的概念。如放在仓库中的成品商品，由于没有进行销售，只有成本价值，没有利润价值，这时就要寻找一个可对比的生产标准加上相同的市场环境估计利润，确定价值结果。如果时间很长，这种标准的环境难以找到，买卖双方认可的价格就难以把握，所以“公允价值”只是一个“定性”的概念，没有一个“定量”的计量结果，这对整个会计计量、资产价值评估及各项经济活动中的价值计量都会产生不利影响。

传统的会计学及资产评估中对于公允价值的定义为：公允价值亦称公允市价、公允价格，是熟悉情况的买卖双方在公平交易的条件下所确定的价格，或无关联的双方在公平交易的条件下一项资产可以被买卖的成交价格。在公允价值计量下，资产和负债按照在公平交易中熟悉情况的交易双方自愿进行资产交换或者债务清偿的金额计量。

例如，购买企业对合并业务的记录需要运用公允价值的信息，实务中通常由资产评估机构对被并企业的净资产进行评估。由此导出被兼并企业净资产公允价值的确定：

有价证券按当时的可变现净值确定。

应收账款及应收票据按将来可望收取的数额以当时的实际利率折现的价值，减去估计的坏账损失及催收成本确定。

完工产品和商品存货，按估计售价减去变现费用和合理的利润后的余额确定。

产品存货，按估计的完工后产品售价减去至完工时尚需发生的成本、变现费用以及合理的利润后的余额确定。

原材料按现行重置成本确定。

固定资产应分不同情况进行处理。对尚可继续使用的固定资产，按同类生产能力的固定资产的现行重置成本计价，除非预计将来使用这些资产会对购买企业产生较低的价值；对于将要出售，或持有一段时间（但未使用）后再出售的固定资产，可按可变现净值计价；对于使用一段时间后出售的固定资产，在确认将来使用期的折旧后，按可变现净值计价。

对专利权、商标权、租赁权、土地使用权等可辨认无形资产按评估价值计价；商誉按购买企业的投资成本与所确认的公允价值之间的差额确定。

其他资产，如自然资源、不能上市交易的长期投资按评估价值确定。

应付账款、应付票据、长期借款等负债，按未来需支付数额采用当时利率折现所得的金额确定。

所有事项和约定义务，如不利的租赁协议所引起的付款、合同对企业的约束以及行将发生的固定资产清理费用，都应加以充分的估计，并按预计支付的数额以当时的实际利率折现的现值计价。

只要某项可辨认资产和负债是被并企业的，都需对其确定公允价值，如企业的研究开发成本、行动计划成本、开发某配方成本。

由此可见，传统的会计学及资产评估等理论中所使用的公允价值概念是一个没有具体量化的难以为人们确切把握的价值判断方法。为此，我们来给出全面价值内涵的真正意义上的公允价值定义。

现在，我们用全面价值观给出公允价值的概念，就变得非常容易了。

定义：

单位商品长期中的平均价格的价值称为这种商品的公允价值。

如1斤黄瓜常年的价格为2元，则1斤黄瓜的公允价值就是2元换算为价值单位的结果。

商品的公允价值是不同商品的价值区分标志，不同类型的商品，长期中形成各自固定的公允价值的价格。而公允价值的价格，也是商品买卖价格判断中首先要遇到的问题，通常情况下的商品都是以公允价值的价格买卖的，除非商品有某些其他独到的方面或供求关系发生变化而偏离公允价值的价格很大偏差。

显然，公允价值是市场长期中的供求相等时的价格的价值。而供求不等时，形成的价值是特殊价值。商品供小于求时，对于厂家即卖方来说，能够获得超过公允价值的额外剩余价值；而在供大于求时，则厂家作为卖方只能获得低于公允价值的剩余价值或亏损。而作为商品的购买者正好相反，当供大于求时，能够购买到便宜货，即以低于实际价值的价格购买到商品，或支付同样的价格能够购买到更多数量的商品；而在供小于求时，就只能花高价购买商品了，即以高于价值的价格购买商品。商品的买卖双方价格利益分割呈相反相成的关系，也就是剩余价值的瓜分问题，而分割的结果根据谁能够拿谁的把来决定，即供求关系带来的结果。

每种商品的生产中所投入的成本、费用大致相同，全国平均起来，会形成该种商品的“平均生产成本、费用”。如生产一台笔记本电脑的成本投入可能是10000元，也可能是8000元，也可能是12000元，但是，平均起来是15000元，这样，笔记本电脑的平均成本就为15000元，其电脑笔记本的成本价值就是15000元，而市场销售上的利润也一样，每种商品存在一定的平均利润。如笔记本电脑每台的销售利润可能是3000元，可能是5000元，也可能是8000元，这样，全国平均起来就有一个固定的平均数$\frac{16000\text{元}}{3}=5333.33$。而商品的平均价值就是平均成本与平均利润的和，即$15000+5333.33=20333.33$元。

每种商品，理论上存在着这样的平均价值，但实际上由于其不同的生产厂家的管理不同，经营结果不同，市场不同，每种商品的实际价值是固定的，且同类商品的价值也不尽相同。如同是买一辆汽车，不同的车的品牌及车型及不同的保修条款等，其价格不同，即价值不同，表现出价格也不同，而且相同的一辆汽车在不同国家及不同市场上或不同的时间里的价值也有所不同，因而价格不同。

因各种商品的平均成本与平均利润是一个稳定的值，并且不受商品是否被买卖的影响，不论放在企业的仓库里，还是放在商场的柜台上明码标价，都是相对稳定的结果，所以，就定义每种商品的长期中的平均价格为这种商品的公允价值。而且在没有特指的情况下，我们平时所说的每类每种商品的价值，大致就是公允价值。

商品的具体价值，是商品买卖成交确定的价格的价值，这个价格的价值是因企业生产成本、费用不同或商品的市场供求关系不同而偏离公允价格的价值。比如前面提到的各种商品在实际销售时，可能因为成本价格、供求关系及销售利润的不同，而产生实际的成交价格的价值，但是这个实际价值也要围绕公允价值上下波动，所以，所谓商品的价格围绕价值上下波动，实际上就是围绕其公允价值上下波动，由此形成不同商品的不同或相同价值。这是现实中商品价格与价值之间的关系，各不同行业的商品价格不同（或相同）都是因公允价格价值不同（或相同）形成的。如一副眼镜公允价值为500元，而一架飞机公允价值为1亿元，则眼镜价格围绕500元上下波动，而飞机价格围绕1亿元上下波动。

研究同一种商品的平均价值或价格在理论上有特别重要的意义。

第一，它回答了商品的价格围绕商品价值上下波动的原理的可操作性，商品围绕商品的价值上下波动。如果我们考察的是平均价格，则要围绕平均价值波动，如果是具体的某商品的价值，则要围绕具体的某商品的价值波动。当有了商品的独立的价值单位的时候，商品围绕着价值波动就有了标杆，在没有这些理论以前，即不明确商品的价格围绕怎样的价值波动，是围绕商品的平均的价值波动，还是围绕具体的商品的价值波动。

第二，有了平均商品价值概念以后，商品的成本价值及剩余价值就一目了然了。如果企业以低于其单位产品平均成本、费用价值生产出来，以高于这个价值的数销售出去，就可以获得商品的价值增值——剩余价值。而如果以高于平均利润的价格销售出去，则获得了超额的剩余价值。如果既以低于单位商品平均成本、费用，又高于单位商品平均利润销售，则同时两方面获得了商品的利润——剩余价值。

这样，公允价值，只需要计算其单位商品平均成本、费用及销售利润就得到其货币表示的商品的公允价值，再通过货币价格换算成价值单位就得到属于商品本身的价值结果了。

根据以上的分析，一切商品的形成过程需要有生产要素土地、资本、劳动、科技、企业家等投入，这些投入转化为会计上的生产成本和期间费用，包括直接材料、直接人工、制造费用、管理费用、销售费用及财务费用等。

公允价值不依赖于实际销售，放在企业的库房里或商场柜台上，都不影响会计记账，而实际价值完全由商品的销售成交来决定。

而通货膨胀或通货紧缩会产生价格偏离实际价值，形成价格围绕价值波动，波动幅度就是通货膨胀率或通货紧缩率，这是金融病态社会带来的结果，而作为商品本身的价格围绕价值上下波动是形成商品的价格变动的内在因素。而通货膨胀或通货紧缩及商品的本身价值共同作用带来的价格围绕价值波动就更复杂了。总之，商品本身的投入加效用的公允价值是固定的，但多大市场供求关系变化以及通货膨胀率或通货紧缩率带来价格变化，但不管价格怎样变化，都紧紧围绕价值进行。

根据以上所讲，商品的价格围绕其公允价值上下波动是市场经济社会的基本价值规律，在“劳动价值论”、“要素价值论”、“效用价值论”及“全面价值论”等价值判断下，这个原理都是一样的，区别是片面商品价值论的价格只从商品的某一部分的价值的价格得出的结论，例如，“劳动价值论”下的价格围绕价值上下波动是指商品的价格围绕“劳动工资”的价值上下波动；“要素价值论”下的商品价格围绕价值上下波动是指商品围绕商品的“成本”价格上下波动；“效用价值论”的价格围绕价值上下波动是指商品的价格围绕商品的“利润”价值上下波动，而作为“全面价值论”的价格围绕价值上下波动则是指围绕商品的全部成本加全部利润的全部价格的价值上下波动。

“全面价值论”的“价格围绕价值上下波动”理论就概括了此前的所有各种片面商品价值论下的“价格围绕价值上下波动”理论。而此前的各种片面商品价值论下的“价格围绕价值上下波动”理论成为该理论下的一个“特例”了。

为了使商品的公允价值能够得到具体的理解与应用，我们给出以下定义。

定义一：

消费品的公允价值等于同类商品一年时间的市场平均成交价格的价值单位。

如某企业或单位的仓库中存放了100套件西服，没有卖出去，在进行企业的资产价值评估时，由于没有销售出去，没有商品成交，无法确定价值，只能使用公允价值进行评估。即通过同质量的西服在一年时间内年平均销售价格来确定。假定同类西服一年当中平均销售价格为500元/套，这样就可以确定仓库的100套西服的总价值为100×500＝50000元的价值单位结果。

注意，所谓的一年时间，并不一定以年初与年末为起点和终点，而是指评估日之前的一年之内的时间里同类商品的市场销售价格。而这个平均价格因区域不同而结果不同，为了统一确切，规定取同一个城市的一年当中的平均销售价格为确定的价格。

我们日常看到的商场中的商品标价签标示的价格，是没有出售的商品的价格，也同库存商品的价值一样，是一种公允价值的价格。而只有商品正式出售后，收到的现金数量换算为价值单位才是商品实际的真正的价值。

定义二：

投资商品的公允价值是同类的投资商品在3年时间内的平均成交价格的价值。

注意，有时会遇到既可作为投资商品，也可作为消费品的商品，这时应当根据该商品的实际用途加以确认，并按不同的方法评估公允价值，如对于一个小面包车，既可以用于家庭旅行，也可以用于出租；还有房地产，既可以自住，也可以用于出租。可根据不同的用途确定商品的公允价值。显然，用于自家使用的面包车或房子，是用于消费，则按消费品进行公允价值评估；而用于出租的小面包车或房地产，则按投资商品进行价值评估。而区分消费品或投资商品的方法就是看其商品利润收益的次数。如果是一次性利润收益，认定为消费品，大于一次性收益，则为投资品。

"公允价值"具有"公允"性，因而可以成为整个社会国民财富统计的依据。而我们通常所说的某种商品的价值是多少，一般是就它的平均价格的公允价值而言的。平均价格的公允价值是区别于一商品与他种商品的不同或相同的价值的判断标准。

企业商品生产经营是为了获得商品正常的平均成本与平均利润的平均价格的剩余价值，需要以低于平均成本的投入生产商品。而对于利润来说，由商品购买者决定，通过质量、性能及价格对比，作出判断，所以，企业要从商品上获得利润，就要从降低生产成本及相关的各种费用上入手。否则，如果以高于平均成本的投入生产出某种商品，则势必带来商品生产上的亏损，最终导致企业的整个利润减少，如果不加弥补，整个企业的资产总额就会减少，或者清算时注册资本减少，即原始投入的资本出现价值贬值。

事实上，企业的一切活动，都是为了获得平均或超额的利润剩余价值，这也是各种企业生产经营商品的目的所在。这样，为了获得商品的利润剩余价值，就要从对外经营与对内管理这两个方面进行各项经济活动，以减少生产成本。

最后，按此公允价值来进行会计核算将非常方便，且具有精确性，所以，可以按此定义重新对财务会计进行理论改造与理顺。

## 第八节　商品的价值及剩余价值实现过程

### 一、市场上商品价值及剩余价值形成过程

根据前面的介绍，商品的全部价值是通过生产要素投入及商品的效用确定的，如果用货币来表示，就是金币下的成本加利润的全部价格的确定

结果。

这样，商品价值的最终实现，是通过商品买卖成交的价格而确定下来的。而对于没有成交的商品，如商场摆放的商品以及库存商品等，只能以长期的平均价格的公允价值来进行评估。

出于“经济人”自我利益最大化的本质，在商品买卖定价过程中，作为卖方都希望卖高价，获得价格上的货币剩余价值，而作为买方总是希望购买便宜货，获得购买商品的效用上的剩余价值，如少花钱多消费，或购买投资品时减少投资成本等。最终只有双方达成一致的妥协，各自让步，才能成交。当成交时，双方各自实现了剩余价值；而没有成交，谁都没有剩余价值。不论国内交易还是国际贸易，在买卖双方的利润或效用剩余价值最大化的追求上都是一致的。作为商品买卖的价格上的讨价还价，实际上是一个博弈过程，可以通过博弈论来专门研究。

下面我们使用博弈论方法介绍一下商品买卖的讨价还价过程，得到商品买卖上的价值实现过程。

所谓商品买卖的价格谈判上的博弈过程，实质是价格洽谈上的互动关系。如在市场商品买卖中，卖方给定一个价，买方不同意，走了，交易不成；如果买方给个价，卖方不同意，交易也不成；买卖双方都不同意，则买卖更不成。只有在卖方给一个价格，买方还一个价格，双方达成妥协，交易才能成功。举个例子，如商场销售西服，卖方要价 1 套 1000 元，理由，成本及税 600 元，利润 400 元；而作为买方要求 800 元购买，意在获得 200 元购买上的剩余价值，但是这要以卖方的利润割舍为代价。这时，如果卖方不割舍，则交易不成，800 元出手的 200 元利润也得不到；而作为买方，200 元的剩余价值也无法实现。而如果双方都忍让一下，就都能够得到 200 元的利润的剩余价值，如图 1–3 所示。

从图 1–3 中不难看出，整个商品买卖的价格谈判过程分成四种情况。

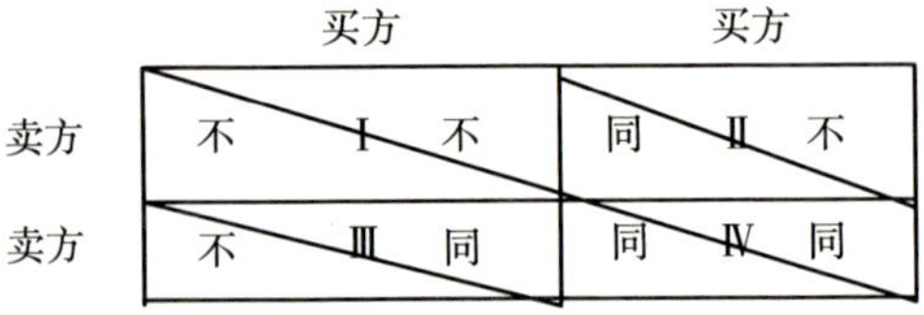


**图 1-3　商品价格博弈过程**

第一种情况，第Ⅰ象限中，卖方不同意卖，买方不同意买，一切免谈。比如卖方愿意以 1200 元出手，买方愿以 500 元购买。

第二种情况，第Ⅱ象限中，卖方同意卖，买方不同意买，也不能成交。卖方愿意以 1000 元价格销售，但买方转身走了，也不能成交。

第三种情况，第Ⅲ象限中，买方同意买，但卖方不同意卖，也不能成交。如买方愿意以 500 元购买，卖方会说“本钱都不够，您再到别处转转吧”。

第四种情况，第Ⅳ象限中，卖方愿意以 800 元出手，此时卖方获利 200 元，实现了货币形式的剩余价值；买方也愿意以 800 元购买，此时比 1000 元还便宜了 200 元，也获得了消费上的效用的剩余价值。这样，通过西服的销售，买卖双方各自都获得了 200 元的剩余价值。

这样，商品买卖成交带来了双方的剩余价值。

这样，商品的销售利润以及买方消费上的剩余价值都是通过商品买卖来实现的。从市场经济社会的现实实践来看，经济发达的国家或地区，也同时是商业贸易发达的国家或地区，甚至与本国或地区的领土大小关系不大。如日本、韩国、香港、新加坡、比利时等虽然领土面积小，但凭着商业贸易上的全球市场，也都成了经济发达国家或地区，而作为领土大国的中国、印度，只因是一个农业大国，一年下来，也只有一次的粮食销售机会，加上市场以及自然界风险，所剩无几，形成千百年来的维持型生活状况，甚至有个灾年战乱，就会出现饿死人现象。

总之，通过商品买卖的成交，带来企业利润、政府税收的增加、消费者消费的实现，以及生活水平的提高和投资的增长，从而带来经济的快速发展。

### 二、企业生产经营过程中商品的价值及剩余价值的形成主要通过内外两个方面来实现

对外经营，就是通过搜集大量的信息，进行市场调查与预测，面对国内外两个市场，找到该种商品的供求比例，确定市场供小于求的“缺口”，或者能否创造垄断商品。为此，要在企业建设之前，进行项目投资决策评估、进行项目建设，最后形成企业。

对内管理，就是在企业的日常生产经营过程中，企业通过对内进行科学管理达到降低成本的目的。即在一定的战略管理思想指导下，对人、财、物、产、供、销各种资源进行有机组合与配置，通过计划、组织、控制、协调、激励等一系列活动达到降低成本的目的。

## 第九节　商品的价值与所有权

商品的价值只是一个投入与效用或投入与产出的问题，不涉及“所有权”问题，但是，作为实际的商品价值的形成，由于效用部分的价值是通过商品买卖来确定的，所以，商品的价值最终形成是商品买卖成交之后的结果，而没有成交的商品的价值，由于其效用对应的利润无法确定，所以，只能用公允价值来表示。

商品买卖中产权变化也能带来商品价值的变化，这就是商品买卖挣钱的道理。一种商品，在一个人手中是一个价格价值，经过商人转手卖出之后，增加了利润剩余价值，导致商品的总价值增加了，这就是所谓的商品“炒作”带来的剩余价值。如房地产倒手转卖带来的利润增加，使同一个房地产的价值增加了。

既然商品的“价值”是脱离商品的“所有权”而独立存在的，那么，国家税收就是对纳税人的利润剩余价值的分割，所以，税收当作国家向企

业或其他纳税人的剩余价值的分割来看，应列入社会分配范畴研究，而商品的价值只与生产要素投入及商品的效用产出有关，只与买卖成交有关，而不管产权在谁手里，价值是固定的。

## 第十节　货币的实时价值计算

前面我们讲过，作为货币来说，其本身也是一种“商品”，但它又是一种“特殊的”商品，即能够表示所有商品全面统一价值的商品。所以，货币表示的价值是一种抽象的价值，所有商品都可以通过商品的价格去通货膨胀率或加通货紧缩率来表示价值。“金钱万能”的社会就是基于金钱“价值”的抽象性而来的，而对于社会财富如国民经济的统计，企业及家庭财产统计，则是通过价格加总找到它的价值，而与商品的种类无关。

由于纸币价格与实际价值之间存在一个通货膨胀率或通货紧缩率的换算关系，所以，可以通过将纸币价格去通货膨胀率或加通货紧缩率而得到其价值结果。

下面我们区分不同情况介绍一下货币时间价值的计算。

### 一、银行存款时间价值计算

把一笔钱存入银行，经过一段时间以后，可以取得单利或复利的利率回报，这个单利或复利的利率，就是纸币银行存款的时间价值。

纸币存入银行后因利息带来的价值增值或贬值的时间价值计算，主要是通过求现值或终值来实现的。一段时间内，期初的资金价值称为“现值”，期末的价值称为“终值”。终值计算，就是已知一笔固定资金现在的值，求未来的终值的计算，即银行存款结算时的计算。现值计算，就是已知一笔固定资金的终值，求现在的值的计算，也称为“折现”或“贴现”。银行存款的时间价值计算，就是求一个时间段内的现值或终值的价值是多少的问题，即一段时间以后，银行存款的资金时间价值发行变化以后所进行的等价值换算问题。

根据资金时间价值增值或贬值的速度不同，分为单利计算和复利计算。其中单利计算包括单利现值计算及单利终值计算；复利计算包括复利现值计算及复利终值计算。

1. “终值”计算

（1）单利利息存款的终值的本利和

这是求现在的一笔固定资金存入银行以后，按单利利息来计算得到的若干年后结算时的值是多少的问题。

目前银行存款的单利计算公式为：

$$利息=Pni$$

其中，$P$——现值；$n$——存款年限；$i$——利率。

说明：为了简便起见，此中没有考虑利息税的内容；如果考虑利息税，则在后面还要乘以一个（1−20%），目前中国这样规定的。

一笔固定数量的现金 $P$ 各年的存款利息可由下面的方法计算出来：

第一年存款的利息 $=1Pi$；

第二年的存款利息为 $2Pi$；

第三年的存款利息为 $3Pi$

……

第 $n$ 年的存款利息为 $nPi$。

则一笔固定存款的各年的终值的本金加利息之和 $F$ 为：

第一年的终值的本利和 $F=$本金+利息$=P+1Pi=P(1+1i)$；

第二年的终值的本利和 $F=$本金+当年利息$=P+2Pi=P(1+2i)$；

第三年的终值的本利和 $F=$本金+本年利息$=P+3Pi=P(1+3i)$

……

第 $n$ 年的终值的本利和 $F=$本金+本年利息 $F=P(1+in)$，即：

$$F=P(1+in) \tag{8}$$

注意，单利的性质是，一笔固定资金经过一段时间以后以每年不变的利率增长。本金只计算一次，而利息回报是根据年限确定的，年限越长，公式（8）中的 n 越大，其利息回报越多。

例如，某人在 2007 年年初存入银行 10000 元现金，存期为 20 年，银行存款利率为 4%，则第 20 年时的终值的本利和为：$F=10000（1+20\times 4\%）=18000$（元）

这说明，在银行存款利率为 4% 的单利率情况下，现在的 10000 元货币资金存入银行 20 年后，取款结算时的终值为 18000 元，即增加了 8000 元的货币。反过来，20 年后的 18000 元货币资金，相当于现在的 10000 元的货币资金。

现值 10000 元 $\xrightarrow{\text{4\%单利　20年}}$ 终值 18000 元
（2007 年）　　　　　　　　（2027 年）

（2）复利存款的终值的本利和计算

复利是把银行存款的每年的利息作为下一年的本金而计算利息的，也称为“利滚利”。

根据定义，设本金为 $P$，利率为 $i$，存款期限为 $n$，终值为 $F$，则有

第一年本利和的终值 $F$ 为：

$F$=本年本金+本年 1 年时间所新增加的利息$=P+Pi=P（1+i）$；

第二年的本利和的终值 $F$ 为：

$F$=第一年末的本利和的终值作为本年的本金+本年中新增加的 1 年的利息

$$=P（1+i）+P（1+i）i=[P（1+i）]（1+i）=P（1+i）^2;$$

第三年的本利和的终值 $F$ 为：

F=第二年末的本利和的终值作为本年本金+本年中 1 年时间所新增利息

$$=P(1+i)^2+P(1+i)^2 i=P(1+i)^2[1+i]=P(1+i)^3$$

……

第 $n$ 年的本利和的终值 $F$ 为

第 $n-1$ 年的终值作为本年本金+第 $n$ 年的利息 $= P(1+i)^{n-1} + P(1+i) = P(1+i)^n$

故：第 n 年的复利终值和为：

$$F = P(1+i)^n \tag{9}$$

注意，复利的性质是每年都要计算本金，而且是在上年的利息增加基础上的本金，故本金是被多年或多次重复计算的。

这样可以看出，与单利的一次性计算本金有着不同的资金的时间价值的增长速度对比而言，复利增长速度来得快，而单利增长速度来得慢。

仍然以某人 2007 年银行存款 10000 元，存款期 20 年，银行复利 4% 来计算该人存款到 2027 年时的终值的本利和的终值：$F = 10000(1+4\%)^{20} = 21911$ 元。

现值 10000 元 $\xrightarrow{\text{4\%复利}\quad\text{20 年}}$ 终值 21911 元
（2007 年） （2027 年）

可见，银行存款的复利率所计算的资金时间价值增值要快于单利率下的资金的时间价值的增值速度。本例中同样的 10000 元存款，同样的存期 20 年，单利与复利相差 21911-18000=3911 元。实际上银行存款定期的使用单利。所以要以单利计算银行存款利率。活期到期自动转存的，才是“复利率”。要区别不同存款方式具体使用单利或复利计算终值或求现值。

以上是区分单利和复利来确定的资金时间价值增长或减少的对比。

此外，根据两种情况下的求本利和的终值公式也可以看出，同样的单利或复利情况下，银行利率越高，终值的本利和也越大，反之则越小。存款的年限越长，则终值越大，存款年限越短，其增值也越小。所以，提高银行存款利率，可以增加由于银行存款所带来的资金时间价值的增值，减少银行存款利率，资金时间价值增值就慢。这就是为什么项目评估中要进行使用利率为收益率计算资金时间价值的原因所在，投资项目往往都是一个长期的过程，长期中资金的时间价值变化相当大，所以，要计算投资项目的财务经济效益时，要把资金时间价值作为项目投资的时间上所带来的资本的机会成本，因为一定量的资金和存款期，如本例中的 10000 元的 20 年银行存款，即便不投资到任何项目当中，而只存入银行，经过 20 年时间，也会获得资金时间价值的单利的格外的终值 18000－现值 10000＝增值 8000 元或复利情况下的终值 21911－现值 10000＝增值 11911 元，而要准确地计算出投资项目的财务经济效益，就要考虑去掉这 8000 元或 11911 元的增值，在此之外的增加的期初收入，才是项目投资所带来的格外的现金收入，是项目投资意义所在。

需要特别说明的是，以上只是就银行存款或贷款所带来的资金时间价值的变化的分析。在实际银行存贷款中，这并不是只有银行利率单方面来决定资金的时间价值。还有资金本身通胀缩率，各种投资收益率，如证券投资收益率等。

2. “现值”计算

所谓银行存款的现值计算，指的是已知一笔银行存款的未来的本利和的终值，求当初存款时的值的计算。也就前面的例子的中的单利情况下的已知 2027 年的 18000 元，并且银行利率为 4%，折现期为 20 年即 2007 年的钱数是多少的计算；或复利情况下的 2027 年的 21911 元按银行利率 4%，20 年折现率 2007 年时的现金是多少的计算。故银行存款中的现值计算也可以分为单利或复利情况下的现值两种情况，不过这两种情况的计算公式推导比较简单，只需用前面的公式求出现值 $P$ 就可以了。

（1）单利情况下的现值计算公式

将公式（8）两边同时除以 $1+in$ 有

$$P=\frac{F}{1+in} \tag{10}$$

其中，$1/(1+in)$ 为单利折现系数，如果取 $F$ 等于 1，分别给出 $i$ 和 $n$ 的一些值，便可得出《1 元单利现值表》。而对于 $F=P(1+in)$，如果取 $P$ 等于 1，分别给出 $i$ 和 $n$ 的值，则得到《1 元单利终值表》，详见书后附录。

（2）复利的现值计算公式

将公式（9）两边同时除以 $(1+i)^n$ 有

$$P=\frac{F}{(1+i)^n} \tag{11}$$

$F$ 取 1，给出 $i$ 和 $n$ 的值，就可得到《1 元复利现值表》。同样，对于复利终值公式 $F=P(1+i)^n$ 取 $P$ 等于 1，分别给出 $i$ 和 $n$ 的值，就得到《1 元复利终值表》，详见书后附录。

在实际计算中，对于 $i$ 和 $n$ 较小的数，可以直接通过查《1 元单利现值表》、《1 元单利终值表》、《1 元复利现值表》、《1 元复利终值表》得到结果；对于 $i$ 和 $n$ 较大的数，或表上没有的 $i$ 和 $n$，只能代入公式具体计算。

3. 银行存款“实际利率”及“实际折现率”

我们知道，放在银行的一笔资金，随时间的永续增加，会带来利息的增加，是货币数量的增加，即名义上的价值增值，但同时，当计算这些钱的终值取款时，社会市场消费品平均物价可能上涨，此时导致货币贬值，即通胀现象发生了；也可能市场消费品平均物价下降，导致货币增值，即通缩现象发生了。那么，银行存款利息带来的货币价值的“增值”及通货膨胀（或紧缩）率带来的货币价值的“贬值”（或增值）对比程度大小，就要根据通胀紧缩率与利息差来确定，如果银行存款利息率大于通货膨胀率，则增值速度大于贬值速度，此时，银行存款是增值的；增值额为利率−通胀率。反之，如果通货膨胀率大于银行存款利率，则银行存款实际上是贬值的，贬值额为通胀率减利率。因此，只有在银行存款利率大于通货膨胀率时货币在银行的存款才能带来“增值”。为了存款保值，银行应在利息的基础上增加通货膨胀率，才能抵消物价上涨所带来的货币存款的价值贬值。这就是“实际利率”和“实际折现率”带来的资金时间价值计算问题。

“实际利率”最早是由美国耶鲁大学经济学教授、诺贝尔经济学奖获得者阿尔文·费雪提出来的。

银行存款终值计算：

实际利率下的资金时间价值终值计算就是把“收益率”$i$ 换成实际利率=银行利率–通货膨胀率，或实际利率=银行利率+通货紧缩率即可。

银行存款现值计算：

就是把折现率换成实际折现率，即实际折现率=银行存款利率–通货膨胀率，或实际折现率=银行存款利率+通货紧缩率。

根据费雪实际利率计算公式，在银行利率大于通胀率的情况下（如图 1–4所示）：

（1）实际利率=银行利率–通货膨胀率>0 时，资金的时间价值是随时间的增加而增加的，终值大于现值；

（2）实际利率=0 时，任何时间段里的终值都与现值相等，终值等于现值；

（3）实际利率=银行利率–通货膨胀率<0 时，终值小于现值。

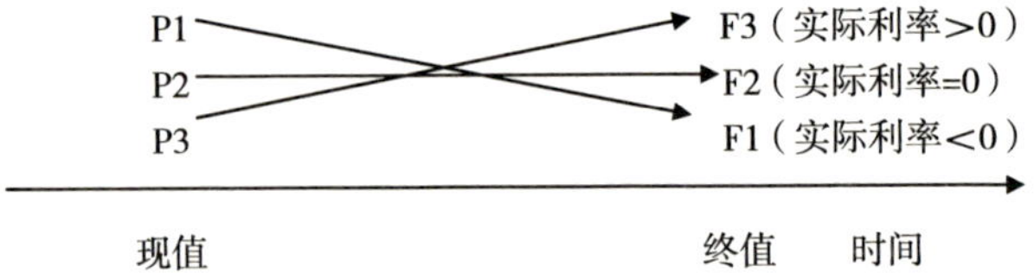


**图 1–4　终值变化趋势图**

银行存款的“实际折现率”是取“实际利率”得到的“折现率”，实际折现率在数值上与实际利率相等，是终值求现值时使用的收益率，实际折现率的讨论与终值问题的讨论完全相反。

（1）当实际折现率 = 银行利率 – 通货膨胀率 > 0 时，现值减少，现值小于终值；

（2）当实际折现率 = 银行利率 – 通货膨胀率 = 0 时，现值等于终值；

（3）当实际折现率 = 银行利率 – 通货膨胀率 < 0 时，现值大于终值。

由“实际折现率”决定的现值变化趋势分析如图 1–5 所示。

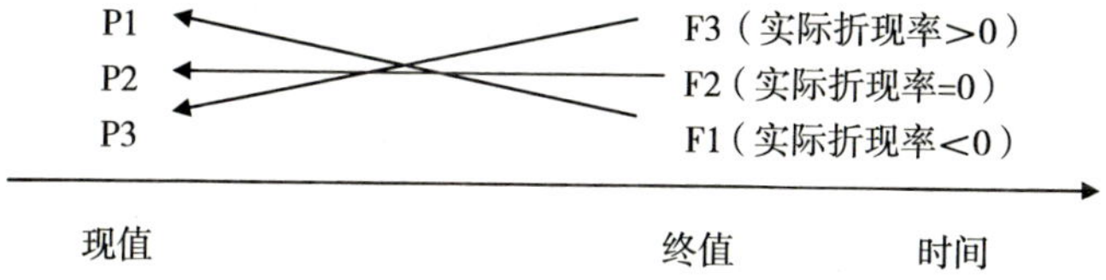


**图 1–5　现值变化趋势分析**

## 二、年金计算

1. 年金终值计算

年金（Annuity）是指一定时期内每期相等金额的收付款项，如租金、定期支付的保险金、按直线法计提的折旧额、养老金、分期付款、分期还款通常都属于年金。

根据年金每次收付发生的时间的不同，可以将年金分为：

后付年金——每期期末等额收或付款的年金，也称为“普通年金”；

先付年金——每期期初等额收或付款的年金；

递延年金——距今若干期以后发生的每期期末等额收或付款的年金；

永续年金——无限期连续收或付款的年金。

普通年金也有称复利年金，是运用复利的计算方法进行终值或现值计算的。

普通年金终值，就像零存整取的本利和。根据定义，假设从现在开始，每期期末存入一笔资金 $A$（$A$ 为年金），设年利率为 $i$，连续存入 $n$ 期，$n$ 期末时的终值之和就是普通年金的终值。

设 $F$ 表示年金，则有把各期复利终值相加就得到了复利年金终值为：

$$F=A+A(1+i)+A(1+i)^2+\cdots+A(1+i)^{n-1}$$

等号两边同乘以（1+$i$）得：

$$(1+i)F=A(1+i)+A(1+i)^2+\cdots+A(1+i)^n$$

后式减去前式有：

$$(1+i)F-F=A(1+i)^n-A$$

整理有：

$$F=A[(1+i)^n-1]/i \tag{12}$$

2. 年金现值计算

可以用同样的方法推导出普通年金现值的计算公式为：

$$P=A(1+i)^{-1}+A(1+i)^{-2}+\cdots+A(1+i)^{-n}$$

两边同时乘以（1+$i$），整理后有：

$$P=A[(1+i)^n-1]/i(1+i)^n \tag{13}$$

综合上述，可以得到表 1-1。

**表 1-1 单利及复利计算公式汇总表**

| 已知项 | 所求项 | 使用系数名称 | 符号 | 计算公式 | 第 $n$ 年利息 |
|---|---|---|---|---|---|
| $P$ | $F$ | 单利终值系数 | $F/P$ | $F=P(1+in)$ | $Pin$ |
| $F$ | $P$ | 单利现值系数 | $P/F$ | $P=F/(1+in)$ | |
| $P$ | $F$ | 复利终值系数 | $F/P$ | $F=P(1+i)^n$ | $P(1+i)^{n-1}\cdot i$ |
| $F$ | $P$ | 复利现值系数 | $P/F$ | $P=F/(1+i)^n$ | |
| $A$ | $F$ | 普通年金终值系数 | $F/A$ | $F=A[(1+i)^n-1]/i$ | |
| $F$ | $A$ | 偿债基金系数 | $A/F$ | $A=F\,i/[(1+i)^n-1]$ | |
| $A$ | $P$ | 普通年金现值系数 | $P/A$ | $P=A[(1+i)^n-1]/i(1+i)^n$ | |
| $P$ | $A$ | 资本回收系数 | $A/P$ | $A=Pi(1+i)^n/[(1+i)^n-1]$ | |

需要说明的是，上面所提到的资金时间价值的计算，本质上是将一定数目的货币在不同时间的不同价值进行等值换算。而换算的方法，就是如果已知现值求终值，只需将现值乘以一个“终值系数”，包括“单利终值

系数”和“复利终值系数”两种情况，取单利系数还是复利系数根据收益率是单利还是复利来确定。而折现率 $i$ 可以取银行利率，也可以取实际利率或其他收益率，并且取什么样的折现率，就是资金的时间价值与投资对比的参照结果。

而已知终值求现值，则只需将终值乘以一个“折现系数”，其中取哪个“折现系数”也是根据折现率的单利还是复利来确定。

## 三、货币投资的时间价值计算

由于纸币是流通的抽象的价值，可以随时用于不同项目的投资，而不同项目的投资收益率不同，这时，就要选择最有效率或最理想的投资收益率。而对于投资者来说，手中的资金总是有限的，投资于某一个项目当中，就不能再投资于其他项目，这样，因投资于这一个项目而放弃的其他项目的最大收益的损失，形成这个项目投资的资本金的机会成本。如同样的一笔资金，可以用于银行存款，也可以用于投资证券，还可以投资于某个行业，用于某一个方面的投资就不能用于其他方面的投资，用在哪个方面的投资上，就要取这个方面上的收益率，计算终值或现值，进行资金时间价值的等值换算。如银行存款的利率为5%，这时要对银行存款进行资金时间价值的等值换算，就要取存款利率（单利或复利两种情况），计算终值或现值。如果资金是用于购买证券，这时就要取证券收益率求终值或现值进行资本金时间价值的等值换算，而要做某个行业投资的资本金时间价值的等值换算，就要取该行业的基准收益率进行求现值或终值换算。而放到保险柜里的资金的时间价值的等值换算，因此时没有任何投资，就是资金本身的时间价值，这时只取通货膨胀率或通货紧缩率为折现率即可。如果考虑各种投资的资本金时间价值的等值换算，则就要取所投资项目的收益率减去通货膨胀率或加上通货紧缩率的广义的“实际利率”或广义的“实际折现率”求终值或求现值进行等价值换算。

从一般意义上来说，资金本身时间价值的等值换算，就是通货膨胀率或通货紧缩率为收益率或折现率的求终值或求现值的计算。其他收益率或折现率都是机会成本意义上的资本金时间价值的等值换算。而“实际利率”或“实际折现率”才是最实际的收益率或折现率，因为通常大多资金都是存在银行的，在获得一定的存款利率的同时，不可避免地要经受利率与通货膨胀率或通货紧缩率带来的收益率或折现率的影响。

## 四、国际货币时间价值计算

国际货币对比的时间价值计算，就是不同国家货币的汇率换算问题。

根据前面所讲，在一个建立了世界统一的价值单位基础上的“世界元”社会里，世界各国货币都是一样的，货币的价值始终与实际价值完全一一对应，这样的世界社会是没有汇率概念的。所以，汇率只出现在缺少价值单位基础上的世界统一货币的社会里，是不同国家的纸币价值换算的比率。例如，对于同样的1Th价值商品，美国使用1美元来表示，而中国使用7元人民币来表示，这时，1美元的价值与7元人民币的价值完全相等，这时美元/人民币=1/7，就是美元对比人民币的汇率。

不难看出，汇率实际上是建立在不同国家的不同货币的相同价值对比基础上的，汇率实质是货币价值对比。而由于世界各国的金融政策不同，通货膨胀率或通货紧缩率变化无常，这样带来了汇率换算上的波动性，形成汇率战，给国际贸易带来了风险，因为国际贸易的最终目的是获得商品的剩余价值，是通过货币流动来实现的，汇率的不稳定，就带来外汇价值的不稳定。一旦外汇价值贬值，则整个国际贸易的全部努力就会付之东流。所以，汇率的存在，是构成国际贸易的首要风险。

上面给出的是以世界统一的商品价值单位为基础衡量的汇率概念，在传统的金融学中给出的汇率的概念是国与国之间货币折算的比率，这种汇率定义是建立在离开价值尺度的基础上，是一种不同纸币之间相对的价值比较的结果。可能水涨船高或水落船低地进行不同国家货币数量折算，如在以美元为中心的社会里，美元本身从1946~2008年62年间通货膨胀率达30多倍，这时，以美元为核心的各国货币汇率换算也随之上升了。而如果美国没有通货膨胀，其他国家的汇率则不会变动，而美元贬值，其他国家也要跟着贬值才能建立对等的货币价值换算关系，尽管都是偏离实际价值的，但仍然可以建立相对价值基础上的汇率换算。

不论汇率是否建立在价值基础上，都是货币价格的体现，这个换算比率，就是汇率。如前面讲到的美元：人民币=1：7，就是美元购买人民币的价格，即每1美元能够购买到7元人民币，也只有这样，才能建立起美元与人民币之间的实际的或相对的价值对等交换关系。这也就是当代世界社会外汇市场形成的起因，即专门经营外汇买卖的场所形成的外汇市场及外汇业务。而外汇业务的收益就是建立在各国不同的通货膨胀率或通货紧缩率相对变化对比带来的货币价格差，实质是一种货币投机生意，往往带来扭曲货币价值的结果。而通过价格变化带来了外汇的供求关系变化，形成投机收益，如同股票投机拉动股票价格价值失真一样。

## 五、纸币本身时间价值的等值计算

纸币本身时间价值的计算，就是将纸币放在保险柜或箱子里，不做任何投资时的时间价值。这时，货币价值只受通货膨胀率或通货紧缩率影响，不受其他投资收益率影响，所以，只去通货膨胀率或通货紧缩率计算其价值变化即可。

1. 终值计算

分为两种情况。一是各年通货膨胀率、通货紧缩率相同的纸币本身的时间价值计算，二是各年通货膨胀率或通货紧缩率不同的纸币本身的时间价值计算。

（1）各年通货膨胀率或通货紧缩率相同的纸币本身的时间价值终值计算

把多年时间当成一个时间段，此时纸币本身的时间价值，就是使用通货膨胀率或通货紧缩率直接进行保值计算就可以了。即：

纸币的保值价值=本金+本金×通货膨胀率（或通货紧缩率）

此时的通货膨胀率或通货紧缩率是几年甚至几十年的平均结果，而且只是一次性的通货膨胀率或通货紧缩率，即政府只一次性增发货币的百分比，或减发货币的百分比。

而实际上，根据目前传统的宏观经济学理论，各国在宏观经济调控中实施金融货币政策时，往往通过调整纸币的发行量达到刺激或抑制经济发展的目的。如在经济过热时，减发纸币，达到降温目的；而在经济过冷时，增发纸币，达到经济升温作用，即纸币的发行量与现行的社会经济呈反向关系。然而，超过实际社会财富的商品价值量超发或减发纸币的数量，无法掌控，因为缺少对整个社会财富总价值的计算，所以，发多少纸币才能与社会的财富价值形成 1 比 1 的对应关系，使纸币起到实物货币的作用，政府在发行纸币时，在数量上是不确定的，因此带来不同的通货膨胀率或通货紧缩率。另外，多少年增发或少发一次纸币，或是连年增发或减少纸币也无定律。这样就要根据政府发行纸币的实际情况进行纸币时间价值的等值换算。主要包括两种情况，一种是有规律地每年增发一次纸币，而且各年超发纸币时，超发纸币数量的百分比相同；另一种是各年增发的纸币的百分比不同。

以某一固定数量的纸币的时间价值等值换算为例。

对于固定数量的纸币 100 元，如果政府每年都以相同的百分比 10% 增发纸币，则第零年是 100 元，第一年是 100 元加上 100 元乘以 10%，得到 110 元。第二年，是在此基础上，又以 10% 的速度通货膨胀，即第一年的终值作为第二年的现值计算通货膨胀率，即第二年的终值 110 元加上 110 元乘以 10%，得到 121 元。第三年，政府在上一年的基础上，又增发了 10% 的纸币，则在 121 的基础上，再增加 10%，即 121 元加上 121 元乘 10%……形成纸币本金多次计息的复利增长关系，使得纸币贬值，后面各年，即使纸币数量越来越大，但是，对应的实际价值与第零年的 100 元完全相等。如表 1–2 所示。

不难看出，100 元，按 10% 的通货膨胀率计算，在第二年与 121 元价值相同，第三年与 131. 1 元价值相同。反过来，131. 1 元的纸币，在通货膨胀率为 10% 的情况下，与三年前的 100 元价值相同。121 元，在通货膨胀率为 10% 的情况下，与两年前的 100 元价值相同。这样，可以根据国家每天发布的通货膨胀率或通货紧缩率，根据复利终值求出对应的此前多少年相同的价值。

这样，在政府多次增发纸币情况下，现在的纸币数与多年前的纸币数价值相等的问题解决了。即政府按每年固定百分比的通货膨胀率增发纸币，则带来纸币数量的复利增长而与原来的价值相等。

**表 1-2 纸币时间价值等值换算**

（100 元，10% 的终值）单位：元

| 年限 | 现值价值 | 通货膨胀或紧缩率 | 终值价值 |
|---|---|---|---|
| 0 | 100 | | 100 |
| 1 | 100 | 10% | $F1=100+100\times10\%=100\times(1+10\%)=110$ |
| 2 | 100 | 10% | $F2=100\times(1+10\%)+100\times(1+10\%)\times10\%=100\times(1+10\%)\times(1+10\%)=100\times(1+10\%)^2=121$ |
| 3 | 100 | 10% | $F3=100\times(1+10\%)^2+100\times(1+10\%)^2\times10\%=100\times(1+10\%)^2\times(1+10\%)=100\times(1+10\%)^3=133.1$ |
| …… | | | |
| n | 100 | 10% | $Fn=100\times(1+10\%)^n$ |

注意，前面给出的商品或纸币的保值计算公式，只是在一个时间段上一次性增发或减发纸币得出的保值结果，而本计算是在一个期间，政府多次以相同比例增发纸币带来的纸币时间价值的贬值所进行的等值换算，即把多次增发纸币形成复利的通货膨胀率或通货紧缩率将现在的纸币数还原为当初的价值。二者情况不同，而实际上，政府不可能在长时间段内只增发一次纸币，而是根据金融货币政策，随时无规律无定数进

行的，而对于无规律增发纸币并且增发的百分比不同的情况，需要具体情况具体计算。

（2）各年通货膨胀率或通货紧缩率不同的纸币本身的时间价值计算

如表 1-3 所示。

对于资金本身时间价值的现值计算问题，也同终值计算完全相同，只是使用折现率折现。以 100 元，多年通货膨胀率为 10% 不变为例。

**表 1-3 纸币时间价值等值换算（100 元，各年通货膨胀、紧缩率不同）** 单位：元

| 年限 | 现值价值 | 通货膨胀或紧缩率 | 终值价值 |
|---|---|---|---|
| 0 | 100 | | 100 |
| 1 | 100 | 10% | F1 = 100+100×10% = 100×（1+10%）= 110 |
| 2 | 100 | 20% | F2 = F1+F1（1+20%） |
| 3 | 100 | 30% | F3 = F2+F2（1+30%） |
| …… | | | |
| n | 100 | 10% | $Fn = F_{(n-1)} + F_{(n-1)}(1+i)$ |

其中 $i$ 表示变化的通货膨胀率或通货紧缩率。

这样，对于一定数量的纸币，可以根据不同的年限以及各年不同的通货膨胀率或通货紧缩率计算出对应的实际价值，使纸币起到实物货币的价值表示功能。

下面，我们就政府一次性通货膨胀或紧缩带来的纸币时间价值计算与多次性通货膨胀或通货紧缩即复利性的通货膨胀或通货紧缩带来的纸币时间价值等值换算问题用一个例题来说明一下。

**例：**购买一台笔记本电脑，纸币价格为 3000 元，经过三年时间的价格变化，对应的价值是多少？

试根据三年中一次通货膨胀率为 10% 或两次通货膨胀率相同情况为 10% 分别计算价格中的价值。

**解：**

第一种情况，三年中一次性通货膨胀率为10%，即三年中政府只多发了一次纸币，为10%的通货膨胀率幅度。此时的保值价值为3000+3000×10%=3300元，即当年3000元购买的笔记本电脑，经过三年时间，政府按10%通货膨胀增发纸币，则与三年后的3300元价值相同。即如果三年后以3300元价格出售，厂家实际只是保值价格，尽管表面上价格上升了。

第二种情况，三年中，政府两次增发纸币，而且每次都以10%的幅度上升，这样，就形成了纸币数量的复利上升情况，此时终值为$3000\times(1+10\%)^2=3630$元，即此时的3630元与当初的3000元价值相等。而如果通货膨胀率增加，所得到的终值就更大，由此可见，三年中，如果政府多次增发纸币，则等值换算的结果大于一次性增发纸币，从对市场物价的影响来看，政府多次增发纸币，带来复利的通货膨胀率价格增长。

## 第十一节　商品的价值与价格的换算

商品的价值是一切商品全部共同抽象的本质，是取定一种价值单位下的数量结果。而商品的价格则是货币表示的价值。商品的价格与价值之间差了一个通货膨胀率或通货紧缩率。

在通货膨胀率或通货紧缩率不为零的情况下，商品的价格只是商品价值的"影子"，这个"影子"有多长，完全取决于通货膨胀率或通货紧缩率的大小，通货膨胀率越大，则商品纸币价格偏离商品实际价值的偏差越大，纸币价格偏离商品实际价值的"影子"越长，通货膨胀率越小，则纸币价格偏离实际价值的"影子"越短。当通货膨胀率或通货紧缩率为零时，纸币价格与商品实际价值完全相等。通货膨胀率或通货紧缩率是决定纸币价格偏离实际价值的具体衡量尺度。商品价格是价值的"影子"，"影子"大小取决于通货膨胀率或通货紧缩率，类似于自然界中阳光下的物体影子长短关系，阳光斜射越大，物体影子越长，反之，斜射越小，则物体影子越短，阳光直射时无影子。

实物货币下价格与价值之间的关系可以通过图 1-6 来表示。

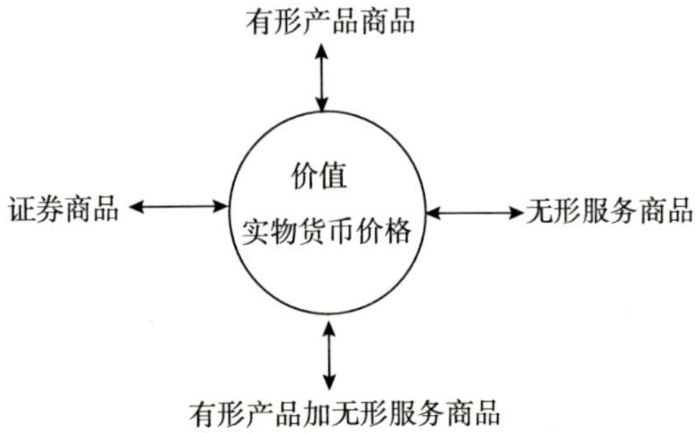


图 1-6　各种不同形式的商品的统一价值等于实物货币价格

纸币社会中商品的价格与价值之间的关系如图 1-7 所示。

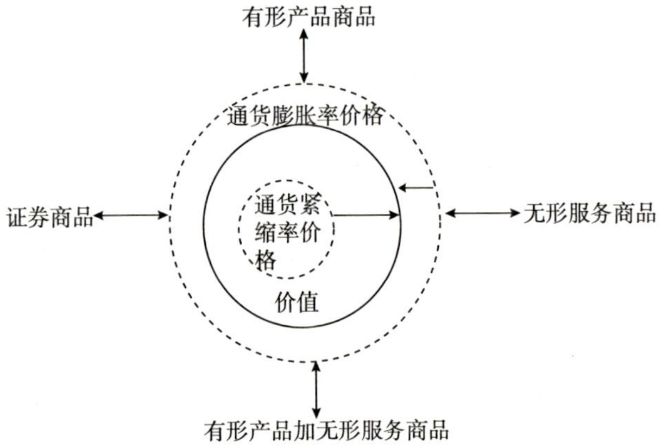


图 1-7　纸币社会商品价格去掉通货膨胀率或通货紧缩率才等于价值

从图 1-7 中可知，纸币社会中，在商品的价格与价值之间存在一个通货膨胀率或通货紧缩率。实际价值是中间实线面积表示的，而通货膨胀率的价格是外面虚线面积表示的，通货紧缩率的价格是里面的虚线面积表示的。只有两个虚线表示的圆周趋向于实线面积时，商品的价格与价值才相等。通货膨胀率使社会的“全部”商品的价格普遍上升，而通货紧缩率则带来整个社会全部商品的纸币价格普遍下降，只有通货膨胀率或通货紧缩率为零时，纸币价格才恰好等于实际价值，此时，整个社会的金融才是健康的。

总之，商品的价值，从定性分析上来说，是“一切商品全部共同抽象的本质”，从定量分析上来说，就是商品的成本加利润的价格去掉通货膨胀率或加上通货紧缩率的价值单位的结果。

注意，不同地区的物价指数不同，与价值无关，某个地区物价指数高，只能说明这个地区的通货膨胀率大，偏离商品的实际价值大。可能是高收入、高消费的结果，而体现一个地区经济实际经济状况的指标，只能使用总价值，而表示一个地区的实际生活福利，只能用人均价值量来衡量。

最后，我们使用数学方法找到商品的价格与价值之间的相关关系函数以及极限表示。

设商品的价值用 $V$ 表示，商品的价格用 $P$ 表示，通货膨胀率或通货紧缩率用 $i$ 表示。则：

$$V=P(i)$$

即商品的价值是以通货膨胀率或通货紧缩率为自变量的价格的函数。

根据数学上的理论，设商品的价格为 $P(i)$，价值为 $V$，则通货膨胀率或通货紧缩率趋向于零时的价格就是价值。即

$$\lim_{i\to 0} P(i)=V$$

已知现值价格求终值价值。对于复利通货膨胀率或通货紧缩率，我们有：

$$V=P(1+i)^n$$

这是已知商品的价格、复利通货膨胀率或通货紧缩率及年限情况下的价格与价值之间的换算关系。

对于单利情况计算公式为：

$$V=P(1+in)$$

如某种商品的现在价格为200元，通货膨胀率为单利10%，放在保险柜里的时间为3年，则与3年后相同价值的价格为200×（1+3×10%）=260元，这样，把200元钱存放在保险柜当中，经过3年时间就要丢失60元价值。

反之，已知现在商品的价格以及通货膨胀率或通货紧缩率，可以按通过去通货膨胀率或通货紧缩率为折现率求原来的价值，分为单利或复利不同情况。

单利时

$$V = P\frac{1}{1 + in}$$

复利时

$$V = P\frac{1}{(1 + i)^n}$$

如上例中，把260元价格，按3年10%的单利折现率折现到期初还是200元。这说明，3年前的200元，按10%的通货膨胀率与3年后的260元在价值上是完全相等的。这是按10%的通货膨胀率计算的，如果通货膨胀率再大些，则计算出来的终值折现成现值的差更大，只有当通货膨胀率或通货紧缩率为零时，现值与终值在价值上完全相等，此时也就是实物货币下的商品价格。所以，商品的价格只是商品价值的“影子”，影子的长短完全由通货膨胀率或通货紧缩率决定，包括通货膨胀率或通货紧缩率的大小以及单利或复利带来的影响。

现实社会生活当中，经常有人谈论房子价格问题，总是说当初多少钱，现在需要多少钱，实际上就是指通货膨胀率或通货紧缩率带来的价格与价值的偏差。当我们进行全面正确的通货膨胀率或通货紧缩率计算以后，就可以将现在的价格具体换算还原为当初的价值，对于其他所有商品也同样可以通过全面正确的通货膨胀率或通货紧缩率进行现值或终值等价值的换算。拨开通货膨胀率或通货紧缩率笼罩下的价格偏离价值的“面纱”。

现实生活中大多资金都不会放在保险柜里，而会选择放到银行，获得一定利率下的利息，这时，就要取“实际利率”或“实际折现率”求终值或现值进行资金时间价值的等值换算。

## 第十二节　商品的价值保值计算

由于通货膨胀率或通货紧缩率的存在，导致商品的纸币价格偏离实际价值，这时，可以通过去通货膨胀率或加通货紧缩率还原其固定的价值，这就是商品的价值保值计算问题。

显然

商品的保值价格=原价格+原价格×通货膨胀率（或紧缩率）

商品的价值保值计算，是关于对整个社会财富商品价值的实时判断的问题，实质是去掉价格中的通货膨胀率或通货紧缩率，使之还原为固定价值的问题。

有了商品的保值价格结果以后，就可以从商品的价格上升或下降的变化中找到真实的价值，从中分辨出价格上升中有哪些成分是由于利润增加带来的结果，有哪些成分是通货膨胀率或通货紧缩率影响的结果，即把利润上升或下降与通货膨胀率或通货紧缩率带来的虚拟价格分离开来，拨开价格迷雾掩盖下的价值真相。

下面我们给出一些商品价格保值增值计算的例子。

### 一、日常商品买卖的价格保值增值计算

例如，购买一条裤子，在 2009 年价格为 110 元，从 2009 年至 2011 年期间的通货膨胀率为 5% 单利。2011 年以 160 元销售，试计算这条裤子的保值价值。

2009 年至 2011 年期间的通货膨胀率为 5%。2009 年的价格为 110 元，

则这期间这条裤子的保值价格为 110+110×5% =115.5 元，这意味着，原来 110 元的裤子，现在需要 115.5 元买卖，虽然表面价格上升了，但是实际上价值并没有上升，企业并没有因为这个价格而盈利。即原来 100 元与现在的 115.5 元的价值相同。企业盈亏分三种情况讨论：

第一种情况，以低于 115.5 元价格出售，此时在［100，115.5］价格区间出售裤子，企业是亏损的或成本价值贬值，亏损或贬值数就是 115.5−销售价格数，如 105 元出售，这时亏损了 115.5−105=10.5 元，尽管表面上提价了。

第二种情况，恰好以 115.5 元价格销售，此时是保值的价格；

第三种情况，以高于 115.5 元的价格销售，这时，企业获得了剩余价值。如以 160 元出售，去掉 5% 通货膨胀率以后的净利润为 160−115.5=44.5 元，再根据当天的 1 克黄金的人民币价格换算为价值单位，就是销售这条裤子带来的剩余价值。

对于房地产来说，这方面表现得尤为突出，如 2007 年时，北京房价为平均每平方米 3000 元，而到了 2011 年，平均每平方米涨为 18000 元。如果按通货膨胀率 5% 计算，则保值价格为 3000+3000×5% =3150 元/平方米，而实际售价为 18000 元/平方米，高出保值价格 14850 元/平方米。18000/3150=4.7，所以，不到四年时间，北京房价上涨了近 5 倍。对于大资金来说，5 倍的上涨价格合计的货币量太多了。由此可见，通货膨胀率导致在商品的价值不变时的价格上涨。作为房地产商实现了价格上涨带来的剩余价值。而价格上涨是社会房地产供小于求带来的效用增加的结果，而且只是 3150 元/平方米以人上部分，3150 元/平方米以下部分只是“保值”。

## 二、银行存款保值、增值计算

这是几乎所有人都关心的问题，因为银行存款能够得到利息，带来收益，而同时社会存在通货膨胀率或通货紧缩率，影响货币的时间价值，也就影响了存款收益问题。即在利息增加与通货膨胀率同时增加的情况下，要看哪一个增加得更快，只有利率大于通货膨胀率或小于通货紧缩率时，才能得到收益，即利率大于通货膨胀率或小于通货紧缩率的部分，才是实际的收益率。反之，如果利率与通货膨胀率或通货紧缩率相等，则存款名义上带来利息，实际上没有得到收益；而如果通货膨胀率大于利率或通货紧缩率小于利率，存款不但没有带来收益，反而带来亏损或货币价值贬值。对于中国人来说，大多普通家庭习惯把节省下来的钱存到银行，当通货膨胀率大于利率或通货紧缩率小于利率时，存款等于为银行作贡献了。而在国际上，如果美元的通货膨胀率大于利率，则存美元也同样是贬值的，这时，也等于为美元银行贡献财富了。

保值利率=通货膨胀率+利息率

如将100元存入银行，利息率为4%，通货膨胀率为3%，则保值利率为4%+3%=7%。而在存在通货膨胀率的社会现实中，银行存款应设保值利率，才能保障存款人的存款保值。但这需要准确实时计算通货膨胀率，即需要“全球一网通系统——国民经济总价值、剩余价值每日实时评估显示预测系统”支持下的国家通货膨胀率实时显示，才能做出正确判断。而在根本治理通货膨胀的社会中，利率就是货币的纯剩余价值率，终值就是纯增值结果。

## 三、保险上的保值计算

对于保险中的收益计算，同样需要使用保值计算公式，分离出来新增收益及通货膨胀率价格上升的部分，才能知道通过保险是否带来了价值保值或增值。具体可进行专门研究。

## 四、工资及养老退休金的价值保值增值计算

这是关系每一个社会职工切身利益的大问题，也是关系社会稳定的大问题，因为一个社会绝大部分成员是职工，资本主义社会中影响社会稳定

的基本问题是工人罢工、游行，要求增加工资，甚至工资问题带来社会“革命”。而往往罢工或游行都发生在社会经济不景气或通货膨胀严重时。这就要计算一下工资的价值能否维持基本生活需要，也就是工资的价值保值增值问题。通过这个计算，工人涨了工资，就知道是保值的，还是增值或贬值的。如果工资上涨率低于通货膨胀率，表面上涨工资，实际是降工资。

对于职工工资来说，由于是通过货币支付的，而货币中带有通货膨胀率或通货紧缩率时，就会出现偏离实际价值的情况，形成“名义工资”和“实际工资”。其中含有通货膨胀率或通货紧缩率的工资为“名义工资”，不含有通货膨胀率或通货紧缩率的工资为“实际工资”。这样，通过对名义工资去通货膨胀率或通货紧缩率，就得到了实际工资，它才是职工实际生活水平的改善结果。而单独从工资数量上看不出职工实际收入及家庭财富的增加。

保值工资=基期工资+基期工资×通货膨胀率

（1）实际工资>保值工资　　增值

（2）实际工资=保值工资　　保值

（3）实际工资<保值工资　　贬值

如3年前平均工资为1000元，通货膨胀率为10%，则保值工资=1000+1000×10%=1100元，即原来的1000元与现在的1100元能够购买到相同数量的商品，对应的福利是相同的，而超过1100元的部分为实际增长的生活福利，小于1100元，比如按1050元发工资，实际工资是下降了。

对于退休工人退休金的保值增值也完全一样。

退休金是人生养老福利的直接体现，关系整个晚年的幸福。如果退休工资不能保值或增值，则实际生活福利下降。而在含有通货膨胀率或通货紧缩率的纸币社会中，单从退休工资上涨数量上无法看出是否增加了福利。因为在工资上涨比率小于通货膨胀率或大于通货紧缩率时，工资上涨实际带来了生活福利的下降。只有在没有通货膨胀率或通货紧缩率，或通货膨胀率小于工资上涨率或通货紧缩率大于工资上涨率时，养老金工资才是真正的提升，而且只有通货膨胀率减去上涨率的部分，或通货紧缩率加上上涨部分才是真正的福利增加。

如某位职工刚退休时，基本工资是2000元，经过一年时间，通货膨胀率为10%，这时，自10%通货膨胀率发生之日起，就要增加工资，以实现保值，而保值工资为2000+2000×10%＝2200元，小于或延后增加退休工资，都会带来工资价值的贬值，而如果工资的上涨幅度超过10%，如为18%，则18%－10%＝8%部分才是工资上涨的结果。而在一个没有通货膨胀率或通货紧缩率的社会中，工资上涨多少，就是增加多少价值。

总之，由于缺少这样一个计算公式，世界各国在确定养老金上涨时，都是没有根据确定出来的结果，这样，所制定的工资上涨政策，实际上是盲目的。这样，退休人员的生活福利就没有保障。由此可见，货币的保值、增值计算关系到每个职工在职工资的全家生活福利及老有所养的实际实现。不论一个人退休前职位多么高，都离不开退休及领取养老退休金，这样，通过这一公式建立公开透明、公平合理的退休金上涨制度，是每一个公民都应享受到的社会福利。

## 五、企业价值保值增值计算

对于一个企业来说，资产的保值、增值是企业的基本目标，也是企业家的业绩体现，而缺少一个公平合理的企业保值、增值计算公式，则无法对企业总体价值加以确定，企业家的业绩也无法得到肯定。而使用商品的保值增值计算公式，则一目了然。

企业的保值价格＝原价格+原价格×通货膨胀率（或紧缩率）

这是一个企业全部财富的价格的价值。如某企业原来核算的总价格价值为1000万元，经过一段时间的通货膨胀率为10%，则此时的总价格价值为1000+1000×10%＝1100万元，此时为保值价值价格，如果新核算的价格结果大于 1100 万元，则实现了增值，如为 1500 万元，则增值量为 1500－1100＝400 万元。这就是企业家为企业所作出的贡献，可以此作为对企业家的奖惩依据。而目前各国人为设定一些标准对企业价值保值增值计算，其结果至少不是综合总价值的保值、增值计算结果。在中国，对于国营企业的企业家待遇问题，因企业资产保值、增值计算上的困难所在，人为设定标准，其结果难免失之偏颇。

在企业理财中，可以明确分辨出利润率中有哪些是属于通货膨胀率或通货紧缩带来的结果，有哪些是真正的价值增值的结果，通过去掉通货膨胀率或通货紧缩率，来找到真正的价值增值，是每一个企业家必须要做的事情。

一个企业的价值保值增值问题，是对企业家业绩直接考核量化的结果，如果经营期初的企业资产总额为 1000 万元，期末的资产总额为 1300 万元，期间通货膨胀率为 5%，则该企业的保值价值为 1000＋1000×5%＝1050 万元。容易看出，企业的期末资产 1300 万元大于保值资产额，增值额为 1300－1050＝250 万元。这是在全面价值判断基础上的增值结果。

## 六、各种资产价值保值增值或贬值计算

一国的各种资产是一国的国民经济基础或家底，必须准确掌握其价值，才能为整个国民经济各项活动提供正确的判断，而使用价格表示价值，由于价格当中带有通货膨胀率或通货紧缩率的水分或贴金，则必然是偏离实际价值的。加上评估计算公式内容不完全，带来的结果对整个国民经济的误导难以想象。如同样一笔资产，在没有通货膨胀时价值为 100 万元，在通货膨胀为 2 倍时，价格就是 200 万元，而在通货紧缩 2 倍时，价格仅为 50 万元。这样，通过价格无法看出它真实的价值。资产价格因带有通货膨胀率或通货紧缩率，如同蒙上了一层面纱，使人们找不到内在的价值是多少。而有了全面正确的通货膨胀率或通货紧缩率计算，问题就容易解决了。

资产的保值价格=原价格+原价格×通货膨胀率（或紧缩率）

如某项资产，原来价格为2000万元，通货膨胀率为10%，则保值价值的价格为2000+2000×10%=2200万元，而实际价格如果超过2200万元，超出的部分是增值，小于2200万元，小于部分是贬值。

各种资产，如投资项目、企业、矿业权、土地、房地产、证券、知识产权……都可以通过这一公式计算保值价格。

通过对各种资产或投资项目的价值保值增值计算，就能够去掉附在价格表面上的价值误导。使传统的资产价值评估中的“市场法”即按商品的价格计算价值带来的不确定性得到克服。

## 七、经济司法实践上的应用

商品保值价值、保值工资的计算及项目保值计算，可以解决经济司法实践的经济赔偿标准的合理性问题，不是按纸币价格，而是按实际价值计算，这样比较公平。而作为经济法律的制定与实施，本身不合理，就会对整个社会经济的实践产生误导，这一点非常重要。如果缺少这一保值计算公式，所做出的法律经济判决建立在货币价格含有通货膨胀率或通货紧缩率的基础上，这样，难免带来判断上的不公。如对于恶意欠钱的问题，在通货膨胀时，长期欠钱可以带来欠钱人（债务人）的通胀收益，而作为借钱人（债权人）利益受损。根据这一保值计算公式，就可以按价值还钱，这时恶意欠钱者就无法得到不当利益了。大宗商品买卖案件中，欠钱官司特别多，而国家缺少对于欠钱人有效的法律制裁，影响社会经济周转，也相应影响了社会经济效益。

总之，凡是带有通货膨胀率或通货紧缩率的纸币或电子货币时代，都可以根据这一公式进行保值计算。这样，就消除了市场经济社会三四百年以来通货膨胀、通货紧缩社会金融“皮肤病”带来的社会经济的危害，从而构成建设健康态金融社会的基础之一。

# 第十三节　投资项目全面价值分析评估

投资项目的全面价值分析评估，是指对于投资商品的全部生产要素投入加上全部收益效用产出所进行的分析评估。投资项目的收益效用产出是一个多次性而且不确定的结果，决定了投资项目全面价值分析的复杂性。

投资商品的全面价值分析是通过一系列指标计算结果得出的结论，这些指标根据是否考虑资金的时间价值，可以分为静态指标与动态指标。所谓投资项目的静态指标，是指不考虑资金时间价值因素的经济指标。这种分析计算简单，但是，结果粗略。而投资项目的动态指标，是指考虑资金时间价值变化的指标，具体包括资金本身的时间价值的价值分析以及资金在其他金融投资的机会成本下的全面价值分析两种情况。

动态分析计算起来比较复杂，在项目投资决策前所进行的分析，需要对未来的资金本身的时间价值变化及金融收益率时间价值进行预测，这样，得到的结果包括虚拟的成分在内。只有在投资项目结束时，才能根据各年或各期实际发生的净现金流量及资金时间价值的收益率进行重新计算。这时的计算结果虽然是客观的，但是为时已晚，因为项目已经结束了，盈亏都没有回天之力了。

由于投资项目的运营需要进料、加工、生产及销售等多个环节，所以，它是一个项目内部与外部有机结合、综合运行的系统。投资项目在产生内部经济效益的同时，还会带来社会正面或负面的影响，或带来社会的投入与产出问题。对于投资项目的全面价值分析，就要内部、外部因素同时考虑，这样就形成了投资项目价值分析的内部静态价值分析及内部动态价值分析、外部静态价值分析及外部动态价值分析，最后形成投资项目总价值的静态及动态分析。

作为投资项目的收益价值分析，是项目总产出的价值增值的结果，与税无关，所以，我们以税前总现金利润为研究对象。

## 一、投资项目静态总价值

1. 投资项目静态总利润

投资项目总利润是各年税前利润之和。设投资项目自投产之日起各年税前利润分别为 $R_1$、$R_2$……$R_n$ ，则

总利润 $R = R_1 + R_2 + \cdots\cdots + R_n = \sum_{n=1}^{n} R_n$

即：

$$R_{总} = \sum_{n=1}^{m} R_n \qquad (14)$$

2. 投资项目静态总价值

投资项目静态总价值=生产要素总投入+总收益=总成本+总利润=总价格

注意一：计算总成本及总利润之和的总价值，不但要包括内部的总投入、总利润，而且包括外部的总投入及带动的相关行业的总利润（正或负）。

注意二：投资项目的总价格表示价值时，如果是实物货币社会，则总价格直接表示总价值。如果是含有通货膨胀率或通货紧缩率的纸币社会，则需要对各年收益部分的税前总利润当成终值按一定的折现率折现到期初时再加总，才是真正的总价值所在。

## 二、投资项目动态总价值

投资项目动态总价值是考虑资金时间价值因素的总投入加上总产出的结果。

根据世界一切商品全面统一价值评估计算公式，就是生产要素动态投入加上动态总收益的结果。其中，动态总投入，就是项目成本折旧的结果，而动态总收益则是各年总利润分年折现加总的结果。即

投资项目动态总价值=生产要素折旧+动态总收益

投资项目的动态总收益计算起来比较复杂，这主要是因为项目存续期间的项目期很长，从项目正式投产后的企业商品生产经营开始，到企业终止，一般要经过几年、几十年甚至上百年或几百年，这么长时间内各年总利润收益要根据当时的市场变化而变化，而作为各年总利润相对于期初的时间价值变化的折现率也是根据市场及国家宏观经济调控的变化而变化，并且包括纸币本身资金时间价值变化的通货膨胀率或通货紧缩率的折现率，还包括取银行存款利率、证券投资利率、行业基准收益率等不同金融投资或行业投资的机会成本意义上的折现率的总收益。

动态总收益，是各年税前总利润分年折现加总的结果，所以，也称为“收益总现值”，构成一切投资项目、各类资产总剩余价值。

1. 收益总现值（TPV）

投资项目的收益总现值（Total Profit Value）简称 TPV。是指项目开工日或使用日之后各年税前总利润分年折现到期初时的现值之和。

根据折现率的单利或复利情况不同，分别使用单利折现系数或复利折现系数进行折现，得到单利或复利收益总现值 TPV。

（1）当通货膨胀率或通货紧缩率为单利时，收益总现值 TPV 计算公式为：

单利收益总现值 $TPV = R_1 \frac{1}{1+1i} + R_2 \frac{1}{1+2i} + \cdots\cdots + R_n \frac{1}{1+in}$

$= \sum_{n=1}^{m} R_n \frac{1}{1+in}$

即

$$TPV_{\text{单利}} = \sum_{n=1}^{m} R_n \frac{1}{1+in} \tag{15}$$

其中，$R_n$ 是第 $n$ 年的税前总利润，$\frac{1}{1+in}$ 为第 $n$ 年的单利折现系数，$i$ 是折现率，$n$ 是项目收益的年限，分别取 1，2，3，……$m$。

（2）当通货膨胀率或通货紧缩率为复利时，计算公式为：

复利收益总现值 $TPV = R_1 \frac{1}{(1+i)^1} + R_2 \frac{1}{(1+i)^2} + \cdots\cdots + R_n \frac{1}{(1+i)^n} = \sum_{n=1}^{m} R_n \frac{1}{(1+i)^n}$

即

$$TPV_{复利} = \sum_{n=1}^{m} R_n \frac{1}{(1+i)^n} \tag{16}$$

其中，$R_n$ 是第 $n$ 年税前总利润，$\frac{1}{(1+i)^n}$ 为第 $n$ 年的复利折现系数，$i$ 是折现率，$n$ 是项目收益的年限，分别取 1，2，3，……$m$。

不难看出，公式（15）与（16）比公式（14）只是多了一个各年折现。而且从资本金本身时间价值的通货膨胀率或通货紧缩率角度来看，当（15）或（16）中的折现率 $i$ 为零时，就是（14）式的各年税前总利润的直接加总。这样，整个投资项目的期初总剩余价值动态分析就变得非常简单。

当（15）或（16）中的通货膨胀率或通货紧缩率折现率（不论单利还是复利）为零时，投资项目的总现值 TPV 就是各年税前总利润直接加总的结果，就是（14）式。而（15）或（16）式的通货膨胀率或通货紧缩率不为零，则按实际的单利或复利折现率分年折现加总即可。这样，（15）或（16）与（14）之间只差了一个各年折现的通货膨胀率或通货紧缩率的折现率。而（14）式是实物货币下的税前总利润，这就验证了前面所讲的含有通货膨胀率或通货紧缩率（即通货膨胀率或通货紧缩率不为零）的纸币价值与实物货币之间的价值差了一个通货膨胀率或通货紧缩率。

对于折现率取法特别说明如下：

如果是项目资本金本身的时间价值，就去通货膨胀率或通货紧缩率，因为只有通货膨胀率或通货紧缩率才是资金本身的时间价值的体现。如果考虑资本金其他投资对比的收益，就取相应的收益率作为折现率，如银行存款利率折现率、表示对比银行存款利率的收益率之外的期初净现金数量的剩余价值，证券投资收益率折现率，表示对比证券投资收益率之外的期初净剩余价值。取行业基准收益率作为折现率，表示在获得该行业的最低收益率之外期初时现金剩余价值。而不管取银行存款利率 、证券收益率还是行业基准收益率的折现率都要受到通货膨胀率或通货紧缩率的影响，所以，要将这些收益率去掉通货膨胀率或加上通货紧缩率即广义下的实际折现率，才是项目期初真正的剩余价值所在。而不管取什么折现率，它本身是单利时，就按公式（15）单利折现，是复利时按公式（16）的复利折现。

总之，收益总现值 TPV 是考虑了项目时间价值的期初的总剩余价值，而静态分析下的期初总利润，因使用含有通货膨胀率或通货紧缩率的纸币价格表示的价值，所以，不是真正的价值，而是虚拟的价值。只有按上述总收益现值 TPV 公式计算出来的结果，才是投资项目期初真正的剩余价值所在，是投资者投资项目的目的和意义所在。

## 三、动态总价值

根据世界一切商品价值评估计算统一公式，得出以下公式：

$$\text{投资项目的动态总价值} = \text{生产要素投入} + \text{收益总现值 TPV} \qquad (17)$$

注意：

1. 收益总现值 TPV 计算上注意区分单利或复利不同情况。各种不同的折现率都对应一定的单利或复利。如银行定期存款，则是单利问题，此时，要计算银行存款的现值，就要取单利公式折现，而如果是每年定期转存，则是一个复利问题，此时，要按复利折现求现值。

对于内部收益总现值 TPV，因为是税前的结果，而在每年的总利润当中，总是税后利润才为投资者所有，税率部分为国家所有，所以，对于内部收益总现值需要通过税率在国家与投资者之间进行分配。通过项目期内各年税率确定。而对于外部收益总现值 TPV，则是项目带动的相关行业企业与国家税率之间的分配。

2：对于生产要素投入及收益总现值 TPV，不但包括项目本身直接的投入及产出，而且还包括外部社会的投入及产出，这样就有了内部收益总现值 TPV 与外部收益总现值 TPV 的概念。

**例：**某个投资项目在开工时投入总资产 1000 万元，经过 50 年生产经营得到的收益总现值 TPV 为 8000 万元，则该项目在投产时的总价值为 1000+8000=9000 万元。由于没有考虑到外部的投入与产出，所以这是一个内部总价值，而要得到总价值，则需要加上外部的生产要素投入以及带来的外部收益总现值 TPV。外部收益总现值 TPV，就是项目对于外部社会其他行业或市场的经济影响作用，需要专业评估机构进行专业评估。

作为收益总现值 TPV 的 8000 万元，就是整个投资项目的总剩余价值，由于是税前总利润分年折现加总的结果，所以收益总现值 TPV 当中包含了两部分内容，一部分是国家各年的税收，剩下的是投资者资本金带来的总利润，如果税率为 50%，则投资者分享到的总利润为 4000 万元，而去掉期初生产要素投入的 1000 万元，则投资者分享到的净剩余价值为 3000 万元。而把此纸币价格去掉通货膨胀率或通货紧缩率之后，才是投资者净剩余价值。投资者剩余价值就是各年税后净现金流量 NCF 分年折现到期初加总的结果的收益净现值 NPV，仍区分单利与复利。

为了说明静态分析与动态分析结果的差别，我们举一个例子。

**例：**某个投资项目静态总产出，即货币利润总额为 200 亿元，而静态总投入为 3000 亿元，而经过动态计算总产出，得出的收益总现值 TPV 为 100 亿元，动态总投入实际是 3000 亿元，试分别计算总价值及动态投资收益。当时 1 克黄金价值 200 元人民币。

**解：**

静态总价值=200 亿元+3000 亿元=3200 亿元/200 元=16 亿 Tianhua 价

值=16 亿克黄金=16 亿世界元

动态总价值=100 亿元+3000 亿元=3100 亿元/200 元=15.5 亿 Tianhua 价值=15.5 亿克黄金=15.5 亿世界元。

二者相差了0.5 亿 Tianhua 价值，即0.5 亿克黄金。可见静态分析与动态分析的结果相差巨大。差在静态分析中，没有考虑到通货膨胀、紧缩率或其他折现率对于资金时间价值的影响上。而动态分析则是贴近实际的价值结果。这个结果露出了投资项目全部共同抽象本质的“价值”的“庐山真面目”。建立在此分析基础上的投资项目决策分析及价值分析，才能带来投资项目的“优生优育”，而脱离这一分析，直到项目结束时，投资人都不知道是挣钱了还是亏损了，并且也不知道是否还要继续经营或进入其他行业，进入哪个行业，一切都在盲目中进行，整个社会经济处于茫然状态，整个国民经济的效率低下。而项目投资决策失误，则会带来企业先天性畸形，企业家无论怎样努力，也难有回天之力。这是关系整个项目投资决策经济效益的根本性问题。一切投资项目，不论规模大小、种类各异，在投入产出的价值上都是一样的，都可以换算成统一的价值单位，使用固定的黄金重量确定价值大小。

最后，我们也不难发现，项目投资资本金本身的时间价值的通货膨胀率或通货紧缩率是项目资本金本身价值增值判断的基础，需要取整个国家或社会全部商品在一段时间内价格平均上涨或下降的比率。

**总净现值**

前后收益总现值 TPV 的计算中，我们是从项目开工后第一年盈利计算的，当中不包括开工日之前的生产要求的固定资产等项目建设投入。所以，收益总现值 TPV 中不含期初生产要素投入，只是企业流动资金生成的。总收益现值 TPV 是投资项目的“总产出”，去掉项目期初生产要素资产的投入，就是项目总的净剩余的现值。称为总净现值。即：

总净现值=总收益现值 TPV-期初生产要素投入

这样，总净现值与收益总现值 TPV 之间差了一个期初投入即项目建成以前的总投入。

**收益净现值 NPV**

设投资项目各年税后净现金流量用 NCF 表示，税前总利润用 R 表示。则

$$NCF = R - 税$$

收益净现值 NPV 是投资项目各年税后净现金流量 NCF 按一定的折现率（单利或复利）折现到期初加总的结果。设各年的税后净利润用 NCF 表示，区分单利或复利折现，我们有：

$$NPV_{单利} = NCF_0 + NCF_1 \frac{1}{1+1i} + NCF_2 \frac{1}{1+2i} + \cdots\cdots + NCF_n \frac{1}{1+in} = \sum_{n=0}^{m} NCF_n \frac{1}{1+in}$$

即：

$$NPV_{单利} = \sum_{n=0}^{m} NCF_n \frac{1}{1+in} \tag{18}$$

$$NPV_{复利} = NCF_0 + NCF_1 \frac{1}{(1+i)^1} + NCF_2 \frac{1}{(1+i)^2} + \cdots\cdots + NCF_n \frac{1}{(1+i)^n} = \sum_{n=0}^{m} NCF_n \frac{1}{(1+i)^n}$$

即：

$$NPV_{复利} = \sum_{n=0}^{m} NCF_n \frac{1}{(1+i)^n} \tag{19}$$

（18）（19）中的 $n$ 分别取 0，1，2，3……$m$。$NCF_0$ 表示期初的投入，是投资者全部总收益的减项，所以，此时净现值 NPV 是投资者资本金带来的“净”的剩余价值。而如果 $n$ 从 1 开始取，则为投资者的“总”的收益现值。

不难看出，收益净现值 NPV 是各年税后净利润分年折现加总的结果。

而收益总现值 TPV 是各年税前总利润分年折现加总的结果，这样，收益净现值 NPV 比收益总现值 TPV 少了税收部分的利润，只是投资者资本金的净剩余价值回报。而收益总现值 TPV 则是整个投资项目自收益年限开始的总剩余价值。所以，收益净现值 NPV 是整个投资项目总剩余价值的一部分，不是全部的剩余价值所在。如果当成投资项目或各种资产的“总价值”，就大错特错了。而现行世界各国各种资产价值评估中所谓“收益净现值 NPV 法”，即以“内部复利收益净现值 NPV”的个别的部分的剩余价值，当成整个投资项目的全部总价值，带来的对于各类投资商品及资产的实际价值判断上的误导是难以想象的，甚至影响整个项目投资决策。而影响企业全部生产经营或给国民经济整体运行带来损失则是难以估量的。

进一步讲，而由“内部复利净现值 NPV”定义出来的“内部复利收益率 IRR”，也只是项目收益率的一部分，如果当成全部收益率，则同样是与实际收益率之间相差甚大。要得到投资项目全部收益率，即总收益率，则只能使用收益总现值 TPV 来定义。

**定义：**

$$TPV\ (i)\ =0 \tag{20}$$

时的折现率 $i$ 称为“总收益率”。

显然，它是整个投资项目总产出/总投入的剩余价值率，是项目的经济效率指标，不但包括项目内部的收益率，而且还包括项目外部的收益率。

由单利的收益总现值 TPV 定义出来的总收益率 $i$ 是“单利总收益率”，由复利总现值 TPV 定义出来的总收益率 $i$ 则是“复利总收益率”。

单利或复利总收益率是对传统的“内部收益率 IRR”概念的进一步完善与发展的结果，同收益总现值 TPV 是对收益净现值 NPV 的进一步完善与发展一样。

对于总收益率方程（20），展开后是一个高次方程，用手工方法一般难以完成，所以只能使用计算机专业技术方法来计算。而对于求“总收益率”的计算方法目前还是欠缺的。

总之，收益总现值 TPV 是一个关于投资项目总价值的量化分析结果，而总收益率则是一个关于项目投入产出之比的效率指标，体现的是资源投入与产出的比例，也就是剩余价值率的体现。

$$总收益率\ i=总收益/总投入\times100\%。\tag{21}$$

根据公式（21）不难看出，在分母总投入一定时，分子总收益越大，则总收益率越大。反之，总收益率越大，表示在同样的总投入情况下，总收益越大，项目的经济效益越好，也就是剩余价值率越大的投资项目，经济效益越好。同样，分子总收益一定时，总投入越小，总收益率即剩余价值率越大，效益越好。

注意，这里的剩余价值率是整个投资商品总价值的剩余价值率，而此前一些经济学理论中谈及的剩余价值率，如《政治经济学》中谈及的剩余价值率，只是关于“劳动工资”单个方面的剩余价值率。而其他片面价值论下的剩余价值率，也只是某一个方面价值的剩余价值率，都不是对于投资商品经济效益全面化的揭示。

**案例 1–2**

## 铁路动车项目的全面价值分析

随着中国铁路动车的出现，标志着中国铁路发展进入了新阶段。由于它的速度快、安全性高，已经为众多旅客所青睐。但是，就在动车大力发展的同时，业界为动车的运营亏损却大声疾呼，似乎它拉动了铁路经济效益的下降，是为了形象不得已而为之，而只有老式火车及货运可带来利润增加。

那么动车要不要发展，动车项目是不是真的亏损了，现在我们来分析一下：

总地来说，动车项目是亏损还是盈利，要站在全面价值角度来分析。如果单独从内部直接投入产出比较上来看，确实投入大于产出，是亏损了。大量的维护费却无法通过票价得到弥补。

但是，如果站在全面价值观角度来看，动车项目的投入与产出，不只是存在内部的投入产出关系，而且还包括外部的投入产出关系。

从外部的投入产出来看，外部投入几乎为零而只有外部产出。这个产出是多方面的：一方面是拉动铁路沿线各城市的经济发展，通过商务流带动当地经济发展。比如沧州市，过去是一个放逐犯人的地方，人烟荒芜。而随着沧州火车站的设立，因离北京只有一小时路程，而这里的土地价格便宜，这样，就吸引了大量的商人前来置地发展商业形成一个新城市。全国动车带动各站的城市发展，外部效益是巨大的。甚至从上海到厦门各城市连在一体了。而对比直接的内部亏损来说，简单是九牛一毛。

这样，从国民经济全面价值角度来分析，动车拉动整个国民经济发展的贡献是巨大的，此外，还带来国家形象的品牌价值，也是一笔重要财富。

这样，单独从一个侧面进行价值分析，得出的结果是亏损的，而从内外综合经济效益的全面价值来看，是盈利的。所以片面价值判断会将动车项目停止，而丢掉了动车对整个国民经济的拉动作用，因小失大。而从内外综合效益上来看，动车是盈利的，能够带动整个国民经济的发展，从而做出正确的投资决策或总价值评估结果。

**案例 1–3**

## 化工厂项目的全面价值分析

化工厂项目一般都被认为是能够挣大钱的项目。因为通过化学的分解或化合作用，能够生产出大量的化工产品，用于农业，形成化肥、农药、医药等产品。

然而，事实果然是这样的吗？未必。

化工厂生产经营过程中，总是要向外界排放大量的化工废弃物，带来空气污染、江河水流污染，导致整个农田的荒芜、江河生物的灭绝，威胁人类生存，这样，在化工企业挣大钱的同时，社会环境要付出沉痛代价。

对此，近年来国家开始征收排污费，而如果将排污费加到项目的成本中，项目就不再是挣大钱的机器了，其收益价值就没有原来那么大了，甚至是亏损的。这种对污染企业排污收费做法符合商品价值核算原理，即难给社会外部环境带来“负效用”就由谁承担，谁带来多少“负效用”就要承担多少“负效用”价值。还有对各种汽车尾气收费也是合理的。

这样，从上面的两个例子中可以看出，单独从内部来看是亏损的；总价值有可能是盈利的项目，单独从内部来看是盈利的项目，全面价值分析结果却很可能是亏损的，而正确的项目决策，总是要站在全面价值分析基础上才可以。

当然，内部价值与外部价值的享有主体不同，内部价值是投资人享有，而外部价值是国家和社会享有。但这只是总价值的分配关系，而总价值是必须内外加总的结果。不论谁分配哪部分价值，客观上的总价值就是内外之和，与分配无关。

这样，对内部亏损而国家盈利的项目，如文化创意投资项目，政府就要出面支持，使之为促进社会经济发展作出更大贡献；而对内部盈利外部亏损的项目，就要向项目征收损失费，这样，能够促进项目在全面价值分析基础上作出正确的决策。

如果用 $V$ 表示投资项目的总价值，使用 $C$ 表示项目投产日为止的生产要素投入，则有：

$$V=C+TPV$$

该公式表示的意思可以通过图 1–8 直观表示出来。

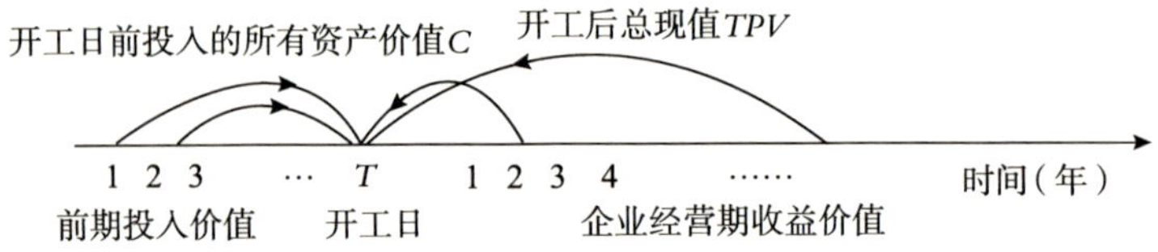


**图 1–8　项目开工日动态总价值**

综合以上，投资项目总价值分析的内容，见图 1–9。

各种投资类商品实际上都是投资项目，即任何一个投资项目的商品投入加产出这一总价值及剩余价值的模型都是一样的。所以，上述投资项目总价值及剩余价值分析评估方法，可以直接作为投资项目、企业、资产、矿业权、工程、土地、房地产、汽车、各种证券（股票、债券、基金等）及各种知识产权（工业产权、版权等）的价值评估理论奠基。

内部价值
- 内部静态价值＝内部静态投入价值+内部静态产出价值（粗略）
- 内部动态价值＝内部动态投入价值+内部动态产出价值（精确）

外部价值
- 外部静态价值＝外部静态投入价值+外部静态产出价值（粗略）
- 外部动态价值＝外部动态投入价值+外部动态产出价值（精确）

总价值
- 静态总价值＝静态总投入价值+静态总产出价值（粗略）
- 动态总价值＝动态总投入价值+动态总产出价值（精确）

**图 1–9　投资项目价值分类**

## 第十四节　投资项目实时价值分析评估

所谓投资项目的实时价值评估，就是使用“全球经济一网通系统——投资项目每日总价值实时评估显示系统”对投资项目每时每刻的投入加产出的价值进行的评估。为了方便起见，一般以日单位来确定价值。

在实际操作中，通过系统每天实时显示的总价值、剩余价值、总价格、利润的数字显示及动态变化曲线的显示，实时看到投资项目客观上的实时变化中的价值。

通过对投资项目的实时价值评估，可以对投资项目进行实时管理，及时将风险控制在萌芽状态。而以这个评估为基础形成的项目经营与管理，正是符合商品全面价值的价值规律的管理，从而带来实实在在的管理效益。

最后，我们还要指出，对于所有投资项目形成的投资类商品的全面实时价值评估问题，由于不同行业投资类商品生产要素投入的差异性、各年收益的差异性，特别是外部带动其他行业的正面或负面影响的个性化特点，需要具体情况具体分析。

# 第十五节　一切商品价值的统一评估计算公式

## 一、一切商品价值的统一评估计算公式

前面我们介绍过，一切商品的全面统一价值等于生产要素投入加上效用，并且我们指出过，一切商品的效用都可以统一使用商品的利润来表示，当消费品时，利润是一次的，当投资商品时，利润是多次的，并且就是收益总现值 *TPV*。这样，我们可以通过取 $n=0$ 的收益总现值 *TPV* 统一作为商品的价值增值部分。得到一切商品的全面统一价值计算公式。

$$\text{一切商品的全面统一价值}=\text{生产要素投入}+\text{收益总现值}\sum_{n=0}^{m}R_n\frac{1}{1+in} \tag{22}$$

或

$$\text{一切商品的全面统一价值}=\text{生产要素投入}+\text{收益总现值}\sum_{n=0}^{m}R_n\frac{1}{(1+i)^n} \tag{23}$$

其中：

$R_n$ 表示各年的税前总利润。

现对（22）或（23）式分别讨论如下：

当上式中的 $n$ 取零时，则有

$$商品总价值=生产要素投入+R_0$$

生产要素投入就是成本加费用，$R_0$ 是税前利润，这就是一切消费品的统一价值计算公式。

当上式中的 $n$ 大于零时，就是投资项目或投资商品的总价值计算公式，$n$ 是项目期，如项目期 5 年，$n$ 就取 5，等等。

这样（22）式（23）就是一切商品的全面统一价值计算公式。

设商品的价值用 $V$ 表示，生产要素投入用 $C$ 表示，我们就得到包括投资类商品和消费品在内的全部商品的统一价值评估计算公式为：

$$V=C+TPV \tag{24}$$

（24）式是一切商品的全面统一价值评估计算公式，而离开这一公式所计算出来的商品的价值结果，都不是商品的全部的价值所在，甚至不是商品的“价值”所在。而目前的传统的教材中，如工程价值评估中所给出的价值计算公式，工程价值 $V$=功能 $F$/成本 $C$，并不是工程商品的“价值”所在，充其量只是工程的投入产出的效率分析，而当成工程价值结果来用，就会误导对工程的商品的价值判断。

公式（24）就是世界千百年来所有经济学界专家学者们以及世界所有的人们“众里寻他千百度”的世界一切商品的全面统一实时价值计算公式，而且也只有使用这样的一个公式，对于各种投资类商品及消费品所评估计算出来的价值，才能体现“一切商品的全部共同抽象的本质”的具体数量。

这样，我们从一切商品的全面统一价值的内涵、外延以及统一具体计算上解决了商品的价值的统一性问题，并且使用计算机技术实现实时总价值、剩余价值的自动化计算问题，这样，存在于大千世界的各种数不清的商品，都可以用同一个公式统一实时计算它的价值。这样，以商品的全面实时价值计算的经济学理论就能够包罗万象地揭示了一切商品的全部共同抽象的本质以及统一的计算与度量。如果采用1克黄金的纸币价格作为一个价值单位“黄金价值单位”，则世界一切商品的价值都可以通过纸币价格换算为固定重量的黄金，对比出价值不等或相等。价值问题变得简单直观实用化，不再是几百年来的“雾里看花”了。变成可使用的了。按商品的全面实时的价值的价值规律自觉地创造商品的价值与剩余价值。作为“世界一切商品的价值评估计算统一模型”的应用，可以说适用于市场经济社会的一切经济现象，下面我们列举一些常见的应用方面。

## 二、一切商品价值统一评估计算公式应用举例

1. 能够计算世界一切商品在任何时点的“总价值”及“剩余价值”

市场经济社会，就是商品经济社会，一切商品都存在统一的价值，并且每种商品都对应具体数量的价值，通过商品的价值具体计算与使用，按商品价值规律办事，才能做出符合商品经济规律的经济行为，才能形成整个经济学理论的科学性和系统性。

然而，到目前为止，关于商品的价值计算问题，由于受各种片面价值论的影响，无法具体找到全面统一的价值计算公式，商品的价值问题就一直处于空喊当中。由于缺少商品的全面统一价值评估计算，导致各种投资商品、资产的价值评估方法的多样性，导致商品的价值无法加以实际使用。如投资项目、企业、资产、矿业权、房地产、汽车、土地、工程、各种证券、各种知识产权……价值评估计算上的“成本法”、“收益净现值NPV法”以及“市场法”的三种方法任选其一进行评估，带来困惑无法得到解答。所评估出来的结果，也无法在投资类商品之间以及消费品之间进行价值对比，因为评估的方法不同，就没有可比性。即使结果正确，由于使用了含有通货膨胀率或通货紧缩率的纸币价格来表示，在无法正确找到通货膨胀率或通货紧缩计算方法之前，并不知道纸币价格对应的实际价值是多少。

作为投资商品，是国家全部财富的基本“家底”，对于一国的全部财产的基本家底的各种资产的价值无法得到正确评估，则整个国民经济就会运营在盲目的状态之中，就会严重误导整个社会经济。

由于缺少一切商品的全面统一价值评估计算公式及价值单位度量，对于平时随时的消费品买卖上，也不知道它的价值是多少，随便上街购买一塑料袋商品，或消除一次服务，也不知道消费了多少价值的商品，导致盲目消费。

当有了“世界一切商品全面价值统一评估计算模型”之后，这些问题就会迎刃而解，所有投资商品之间，所有消费品之间以及所有投资商品与消费品之间都可以通过这个公式进行统一计算与度量，并且使用黄金价值单位以后，就可以换算为固定克数的重量的黄金直接进行价值对比，找到不同商品之间的价值的相同或不同，而确定出价格进行等价交换，并且可以直观看到。

通过使用“全球经济一网通系统”系列软件，可以对各种商品进行实时的总价值、剩余价值评估计算及度量，如同 K 线图一样，直观看到各种商品的动态变化中的总价值及剩余价值的变化规律，商品的全面实时价值的价值规律被大白于天下，从而整个社会经济活动可以具体按商品的全面实时价值的价值规律办事，按商品的价值规律从事经济活动不再是空喊的口号，而是可以具体计算与使用。

2. 能够计算各种商品之外的社会资源的价值

作为“世界一切商品全面统一价值评估计算公式”，不但适用于商品的全面统一价值评估计算，而且对于商品以外的其他资源也可以进行全面统一价值评估计算。如自然界生产长的森林及矿藏及大海，在没有用于买卖上的时候，虽然不是“商品”，但也是一种社会财富，有它的“效用”价值存在，只不过是没有生产要素投入而已，即没有投入价值而已。此时，这些天然资源的生产要素投入价值为零，而效用价值仍然存在，可以进行计算。具体数可以按当时的这种资源的社会销售平均价格计算，得到公允价值。通过计算出来价值以后，可以用于产权转让，如对于地下的某些矿藏，可以按一段的平均价格乘以数量得到它的价值结果。尽管生产要素投入为零，但并不影响效用价值的存在以及总价值的存在。而生产要素投入为零，本身也是二元总价值的存在方式之一。这样，我们就结束了长期以来的矿业权价值评估理论中对于埋藏在地下的自然矿藏是否有价值的争论。

3. 建立国民经济总价值判断指标新体系，正确指导各国国民经济全面协调发展

对于传统的西方经济学理论中的“国内生产总值 GDP”的国民经济指路明灯的片面性，经济学家们纷纷加以指出，那么全面正确的国民经济核算指标体系在哪里呢?

有了一切商品的全面统一价值评估计算公式以后，一国的全部财富加上资源的总价值都可以统一计算出来，建立起整个国家的国民经济全部财富总价值统计核算指标体系，通过“全球经济一网通系统——国民经济总价值、剩余价值每日实时评估计算显示系统”进行全面化的总价值评估核算，实时化地核算一国的国民经济总价值，并且以此为依托，实时正确计算纸币发行量，根本治理通货膨胀、通货紧缩社会金融“皮肤病”，甚至根本治理金融危机。

当将 GDP 片面性国民经济核算指标完善化以后形成的国民经济总价值实时核算指标体系以后，GDP 就是该指标当中的一个组成部分了。这样，GDP 的全面化指标我们就找到了。

不但如此，由于能够做到对整个世界的一切商品进行全面统一价值计算评估，整个世界的全部财富的价值也可以进行核算加总，使用互联网技术支持下的各国国民经济总价值的实时汇总，整个世界的全部财富，包括商品及资源都可以实时核算显示出来，类似于动态变化的 K 线图，整个世

界经济的变化走向以及发展变化规律的价值规律，可以一目了然地展现在世人面前。由于是根据过去多年的社会经济变化规律推测出来的未来社会经济变化走势，所以，在此基础上形成的国民经济五年或十年计划，是根据社会经济的价值变化规律得出的结果，从根本上消除国民经济规划脱离实际带来的盲目性，从而从根本上保障了一国的整个国民经济运营的安全性以及健康态，是全面化、动态化的国民经济“指路明灯”，消除 GDP 片面性“指路明灯”带来的社会经济的片面性发展以及社会经济运行中的所谓的“周期性”。

4. 建立“政府执政业绩考核价值评价指标新体系”

作为市场经济社会的政府，是服务于社会经济的，是靠社会纳税人税收养活的，并且为社会提供公共服务的使者，这样，政府为社会提供公共服务就要进行量化考核，只有量化考核政府的工作业绩，才能确定政府人员，特别是政府首脑的执政能力，作为奖罚、去留的基本依据，如同企业家对企业保值增值业绩确定企业奖罚去留一样。

如果缺少全面价值观下的社会全部财富的商品价值的统一评估计算，则无法建立政府考核的方法，人为制订一些片面零散指标，难以实现考核的公平性。

有了这一公式以后，通过对一届政府执政期间带来的社会全部财富的总价值、剩余价值的增减情况，确定综合工作成果，建立奖罚去留的根据，如同学生考试一样，这样，就能够鞭策政府公务人员励精图治，在发挥政府公务人员经济人本性的同时，造福于社会，按执政期间的社会财富总价值量增加量的一定比例奖励政府人员，足以实现政府人员的公开、公平、合理的高收入，而从根本上消除弄权勒卡现象，建立政府公务员与社会的共赢的激励机制。

5. 根本治理通货膨胀、通货紧缩的基本依据

前面已经介绍过，所谓“通货膨胀”、“通货紧缩”，就是纸币印发

数量偏离社会财富的总价值带来的结果，要使纸币还原为实物货币的价值上的不折不扣的表示功能，只能是实时发行与社会财富价值相同的纸币数量。对于一个国家或社会的全部财富的总价值、剩余价值要实时掌控与把握，才能根据社会的财富的总价值、剩余价值实时变化情况实时调整纸币发行量。通过一切商品全面统一价值计算公式原理制作而成的“全球经济一网通系统——国民经济总价值、剩余价值每日实时评估显示预测系统”能够实时反映整个国家的全部社会财富的总价值、剩余价值，进而实时调整发行与之相同的纸币数量，这时，纸币就充当了实物货币的价值表示功能，消除了通货膨胀率或通货紧缩率带来的纸币价格偏离实际价值的现象。也可以人为设定通货膨胀率或通货紧缩率，使通货膨胀、通货紧缩可根治，可调节，不再如洪水猛兽一样肆虐危害人类社会，带来长期的社会金融“皮肤病”，带来整个社会的经济的经常性的“感冒”和“发烧”。

这样，作为纸币货币，就能扬长避短，既便于携带与流通，又不至于带来商品的价值表示上的变形。奠定了整个市场经济社会经济运行的基本基础，也是构成整个健康态的社会经济的基奠。

6. 按商品“价值规律”进行企业的生产经营

作为企业，不论生产什么样的有形产品或无形服务或有形产品加无形服务，归根到底，都是一个商品流与现金流的互动过程，或者说，归根到底是通过商品流带动现金流的过程。现金流是一切企业的共同本质，现金的增值，就是企业的利润剩余价值所在，从一切企业的统一的现金流中发现商品的价值流及价值规律，能够从根本上化解投资风险，也就是通常所说的，按商品价值规律经营企业的具体实施过程。通过这一模型，能够找到一切企业的统一的价值规律模型，把按商品的价值规律的企业家理想变成实际行动。

此前的各种传统的价值理论中，只是把价值规律束之高阁，并没有具体应用到实际当中，主要是由于缺少对商品的价值的全面计算，无法具体计算各种商品的价值，也无法统一度量商品的统一价值。具体通过“全球经济一网通系统——企业总价值剩余价值每日实时监控预测系统”来实操。该系统能够实时显示出一个企业每天每时每刻的总价值、剩余价值及变化规律。根据总价值、剩余价值的实时变化情况进行动态应对管理，及时改进管理，就能够带来管理上的经济效益，从根本上消除大企业的管理难题，如同行驶中的汽车有了“方向盘”、“导航仪”及“测速仪”一样。目前的企业管理，不知道企业每天的总价值、剩余价值是多少以及变化规律，是一种盲目的管理。企业商品生产经营没有目标，带来盲目性。

7. 实现会计价值核算的理论基础

纸币价格的会计核算结果，包括通货膨胀率或通货紧缩率，并不是商品的价值结果，难免误导企业的商品生产经营。这样，就需要建立商品的全面实时价值单位基础上的价值会计核算。而这就要通过使用一切商品全面统一价值评估计算公式计算所有商品的全部价值，进行价值核算。

8. 税收计算依据

“增值税”、“所得税”是对商品的利润的一定比例征收的税。国家确定出来利润的百分比作为税率。要想知道征税数量，首先要确定商品的利润是多少。通过这个公式，能够找到一切商品完全统一的利润，进而确定税率。

9. 建立世界各国企业总价值实时排名活动。

在企业全部财富总价值实时排名当中，任何企业任何时候都有排名上下的机会，实时体现企业的经济综合实力。这个排名带来企业的品牌效用，而目前的世界500强企业排名，只是按商品的“销售收入”来进行的，并不包括企业的固定资产以及利润等经济指标。销售数量的体现，并不是企业综合实力“强”的体现。

10. 保险理赔中的合理价值判断

由于“投资商品”和“消费品”的性质上的差异，带来了价值计算上的结果不同，比如对于消费品的价值只是成交价格体现的价值，所以按价格的价值单位进行赔偿就可以了，因为这类商品没有再生的“剩余价值”。对于投资商品来说，情形就完全的不同了，除了有“投入”部分的“成本”价值以外，还有投资商品带来的未来收益也是价值中的一部分，虽然是一种机会收益，也因投资商品的损坏而无法获得。要计算整个投资商品的价值，不但要计算投入的成本部分的价值，还要计算“收益总现值TPV”价值，目前保险公司所使用的只是对财产的商品的投入的“成本”价值进行赔偿，丢掉了投资商品的“收益”部分的赔偿，少给了投保人的赔偿。作为投资类商品，如汽车、房地产、设备等，其价值的主要部分不是投入的资产，而是“收益总现值TPV”，这样，保险费支付上就出现了不合理、不公平现象。

建立“收益总现值TPV”下的投资商品总价值的赔偿制度。通过一切商品全面统一价值计算出来收益总现值TPV或净现值NPV，能够带来保险赔偿上的公平与合理性，也会增加保险业务。

11. “国际贸易原理”“之谜”得到破解

由于传统的经济学理论的商品价值论的片面性，带来国际贸易原理理论之谜。目前的国际贸易原理，只是建立在劳动价值、要素价值的比较上，所以，出现了“里昂惕夫之谜”。作为国际贸易是跨越国境的商品贸易，但作为商品的贸易上的价值及价值规律与国内没有什么不同，这样就要建立商品的全部成本加全部利润的全部价格的全面价值的国际贸易理论，在操作上也同样要使用一切商品全面统一价值评估计算公式来比较各国间的商品利润大小，看是否有超过国内的利润或扩大市场的可能性。使用一切商品全面统一价值评估计算公式得出的国际贸易价值优势原理，能够轻易破解里昂惕夫之谜。

12. “价值悖论”破解

价值悖论是历来的经济学理论中难解之谜。指的是，水是人类生命不可或缺的商品，而黄金不是生活必需品，为什么黄金的价格大于水的价格，即黄金的价值大于水的价值?

这个问题，在“一元价值论”下，是根本无法破解的，而在成本加利润或投入加效用的“二元的全面价值论”下就容易破解了，可以通过对黄金和水的投入加效用对比得到简单的答案。

水是天然的产物，江河湖泊都有，即投入价值很小，可买可不买，利润较低，拉动总的价格下降，即价值变小。

黄金不能随便得到，只能通过购买得到。开采黄金的投入价值很大，所有黄金生产厂家都要从成本加一部分利润，这样拉动黄金利润增加带来总价格上升，价值增大。生产同样重量的黄金和水，黄金的价格大于水的价格，因而黄金的价值大于水的价值。

当然，这也是在通常的情况下。如果条件变了，假如全世界只剩下一滴水，并且可以救人命时，则同样重量水的价值肯定大于黄金的价值。因为只剩下一滴水，则其购买成本加大，并且因为能够救命，所以，给价就有人购买，因此利润无穷大，在这种情况下，水的价值大于黄金的价值。

不管哪种情况，商品的投入加效用或成本加利润决定其价值是不变的，而检验所有商品的价格价值，只能通过这两方面来进行。

13. 消除技术经济分析中的理论难点

在技术经济学“投资项目国民经济效益分析”当中，通常是使用其“影子价格”及“影子汇率”来计量的。然而，使用“影子价格”及“影子汇率”不但理论上复杂，使用了大量的高等数学计算，在实际上也难以操作，如劳动力的“影子价格”，就很难把握。其他方面也很难确定其供求关系。使用一切商品全面统一价值计算公式，通过直接计算商品的价值，就消除了影子汇率、影子价格、影子工资带来的理论难解之谜。

14. 一切商品的本身的“效用”的统一测度

按传统的西方经济学观点，消费品的“效用”只能因人因时因地不同而无法统一测度，因而有了基数与序数度量下的“边际效用”、“无差异曲线”等难点理论，在商品的实际消费中也无法使用得上，出现了经济学理论研究中的困境。事实上，当我们大家坐在同一个教室里，其温度效用是一个固定的数，是否会因人不同而温度不同？同坐在一个车上，车子的速度能否因某一个人急或不急而出现差异？每种商品本身的效用，包括产品的消费效用及服务的效用甚至是投资商品的投资效用——收益等都是固定不变的，怎么能说是商品（本身）的效用会“因人”“而变”？现实社会中不会存在，除非在神话世界中任意想象出来。

所以，“边际效用”理论或“无差异曲线”理论只是从商品的消费数量上的“适度性”上揭示的商品总效用最大化，并不是一切商品本身的统一效用的揭示。这样的理论只能说是“消费者行为”，而不是商品本身的“效用”的揭示。实际上，消费者行为是商品本身的固定的“效用”与消费者的“个性化”消费之间动态结合的结果。

当我们有了“全面商品价值论”下的“世界一切商品价值评估计算统一模型”之后，不但一切消费品本身的效用可以统一测度，而且一切投资商品本身的效用也可以统一测度，体现了经济学理论的“统一性”之美。

……

总之，我们无法一一列举“世界一切商品全面价值统一评估计算模型”在现实社会经济运行中的“无所不能性”，也无法一一列举它在经济、管理、财务、会计、金融、保险、统计、国际贸易……整个经济管理类各门学科专业研究上的“无所不能性”以及在培养“实用人才”上的“无所不能性”，甚至对整个社会科学各门学科专业理论奠基上带来的“无所不能”发生。

"全面商品价值论"如同一把"'万能'的'金钥匙'",可以"简单"而"直白"地解释市场经济社会的一切经济现象的全部共同抽象的本质。在人类离开全面商品的价值计算的年代里,诸如"为什么要花钱买商品","为什么不同商品会出现不同或相同价格"这样的生活常识都难以得到正确解释,有了"世界一切商品价值评估计算统一模型"之后,通过具体计算商品的价值,类似于"为什么公鸡要下蛋"这样的难题也会迎刃而解。因为公鸡只有下蛋,才能够给主人带来鸡蛋的收益净现值 NPV,提升自己的价值,才能够活命。

## 第十六节　影响商品价值的基本因素

通过商品的价格影响商品的价值,其内外因素是多方面综合的,甚至是因时因地因人不同。下面列举一些。

### 一、商品本身的生产成本、费用

生产同一种商品,由于企业使用的生产技术及经营管理水平不同,带来成本费用不同,影响到商品的价格价值。但是,在市场上,对于完全自由竞争市场上的商品,都是按市场来定价的,这时会影响到企业的商品的剩余价值。

商家是商品的生产者及流通者。在商品生产、经营及流通的各个环节都带来了商品的成本、利润及税的增加,形成商品的投入价值。每类商品都有社会的平均生产成本的生产要素投入。作为企业,为了获得剩余价值,通过管理、技术创新降低生产要素的成本投入,形成厂家的个别成本,在相同的市场价格情况下,获得格外的利润剩余价值,也就是个别生产成本。现代社会中,特别是由于网上交易的实现,导致商品的销售范围扩大,物流及信息费的节省,使商品的成本价格有所下降。当然,通货膨胀带来的成本增加是另外因素。

商家的个别生产成本、费用的生产要素投入差异，带来了同类商品的市场上的价格的差异。所以，在市场上，相同的商品，其价格大不相同，原因是生产成本、费用投入差异带来的结果。科技创新与应用，使商品的成本大为降低，带来商品的投入价值的降低，是长期的发展趋势。使用人工制造弹簧，速度慢，成本大，而使用机器流水线生产，速度快，质量好，使弹簧的成本下降，导致价格下降。在现代社会中，很少或基本找不到没有科技含量的商品，甚至是城市环境卫生这种看起来不需要技术的行业，也是机械化、自动化了。科技的发展及管理水平的提升也带来了社会商品的总的成本下降的基本趋势。经过科技及管理带来的成本的下降，通过商品买卖中的讨价还价，给企业带来了剩余价值，还造福于社会的商品消费者或投资者。

从生产环节来看，决定商品的成本价值包括项目投资决策过程、项目建设、企业生产当中的人、财、物、产、供各个环节管理上的成本的减少或质量的提高上，只有纳入全面价值管理的企业，才能按商品的全面价值及剩余价值形成规律创造剩余价值。

此外，作为厂家对于商品的成本价值的决定作用不但体现在生产经营环节上，还体现在商品的流通环节上。商品的流通过程的中间环节的多少，是决定商品的成本价值的又一重要因素。商品从厂家到买方手里，最终到了消费者手里，如果经过的环节越多，带来的成本价值就越大；流通的环节越多，税也越大，受益的是国家。因为商品每转手流通一次，成本、利润和税等就增加一次，带来价值的大幅度提高，最终都由商品的购买者来承担。

作为厂家如何少投入资金、多产出商品，是整个企业生产经营管理所要研究的问题，当然也离不开围绕全面价值的价值规律来进行。有关的详细内容可参看本系列书《企业价值管理学》分册的介绍。

## 二、商品本身的效用

在市场上购买同种商品，总是要货比三家，同样价格下看哪家的质量更好或功能更全。质量好的商品，功能全的商品，因效用大价格较高，提升价值。如现实手机市场上的各种手机，功能质量五花八门，带来了不同的价格与价值。

商品的效用决定了价值的一部分，企业也纷纷通过技术更新改造，通过知识产权的开发或购买，创新产品，提升质量，带来超额剩余价值。这也是市场经济社会能够促进商品的生产经营、提升商品的质量及性能的具体表现。

反之，生产“大路货”的商品，质量及功能没有特色，商品购买者不屑一顾，商品销售困难，企业的利润难以生成，甚至长期的流动资金无法收回，带来企业经营的终止。

所以，市场经济社会是知识产权以及先进管理理念支撑下的社会经济。

## 三、商品的市场供求关系

商品的生产要素投入与效用决定的价值是内部价值，并且是公允价值。商品买卖成交才最后确定了价值。商品买卖除了商品自身的好坏因素以外，还受市场的供求关系影响。即供大于求时，价格小于公允价值；供等于求时，价格等于公允价值；供小求时，价格高于公允价值。

“物以稀为贵”是由效用增加拉动的利润增加，带来总价格的价值增加。当市场供应过剩时，效用相对减少，因此价格下降，带来总价格的价值下降。比如中国的万里长城、秦始皇陵墓及埃及的金字塔，由于其世界上的独一无二性，所以其他任何商品的效用无法替代，因效用价值的不可替代性拉动其价值巨大，甚至是“无价之宝”。一些古物、名人字画、集邮品等，年代越久远，存放的数量越少，越是稀缺与难得，所以考古中对时代越久远的商品，给出的价值越大。考古商品的价值与时间成正比，就是这个道理。

此外，一些稀有金属也会因为稀缺性，价格高，价值大，这也是常见的社会现象。

不论一种商品供求关系怎样变化，从理论上讲，都是商品之外的影响因素。商品本身的投入加效用决定了市场上的不同商品的不同价格及价值。如一艘轮船的投入价值与一条毛巾的投入价值相差很大，不论轮船的市场供求怎样变化或毛巾的市场供求怎样变化，二者价格始终不相等，其价值也不会相同。当然，由于比较相同的投入价值及相同的供求关系，也会导致不同商品的相同价格的价值，这完全属于巧合。

商品的购买者，包括消费者及投资商，是决定商品利润的重要因素，在实际上，往往都是商品的购买者认定价格来认定利润的。于是在市场上，就出现了同样的质量型号的商品，各地价格不同的现象。甚至是同一市场，同一商品，销售价格也不同是十分常见的现象。

对商品的价值的价格的决定作用，主要来源于对商品的购买能力即收入水平上。不同国家或不同地区的消费者收入不同，形成各地市场的不同的价格指数，对于投入商品也是投资商根据市场对于投资类商品的收益判断作出决定的。

此外还取决于对某种商品的效用需求的欲望上，人们喜好的商品，愿意出高价格购买，形成高价格，带来更多的利润，总价值大；反之，利润较少，总价值少。

这是需求环节决定的商品的价值。

商品购买者不但具有购买能力，还具有个人的心理、喜好如追求时髦、新潮等。

不论是厂家还是商品的购买者所决定的商品的价格及价值，都是通过市场来实现的，特别是市场供求所影响的，这就是同一种商品的价格不同，除了厂家及购买者因素以外，商品的市场供求关系是非常重要的方面。

最后，垄断市场对于商品的价格具有决定作用，因此带来商品的价值的上升。对于完全自由竞争市场，因商品的市场竞争性，带来价格下降，只能获得长期的平均利润为零的价格的价值。

所以，通过商品技术独到性以及政府的垄断许可，可以增加商品的价值。

## 四、通货膨胀、通货紧缩

这是由政府以脱离社会财富的实际价值量增发或少发纸币带来的整个社会的通货膨胀率或通货紧缩率为具体幅度的整个社会的全部商品的价格上涨或下降的结果。在通货膨胀或通货紧缩的社会中，所有商品都要经历通货膨胀率或通货紧缩率的价格上涨或下降。长期的通货膨胀率或通货紧缩率是多少，整个社会的全部商品的价格就会以通货膨胀率或通货紧缩率的幅度上升或下降。

## 五、政府宏观经济调控政策与法律影响

政府可以通过税收影响商品的成本价格，影响商品的成本部分的价值。如果鼓励某个行业发展或某个地区发展，就制订较低的税率，这时，商品的成本部分减少了，总价格降下来了，其价值也降低了；反之，政府要限制或个行业或某个地区的经济发展，也会制订相反的政策，提高税率，带来商品成本增加，价值提升了，如房地产中提高土地费及各种附加费等，就会增加房地产成本，提升房地产价格，从而提升房地产的价值。

此外，政府还可以直接通过制订鼓励和限制影响商品的成本或价格进

而影响整个商品的价值。

所以，商品的价值及剩余价值形成是一个上述各因素的多方面的综合作用的结果。

## 六、商品的可替代性

商品的可替代性，决定了商品的价格的高低。根据消费者“经济人”“自我利益最大化”的原理及成本节省的经济性要求，一种商品的可替代性越大，则价格弹性越大，同一效用的商品可以有多种购买选择性，这时只看价格了，因而决定了价值的不同；反之，可替代性越小，价格弹性越小，这种商品，是垄断性商品，买也得买，不买也得买，对于商家确定的高价格，买方只有被动接受，所以体格高，价值大。

对于技术含量低的传统商品，因其可替代性强，当价格很高的时候，人们就会转身购买替代品，使其价格提升不上去。对于一些科技含量高、技术独到的垄断商品来说，具有不可替代性，对于商品购买者来说，不论价格高或是低，都不影响购买量，这时，商品的价格容易上升，带来价值上升。再如文化创意产品，每一个创意产品都是一个技术独到的商品，具有不可替代性特点，所以，拉动商品的价格上升，带来价值上升。所以，文化创意产业成为当代社会及未来社会经济发展的方向，是由其产品的技术独到性，或独家垄断性而带来较高的价格，带来巨大的商品价值及创造出相关行业的社会价值。

替代性又与垄断性相联系，垄断商品大都是不可替代的商品，因此才形成垄断，而完全自由竞争的商品，往往也是可替代性强的商品，销售价格较低，如同样的白菜，味道都差不多，就只能看价格了，这时只有通过降价才能促销；对于IT行业的高科技产品，或大学的奇缺专业，由于供应者少，可替代性小，价格高一点也必须购买。

## 七、商品的价格弹性

商品的稀有性、可替代性具体体现在商品的价格的弹性上，有以下五种情况。

一是商品的价格变化区间小于需求量变化区间，就称这种商品在需求价格上“富有弹性”。价格上富有弹性的商品，是一些技术含量低的商品，因其商品的质量上差别不大，作为购买者在购买时，货比三家，关键看价格决定是否购买，所以这类商品难以卖上高价格，难以提升价值，只能以量取胜。对于一些农贸商品在销售表现上具有这种特点，同样的玉米，质量差不多，就看价格决定是否购买了。

二是当价格变化区间为零，需求曲线成一条平行于平面直角坐标系的横轴时，称为“无限弹性”。商品需求价格富有弹性的极端情况。此时，价格提升多少，就会带来百分之百的需求量的增加或减少多少。

三是价格变化区间等于销售量变化区间，则称为“单位弹性”。

四是价格变化区间大于需求量区间，则称为“缺乏弹性”。这种商品的价格变动很大，对于需求量影响不大，容易提高商品的价格，带来商品的价值的提升。对于 IT 等科技含量高的行业的商品，由于技术的独到性，带来销售上的不可替代性，形成销售价格上的“缺乏弹性”。所以，科技是拉动社会经济发展的原动力。当然，这种因技术独到对商品的价格的拉动作用带来的价值的提升，完全是建立在商品的独到的效用上，如某些先进的医疗设备，因其能够有效治病，通过治疗效用的增加，带来了设备的价值上升并使设备的价值上升。

五是当需求曲线垂直于平面直角坐标系的横轴时，变成“完全无弹性”了，不论价格多高，购买者都没有一点讨价还价的余地。

也可以同样定义商品供给的“富有弹性”、“无限弹性”、“单位弹性”、“缺乏弹性”、“完全无弹性”，是从商品的供给角度研究的供给量随价格变动而变动的敏感程度的，通过供给的价格弹性影响甚至决定商品的价格，从而决定商品的价值。

消费者收入，也是影响商品购买的因素之一，所以，形成需求收和弹性，也分成需求收入上的“富有弹性”、“无限弹性”、“单位弹性”、“缺乏弹性”、“完全无弹性”，影响和决定商品的价格，影响和决定了商品的价值。

不同商品之间价格对比，也带来了价格弹性，称为“交叉弹性”，也是构成商品的价格变化因素，因而也影响和决定了商品的价格及价值。

“需求”价格上“缺乏弹性”的商品，消费者被迫购买，带来价格上升，导致价值较大，如一些高科技创新产品，政府垄断资源的商品。“供给”价格上“缺乏弹性”的商品，供给增加或减少很大一块，对于商品的价格影响很小，容易导致价格上升，带来商品价值较大，如石油商品，通过欧佩克组织的产量调节，而不断提价，社会也得接受。而“收入”价格“缺乏弹性”的商品，如粮食商品，不论有钱没钱，都要购买，从几角钱1斤涨到几元钱1斤，没有因此减少多少需求量，所以，收入缺少弹性的商品价格高，价值大。

对于一些需求、供给或收入价格“富有弹性”的商品，单价上往往难以提升，带来价值较小，这时，只有通过以量取胜获得经营利润。

总之，凡是能够影响到商品的生产要素投入及效用大小的所有因素，都是影响商品的价格的因素，也就都是影响到商品的价值的因素。凡是影响商品的价值的因素，也同时是影响商品的生产要素或效用之一的因素。

要想获得商品的剩余价值，只有从影响商品的利润的因素进行研究。

## 八、国际贸易

由于当代世界经济一体化特点，一种商品的价格都是国际对比的结果，形成商品总是流向价格较高的国家。当出口价格高于国内时，就会出现商品的出口，带来价值增值；反之，当进口商品的价格低于国内时，商品就进口。进出口围绕价格价值变动。

国际贸易影响商品的价值的内在深层次原因是社会资源在世界范围内组合，使生产同一种商品，资源优势的地区投入成本较小，而影响到价值较小。当然，这只是从理论上讲的，实际上，国际贸易受各国政策及关税的影响，使资源带来的价格价值优势变成扭曲。

# 第二章　企业全面实时价值管理概述

企业的全面实时价值管理，就是企业面对市场、社会及商品具体生产经营特点，围绕商品的投入与产出的总价值、剩余价值及价值规律所进行的全面系统化的管理，通过使用“全球经济一网通系统——企业总价值、剩余价值每日实时评估显示预测系统”计算机软件操作下实现的价值管理。

根据商品的全面价值定义，商品的价值是一切商品的全部共同抽象的本质的体现，所以，企业的全面实时价值管理，就是对企业所有经济活动的全部共同抽象的本质所进行的管理。因此，带来管理的效率及安全性是显然的了。

企业的全面实时价值管理，就是围绕销售、人、财、物、产、供等所进行的计划、组织、领导、控制、沟通、协调、激励、考核等管理。核心是每个过程及环节上的“少投入、多产出”。并且，企业分成内部及外部管理。

本章中我们先综合介绍一下企业的全面实时价值管理有关理论，从下一章开始再从内部及外部等分别介绍全面实时价值管理问题。

# 第一节 企业

企业与家庭消费者一起，构成整个社会经济主体之一。

在市场经济社会条件下，企业是通过商品的生产与经营创造商品的“价值”及“剩余价值”实现资本金保值与增值的工具。

企业的商品剩余价值形成来源于企业家对于各种资源，包括社会自然资源、市场资源及其他社会资源的整合，“少投入、多产出”，最大限度地创造商品的剩余价值，并通过剩余价值的再投资实现企业的“滚动式”发展。

企业创造商品的价值与剩余价值的实现，与企业生产经营什么形式的商品没有关系，只有商品的投入与产出才能够决定商品的价值与剩余价值，正因为如此，企业在商品生产经营决策上，只关心生产经营什么商品能带来最大化的剩余价值，生产经营什么商品的风险最小，就生产经营什么商品，这是一切营利竞争性企业的共同本质。我们来看一个例子。

**案例 2-1**

## 企业利润投向哪里

在一次企业董事会上，针对上年度盈利的 1000 万元下一年度如何投资问题，参加会议的决策人员展开讨论，张经理提议投资到房地产，王经理主张开办医院，刘经理主张开办商业银行，邓经理则主张办证券公司，大家争论不休。最后，董事长决定让财务经理计算一下哪种商品的利润率最大，风险最小，再作最后决定。

第二次董事会上，财务经理分别列举了各种商品的利润率，指出，房地产的利润率最大，风险较小，所以，最后大家举手表决通过了投资到房地产行业当中。

企业的各种不同商品生产与经营，表面上看来是商品的运营，而实质是通过货币流带动的商品流，是通过商品运动带动货币价值升值的金融活动，所以，企业的本质也可以说成是金融活动。作为企业家首先是要懂金融的金融专家，同样的，作为社会宏观经济环境来说，金融环境的健康也是搞好企业的首要条件。近代以来，世界各国通货膨胀或通货紧缩的金融“皮肤病”，带来企业生产经营的生生死死，甚至是两次世界大战，深刻地说明了这一点。要为企业营造一个良好的商品生产经营环境，通货膨胀或通货紧缩及金融危机的治理是前提。由于企业商品生产经营与社会金融息息相关，所以，各种证券市场的变化与实体企业的商品经营好坏直接相关，也就是当社会的商品生产经营出现形势较好的时候，社会投资及融资也比较活跃，从而整个证券市场就兴旺；反之，当社会商品生产经营不景气时，证券市场也会冷落萧条，每当社会经济出现大的波动时，证券市场也就会跟着形成相似的兴衰波动。也说明了企业商品生产经营的本质是金融活动，金融活动也影响社会的投融资，影响企业的商品生产与经营。

企业实现资本金投资利润剩余价值的方式是通过少投入生产要素，多增加商品的效用产出来实现，如果使用货币表示价值，就是商品的生产成本的少投入及商品的销售利润的多产出来实现的。

由于生产每种商品的生产要素的成本投入与销售利润在长期趋向一个平均数，所以，企业要想获得超额利润剩余价值，就要通过提高商品的科技水平及市场销售的垄断性等来实现，在企业追求利润剩余价值的同时，促进了商品生产的科学技术水平，带来整个社会经济的大发展，提升了人类的生活福利。而垄断利润的追求，在合法的范围内应当是允许的。没有对于商品的垄断利润的追求，也就不会有企业的商品生产的创新与发展，自然社会生产力难以发展社会经济增比难实现。

由于企业的剩余价值是在商品的买卖或生产经营过程中形成的，所以，单独的一个企业难以进行生产经营，需要有商品原料供应企业及市场消费者的配合，所以，企业生产经营，是受整个社会的经济环境制约的。当社会经济状况趋好时，企业生产经营容易实现利润，反之，当整个社会经济状况不好时，单独一个企业的生产经营也会举步维艰，如通货膨胀、通货紧缩及金融危机对企业生产经营有着决定性的影响，企业的诚信、社会的法律、政府的廉政及文化观念等都会对企业的生产经营带来重要的影响，甚至关乎生死存亡。

具体来说，企业实现商品的利润的剩余价值的过程是通过将货币转化为购买土地、资本、劳动、科技及企业家等生产要素，通过商品增加的效用，带来商品销售利润实现的。

企业的形成完全是市场经济社会商品生产的专业化分工带来的结果。在长期的封建社会中，以一家一户的农业生产方式的社会中，由于土地自由开采、没有货币也能生产、没有技术也能生产，更不需要企业家来调度生产要素，所以，此时企业也没有正式大量形成。而中国著名的“愚公移山”故事中的愚公正是中国几千年落后家庭生产力的“总代表”。

当社会生产力发展到一定阶段，特别是工业化实现以来，专业化的商品生产与经营，需要以一个组织的方式来进行，这时，形成了企业，进而企业的形式也多样化，工业企业发展为对外贸易企业甚至现代农业企业等。

那么目前的世界社会处于什么阶段呢，显然，我们现在就处于市场经济社会的“股份制”企业的“生产关系”及“计算机信息时代”的社会生产力的社会生产方式的时代。

如果说商品是市场经济社会的“细胞”，企业则是市场社会的经济“肌体”。甚至可以说，没有企业就没有市场经济社会。企业构成整个市场经济国家的经济基础。具体体现在以下几个方面。

第一，企业是社会商品的产品或服务或产品加服务的提供者，没有企业，商品无法生产出来，社会生活消费无法进行下去。每种商品都是以其独到的技术生产出来的，并由同一类商品的生产与经营形成不同的行业与部门。构成国民经济各产业的基本格局。

第二，企业是社会股东及债权人进行社会投资的实现方式。通过股票、债券等金融投资，实现金融产品的价值增值，也带来企业本身的价值增值。对于投资者来说，企业是获利的工具。

第三，企业是政府税收的主要来源。

第四，企业是职工生活福利保障的载体，没有足量的企业与劳动就业人数的一一对应配套，如企业数量及岗位数量少于社会劳动供给，就会形成失业，带来人民生活的困难，形成社会的不稳定。企业经济效益好，企业的职工福利也会获得相应的提高。

第五，在存在上下游企业时，中间企业也是上下游企业生存的条件之一。

总之，企业与这些内外经济主体之间的经济关系既有联系又有区别。作为投资商品，如同一只会下蛋的母鸡一样，为投资者、政府、消费者及其他经济主体提供各种所需要的商品及投资服务。在实践上，英美发达的市场经济国家同时也是工业化、外贸化占主导的国家，说明企业在整个市场经济社会中的重要作用。现代市场经济的发展方向也向我们提示，农业公司不断涌现，也出现了农业企业。这样，也可以说，市场经济社会本质也是企业经济或企业主导下的商品经济。农业、工业等各行各业在创造产品价值及剩余价值上没有不同。通过结构导向引导国民经济产业结构，才能实现国民经济价值管理。

市场经济下的企业生产经营商品并不是为了自己享用，而是为了获得价格利润的剩余价值，企业的一切生产经营活动，是在做价值的运动。即尽一切可能减少成本价值，增加效用的利润价值。究竟生产产品形式的商品还是服务形式的商品还是证券形式的商品，只是企业生产经营中的价值运动中的不同形式而已。或者说，企业的一切生产经营活动看起来是生产商品，而实际上是创造利润剩余价值。因为没有利润的剩余价值，企业的作用也就无法体现了，也就没人来做企业了。盈利企业如果利润等于效用，就表明对社会贡献大。

通常情况下，企业的固定资产是较为稳定的，剩余价值是通过商品的生产、买卖流动中实现的，或者说，是企业的日常流动资金所带来的结果。所以，企业流水般的生产经营与作业，才能源源不断地带来利润的剩余价值。这样，社会的流动资金的价值必须稳定不变，如果社会的流动资金价值及流通上出了问题，通货膨胀、通货紧缩及金融危机，企业的生产经营就会出现感冒、发烧，甚至死亡。

市场经济下的一切社会经济活动，都是商品的价值运动，甚至可以这样说，在市场经济社会里，除了商品“价值”以外，什么都没有。一切有形产品或无形服务或产品加服务或各种证券，统统只是商品的价值的不同化身而已。正因为如此，“价值经济学”能够破解经济、管理、财务、会计、金融、保险、统计、国际贸易等各门学科专业理论“之谜”及带来的“之争”，对于各种经济领域的各种复杂问题的解决上能够迎刃而解。

要说明的是，企业是市场的产物，企业通过商品销售获得利润剩余价值，完全来自商品购买者包括消费者或投资者所赋予的价格利润来实现，所以，企业靠市场来生存，是市场的消费者或投资者养活了企业，给企业带来“剩余价值”，从这一点上来说，消费者或用户是企业的“上帝”是千真万确的。

总之，企业表面上是生产经营某种商品，实际上通过商品的生产与经营来运营资本的价值及剩余价值，即通过商品的生产与经营带来资本的新增剩余价值，即通过“少投入、多产出”来实现资本的剩余价值。这样，就有一个生产什么商品，生产多少商品，怎样生产商品，生产出来这些商品的利润剩余价值是多少的问题，构成企业的基本问题，也是整个市场、经济社会的经济的基本问题所在。

虽然企业是一个经济实体，但生产要素及市场的运作是通过企业家的决策来实现的，一定的生产要素及市场，企业家可以这样调度生产要素，也可以那样调度生产要素，只有在均衡的调度生产要素时候，也就是生产要素均衡合理配备的时候，才是做到了少投入。同样，只有在市场的选择最为优化时，才能带来“多产出”，投入与产出的差越大，盈利或亏损的程度越大，带来企业资本金的价值的增值或贬值的程度越大。

如通过增加科技投入，建立现代化的企业管理制度及垄断市场的商品销售或规模化经济效益等都是商品剩余价值实现的方式。特别是使用计算机价值管理更是不可或缺的。

从这个意义上来说，企业是企业家的作品，企业是企业家通过商品运营实现资本价值增值的工具，企业家首先要成为经济、金融方面及会管理的专家。企业的商品生产核心就是围绕企业本身的“收益净现值 NPV”来进行的，而客观上创造“收益总现值 TPV”。

这样，可以把全部经济学理论体系概括为：

“生产什么商品？”

“这种商品能够带来多少收益净现值 NPV 价值？”

进一步：

“生产哪种商品能够带来企业的最大收益净现值 NPV？获得这个收益净现值 NPV 的具体实现的可能性的概率是多大？”可以通过技术经济学结合概率来计算。

## 第二节　企业生产要素

企业要进行商品生产和经营，就要投入生产要素，通过企业家对各种生产要素及各种资源的优化配置，带来商品的剩余价值。

企业的生产要素包括哪些方面呢，本身的价值又是什么？我们先来研究一下生产要素是企业进行商品生产所涉及的各种因素。依据社会生产力发展的阶段不同，其内容有所不同。

在封建社会的家庭式的农业经济结构中，土地的私有化，加之农业产品的生产的简单化，只需要有人的体力劳动就可以了，所以，此时的生产要素主要是以人体劳动为主。相应地形成了经济学当初的政治经济学时代的“劳动价值论”。

到了资本主义市场经济社会时代，商品生产的复杂化规模化生产要求，只有体力劳动是无法进行的，如同现在的失业人数成为世界各国第一头痛的大事，只有劳动力，没有其他生产要素配合，生产无法进行下去。所以，此时，要进行商品生产，除了人的体力劳动以外，还必须有土地、资本、科技及企业家管理才能进行，而且生产者与经营者分离。这时的生产要素应当既包括劳动，也包括土地、资本、科技和企业家，其中在信息与知识经济时代的今天，科技包括了信息，知识经济作用体现在知识产权的作用，特别是文化创意产业对整个社会经济的拉动作用。而文化创意产业创造一个地方或一个国家甚至整个世界的剩余价值主要是通过人为制造商品消费来实现的。客观上提升了社会文化，生活水平。成为当代世界经济发展重要增长点之一。

生产要素投入到商品当中的结果，是带来了生产要素资本的价值增值，是通过商品的效用体现出来的增值。如对于一些建筑材料的资本投入，经过加工成房屋以后，带来了保暖、安全等效用，对比原来的建筑材料，房屋的效用增加了，形成价值增值，体现在货币上，就是利润。这就是一般从事实业投资的企业的商品剩余价值形成原因所在。商品并不是简单的要素的投入和堆积，而是通过原料加工能够带来商品的新的“效用”，通过“新增效用”转化为“货币”，就是“剩余价值”。各种不同商品都是以不同的新增效用而取得利润剩余价值的。当然，这种效用是根据消费的不同时间及不同地点及不同偏好及不同效用价值判断标准给出的，一经商品销售成功，剩余价值便确定了。对于投资类商品的效用，都一律相同，就是“收益总现值 NPV”。

要想发展社会生产，提高人民生活水平，解决社会失业与再就业问题，就要从完善生产要素配套体系开始。目前的中国社会只通过召开招聘会或其他信息方式，是不能从根本上解决社会失业问题的。具体做法上，要提供创业人的贷款保障体系，培训体系及科技开发的支持配套政策等。

各种生产要素都是商品，一切商品都可以通过货币来表示，生产要素集中体现在货币数量上，即“资本”成为一切生产要素的“总代表”，即现实中，只要有了“资本”，没有土地可以购买土地，没有原料可以购买原料，没有科技知识和技术可以自己研发，也可以直接购买专利、版权等知识产权，没有劳动者和管理者可以招聘员工和管理者，正因为资本对其他生产要素的这种权威支配作用，人们只要掌握了资本，就等于掌握了商品的剩余价值的权力。如股东参与利润分配，而土地、劳动者、科技却没有商品利润的分配权。所以，市场经济初期阶段就是以“资本”为纽带的“剩余价值”形成阶段。而在“标准的市场经济社会”中，各种生产要素平等地参与投资和分享利润剩余价值，这时资本主义市场经济社会才会结束。

任何企业的任何商品的剩余价值，都是被商品的购买者所赋予的，也就是企业的业务收入，决定企业的成败，所以，市场是决定企业成败的关键，有了市场，还要有资本扶持，就要融资，融资之后，就有一个分配与留取利润的问题及再投资的问题，也就是“以钱挣钱”的问题。

值得指出的是，不论是市场把握，还是投融资、管理及分配，实质都是对社会市场资源及企业资源的综合整合，从中找到低于平均生产成本的投入价值及高于市场的平均利润价值生产销售出商品，创造出与效用相对等的“剩余价值”。

生产要素本身是商品，也存在着固定的价值。需要对生产要素的投入价值进行具体计算，为此，我们给出生产要素的价值计算方法。

1. 土地要素及价值计算

根据“世界一切商品价值评估计算统一模型”，从土地的商品属性来说，其价值也是投入加效用组成，因为土地是投资商品，所以其效用价值就是“收益总现值 NPV”的价值。故有：

土地的价值=土地开发投入价值+使用期收益总现值 TPV 价值

土地的投入价值，即开发土地的支出，包括开发上的各种费用。如经济特区新近实施的人工填海工程等，开发投入的资本较大，特别是河北曹妃甸整个方圆几十公里全是人工填海形成的。开发成本较大，因而决定了基础价值也较大。曹妃甸的土地效用特别大，它是连接天津及整个渤海湾的交通要道，所以，尽管其投入的土地开发的资本较大，其带来的价值增值也大，双向带动这一地区“寸土寸金”一点也不夸张。

土地的增值价值

同其他一切商品的价值属性一样，土地的价值增值是建立在“效用”基础上的，即内外“收益总现值 TPV”价值。

与其他商品有所不同的是，土地的“效用”是通过“距离”关系确定的，离市中心区、港口、旅游区等较近的地方，商品交易发达，使用起来带来的收益较多，所以土地的收益效用价值大，土地转让费也高，如火车站前的饭店与旅店比偏僻地区的饭店与旅店能够以更高的价格销售，即区位优势能带来更大的投资回报，因此，效用大带来了这些地区的土地的增值部分的价值大，拉动这一地区的整个价值较大，形成了北京的城市土地的不同的价格，以市中心为圆点，超过中心圆点多远距离，依次降价。以天安门广场为中心点，二环以内价格最高，其次是三环、四环、五环、六环等。郊区土地比市区内便宜，所以有城市居民到郊区购买房子，而自己市中心的房子租出去，获得“价格”、“价质”差。

反过来，由于市区中心的土地贵，又拉动了商品成本、费用增加，增加了这些地区的商品价格，比如同样的商品，在北京二环的商场上价格高于其他地区。

不仅在平面上，离市中心越远，土地价值越小，价格越低，从三维空间上看，也是以市中心的球体半径来划分效用及价值大小，如北京以天安门为球心的地下室及楼房的高层的土地费也因其效用大于偏远郊区，而价值较大。

反之，上述以外的地区，人口稀少，商品交易不活跃，带来的投资收益小，或者生活不方便，生活效用小，所以，土地的增值也低，价格较低，土地转让费也低，比如改革开放之初，深圳的外资企业大都设在“关外”，还有国内一些大学，也设在郊区，也是为了减少土地费的投入。

2. 资本要素及价值计算

资本是用货币表示的，用于投资当中，其价值就是资本取得时投入的成本价值加上资本带来的“收益总现值 TPV”价值。即：

资本的价值=资本购买价值+资本收益总现值 TPV 价值

资本购买价值，主要指使用资本支付的货币，如贷款利息等，而资本的“收益总现值 TPV”，则是资本投资带来的总剩余价值，取通货膨胀率或通货紧缩率作为折现率计算的结果。

一个企业花费较高的股利或利息筹措资金，必然会增加资本本身的基础价值，同样商品价格情况下，而会减少商品的利润剩余价值。

通常的资本主要是指货币资本，由于货币对于商品购买上的“无所不能性”，所以，各种货币以外的投资商品也构成资本的一部分。如通过土地作价入股，就是土地资本投资的一种表现形式，还有知识产权作价入股等。正是由于所有商品都可以换算为货币价值，所以，市场经济社会是“资本”统治下的社会，因此往往把“市场经济”与“资本主义”混为一谈。

3. 劳动要素及价值计算

"劳动要素"的价值是通过劳动者在工作岗位当中为商品生产经营所贡献的效用大小来体现的，也就是社会或企业认定的工资、福利的货币价格下的价值。如一个员工与企业签订了劳动合同，规定月薪3000元，则这个员工贡献的劳动价值就是3000元换算为价值单位的结果。

企业的各种不同岗位，工作方式各有不同，有体力劳动岗位，也有脑力劳动岗位，在劳动工资收入上有差别，体现了不同的劳动要素的价值。专业技术关键岗位、高层管理岗位，因其对企业的商品生产经营起到关键性作用，或工作难度较大，不可替代，工薪收入高些；反之，对于没有技术性的岗位，或普通员工，因其可替代性强，工资收入往往较少一些。要想多得到工资，就要提升自己的专业水平，包括学历或职称等。

尽管各种岗位不同，但是价值创造上具有同一性，就是通过工资收入来确认。效用大的岗位，创造的效用价值大，所以，收入也较高；反之，较低。大学生要实现自我价值，就要专业技术过硬，通过为企业创造岗位效用奉献价值获得高收入。在工作岗位上拿得起来、放得下。

作为一个劳动者，总是要通过一定的家庭扶养的成本价值投入而形成，并且通过一生的工作（或经营商品）的收入得到相应的收益总现值TPV。作为"劳动者"，从本质上来说，是一种"投资商品"，人们常说"钱是人挣的"体现的就是这一点。所以，劳动者的价值可以按投资商品的价值方法计算劳动者本身的价值。即：

劳动者的价值=劳动者参加工作之前的抚养及学习培训费+参加工作之后到退休为止的收益总现值TPV价值+退休后全部收入总现值TPV价值

作为TPV价值，可以是通过工资收入来实现，也可以通过自我经营企业来实现，但往往后者的多一些。

案例 2-2

## “自然人”与“机器人”价值对比

随着人类大脑的进化，科学技术不断发展，开始使用“机器人”取代“自然人”来进行生产。一些由自然人无法胜任的岗位，由机器人进行工作就游刃有余，在成本投入效用价值产出上也超过自然人。如使用机器人到海底探测，就不受时间限制，而且是一次性的投入，长期的产出，不用支付自然人的工资及福利等，长期看投入少，产出大。再如对于使用汽车、火车机器人运输取代人力拉车，二者带来的效用剩余价值无法对比。长期看，使用汽车、火车机器人运输，不用投入大量的工资福利费，带来的车票收入无比巨大，而使用人力拉车需要投入的工资、福利长期来看无比巨大，而产出的力的效应极小。这样，机器人所创造的剩余价值远大于自然人，而投入的要素成本往往是一次性的，所以，机器是先进生产力的杰出代表。当然，机器人是自然人大脑发明的，是人类通过大脑的劳动取代体力劳动带来的结果，从这一点上来说，科学技术是第一生产力，因为机器人能够创造出比自然人的体力所带来的更多的剩余价值。甚至近期美国提出全面实现“机器人”作战，取代人命伤亡，这是社会进步的表现。

从商品的买卖的等价交换上来看，只承认商品的价值结果，不承认价值的创造过程，所以，体力劳动者的劳动效用价值贡献往往很小，尽管很辛苦，比不了科技及机器人的效用价值贡献，由于永远的工资、福利支出，实际上投入也很大，要发展社会生产力，必须靠科学技术和先进的教育，这也是当今世界英美发达市场经济国家经济成功的实践所证明的了，只不过没有从价值的投入与产出的对比上加以有效论证而已。

由此可以想象，随着人类科技的进步，人类的生产更多地使用机器人，而自然人更多地将投入第三产业即服务业当中，享受更高级的生活质量。特别是当前各国养老服务，如提供电动轮椅等。实际上，这已经是目前日益明显的社会发展方向了。

作为劳动者，包括企业员工及企业家在内，由于其职工工资加福利的收入并不是一次性的，企业家的经营利润也不是一次性的回报，所以，劳动者的价值计算只能按投资商品价值加以评估计算，即评估日时的全部现有全部收入总价值加上预测未来的“收益总现值 NPV”价值。这样就能看出为什么高级人才价值大，这是由于高级人才在获得专业技术或能力时投入的成本价值大，如博士研究生和一个小学毕业生在专业技术上的投入价值不同，而且对于工作岗位带来的效用价值也不同。

对于股份制企业来说，资本是通过股权筹资而来的。股权筹资的作用在于以高于股本的收益率为企业带来利润剩余价值。这样，就是利用别人的资本为企业增加利润剩余价值。这是资本价值的原意。在现代市场经济社会中，企业的发展已经由传统的利润增加再投资实现发展转化为以资本的筹资为主实现快速爆炸式发展。这是因为，企业的利润往往收益率较低，一般 20% 左右就很好了，这样，企业投入很大的资金，才能回报一个很小的利润额。比如投入 1000 万元，按 20% 利润率，一年生产经营下来，才能得到 200 万元的利润剩余价值，这还是假定在社会及市场不发生重大变化情况下的结果，如果出现意外，则就更难说了。而如果通过向社会发行股票或债券等各种有价证券，则由于其筹资涉及全国范围，甚至是全世界范围，则能够在短期内筹集到庞大的资本金，以千万或亿元为单位来计量，这样，就可以通过规模经济效益实现快速增长。即一方面优化了的规模本身能够节省生产经营成本，带来一部分剩余价值；另一方面，由于商品销售量带来的利润规模也是相当之大的，比如一个亿元的资金投资的企业，资本金利润率为 10%，就是千万元的利润回报。而对于中小企业来说，无论如何是难以实现的。包括大企业及中小企业在内，其目标市场总是有限的，一般能够辐射到一个城市就不错了，如果通过发行股票、债券或基金等各种证券筹资的范围则是全国或全世界。尽管当代世界跨国公司较多，但对比一个国家繁若星辰的企业数量来说，还是很少的。

4. 科技要素及价值计算

狭义的科技，仅指科学技术，而科学技术以知识为基础，知识产生于原创，即知识产权派生出来的，所以，广义的科技是包括所有知识产权的，为此我们的知识产权价值评估来研究科技价值的评估问题。

知识产权，是基于作者的发明创造而形成的工业产权及版权，其中工业产权包括专利、商标、品牌等。

在知识经济时代的今天，几乎找不到没有专利技术或品牌的商品以及版权作品，这样，离开知识产权的投入，企业的商品生产经营就无法带来竞争优势，或少投入、多产出的剩余价值。

知识产权作为无形资产的一种投入到商品生产经营中来，成为生产要素构成之一，而且在未来的科技时代，主要是通过科技开发实现的社会生产力，知识产权的生产要素的作用显得越来越重要。知识产权推动下的未来社会经济完全可以实现“神话”般的社会。

知识产权投入商品生产经营时，首先要对知识产权进行全面实时价值评估，由于受传统的各种片面商品价值论影响，知识产权的价值评估始终是一个“谜”，因而束缚了知识产权的投资。为此，我们通过商品的全面价值观，给出知识产权的全面实时价值评估计算公式。即：

知识产权的价值=知识产权生产要素投入价值

+知识产权带来的“收益总现值TPV”价值

其中，生产要素投入，可以是自制开发时投入的成本、费用等，也可是购买价格以及相关的成本费用等，而作为知识产权的“收益总现值TPV”，则是知识产权的剩余价值或新增价值。包括内部直接的“收益总现值TPV”及外部“收益总现值TPV”两部分。

5. 企业家要素及价值计算

企业家是企业的经营者，是生产要素之一，没有企业家，企业无法实现对各种生产要素的调度，则剩余价值无法形成。另外，企业家又是其他各种生产要素的总调度者，其他各种生产要素是被动的，只有经过企业家的巧妙运作，才能带来少投入、多产出的剩余价值。

实质上，企业商品生产经营就是通过做市场、做资本，最终做价值。这一切都是由企业家的所作所为体现的，也是企业家的天职所在。

企业家是整个企业的各种资源的总调度，其他各种生产要素，包括职工（人）的要素及物的要素及科技要素等全部都在企业家的掌控之中，经过企业家对这些资源的综合起来的少投入、多产出，创造商品的剩余价值带来整个企业的剩余价值的增加，使企业得以生存与发展，所以，企业是企业家的化身。因此，也决定了企业家的使命，就是为企业的总资产的价值负有保值、增值的责任与义务，同时，企业资产的保值与增值是企业家“本身”的“效用”价值的体现，也就决定了企业家的年薪与报酬。

企业家的价值管理就是实现企业的任期目标内的总价值的保值与增值，而企业家的年薪与分成是从企业价值增值部分中分享的“一部分”成果，企业家本身也与其他生产要素一起成为企业创造剩余价值的机器，在股份制度社会里最终是为股东创造剩余价值的机器。如果企业没有实现保值或增值，则企业家的分配就会给企业最终是投资人带来经济损失。所以，要建立对企业家的定期实时考核机制，比如一个季度或一年的总价值或剩余价值指标，是对企业家考核，决定奖罚的硬指标，这也完全符合市场经济社会以劳动的“结果”分配“剩余价值”的基本原则。而企业家分配，不仅是个人的收入，而是关系到整个企业的所有员工的收入及对国家的贡献。所以，企业家的企业及社会责任是非常之大的。相应地对企业家的聘用及考核也构成整个企业的商品生产经营管理的关键所在了。

作为企业家对于企业的经营与管理，主要是体现在市场和资本的运作上，即根据市场商品需求，确定生产什么商品，生产多少商品，通过少投入、多产出，挤出一块商品利润剩余价值。对于企业的实时总价值、剩余价值变化情况，只有使用“全球经济一网通系统——企业总价值、剩余价值每日实时评估显示预测系统”实时监控下的过程管理来实现，这个软件系统如同企业管理的“方向盘”、“导航仪”或“测速仪”一样。所以，企业家对于企业的商品生产经营，只要眼睛时刻盯住市场，手中拿着这个管理软件就可以了，如同汽车司机看好路，手把方向盘一样。

那么，怎样对企业家的经营企业的业绩进行考核呢？这就是企业的总价值的保值、增值计算问题。

此前，由于缺少商品的全面价值论，所以，企业价值的保值、增值计算始终是无法解决的问题。导致一些国有企业亏损，而企业家拿到千万元年薪的现象，带来社会巨大负面影响。

现在我们有了“全球经济一网通系统——企业总价值、剩余价值每日实时评估显示预测系统”的使用，这个问题就迎刃而解，不但总价值、剩余价值准确计算，而且是实时计算，消除前评估或后评估的虚拟评估结果。

从企业的角度给出的企业家的价值判断是：

企业家的价值=企业家管理投入+企业收益总现值 TPV 百分比收入

企业家的收入，是通过企业家对企业商品生产经营的收益总现值 TPV 的贡献效用价值来体现的，由于收益总现值 TPV 是一个企业终身的总剩余价值，而作为企业家可能不是终身陪伴企业，所以，只能以每年为企业带来的保值、增值情况来确定，即从企业当年的总剩余价值中拿出一部分作为报偿，形成报偿与收入之间的一个正比例关系，如企业家每年为企业带来 1000 万元的剩余价值，按 10% 的比例，拿到 100 万元，是企业家对企业的各种生产要素综合调度带来的剩余价值分享的收入，与一般劳动者的岗位效用奉献得到的报偿在性质上是一样的。

而离开企业家对企业的资产的保值、增值给予的企业的年薪报偿，都是偏离企业家要素与企业之间的等价交换分配关系的。而在目前的国际社会中，由于缺少对于企业的年剩余价值的具体科学、合理的计算方法，所以，出现企业家报偿与企业经营成果脱离的现象，这是违背商品买卖的等价交换的基本原则的表现。给双方带来不公平。比如，没有贡献剩余价值，分配了高额的年薪，则企业亏损；反之，贡献了很大的剩余价值，结果没有拿到相应的报偿，则企业家亏损。

最后，不难看出，建立国际范围的企业家“价值管理”培训及《价值管理资格证》上岗制度对建设好世界企业、形成健康态国际经济社会，意义特别巨大深远。

## 第三节　企业商品生产经营统一价值规律

企业是构成整个社会商品经济的基本细胞之一，是商品生产经营的载体。每个企业都生产经营不同形式、不同种类、不同行业的商品。这些商品，从表面上来看，各有不同，但是，它们却存在着完全统一的全面实时价值及价值规律。

那么，这些不同行业、不同类型的企业的商品的生产经营过程中，是否存在完全相同的价值规律呢？同样是一个值得研究的问题。

如果有，怎样找到它就成为企业商品生产经营核心问题所在。只有找到这个全面统一实时的价值及价值规律，才能自觉按商品的全面实时价值及价值规律进行各种生产经营，带来资本价值的保值增值，才能从根本上保障企业商品生产经营的成功。否则，一切背离商品的全面统一实时价值的价值规律的企业商品生产经营，都注定会遇到各种风险。

为此，本节我们在给出所有企业全面统一实时的价值规律的函数解析式基础上，再通过“全球经济一网通系统——企业总价值、剩余价值每日实时评估显示预测系统”来实时观测到，并以此为“方向盘”，进行企业的计划、组织、领导、沟通、协调、控制、考核、激励等管理活动，从而从根本上保障了企业时刻按商品的全面统一实时的价值规律进行生产经营，保障投资资本的安全性以及实现预期的剩余价值目标。

## 一、企业生产函数

根据“全面价值论”观点，企业的商品生产经营是一个土地、资本、劳动、科技及企业家投入形成商品的过程。其中生产要素为“自变量”，商品效用产出是“因变量”，这样，企业的商品生产经营就是生产要素成本投入加上利润效用产出的过程。因此，企业的商品生产经营实质是一个生产要素投入与商品效用产出的函数问题。

由于生产要素是多方面的，彼此不可相互替代，所以，研究企业的生产函数，就要研究全部生产要素的多元函数的生产函数，不能只研究一种或两种要素为自变量的一元或二元函数，所以，作为经济学研究商品生产问题时，就要把只有劳动为自变量的生产函数或只以劳动加资本的两种生产要素的生产函数，推广到全部生产要素为自变量的生产函数。而且这个多元函数也不能是“距离空间”中的函数，而应当是属于经济本质及规律本身所在的 Tianhua 空间中的多元函数。即

$$Q=f（t、z、l、k、q\cdots\cdots）$$

其中，$Q$ 表示商品，$t$、$z$、$l$、$k$、$g$ 表示生产要素，$f$ 是函数关系，体现的是企业商品生产经营过程中的价值规律。关于 Tianhua 空间概念可参看《高等经济学》（周天华著．国际价值出版社 2013 版）详细介绍。

## 二、商品生产经营过程中的投入产出率

企业的商品生产经营过程是一个生产要素转化为资产投入形成商品利润或亏损的过程，或者说是通过资产的滚动投入来实现的。那么，一定量

的资产能够带来多少利润剩余价值，则是体现了企业资产使用的效率，即资产投入产出率。为此我们给出企业商品生产经营的投入产出率计算公式：

企业资产投入产出率＝利润总额/资产总额×100%

显然，当企业投入的分母上的资产总额确定以后，分子上的利润越多，投入产出率越高，说明企业资产利用的程度越高，即经营管理的经济效益越好。反之，如果分子的利润总额越小，表示同样的资产的投入，回报的利润越小，资产利用效率低，表明企业经营管理的经济效益差。

注意：企业资产投入产出率当中的资产，不只是固定资产，而且还包括流动资金，是这二者共同作用的结果，其中也包括固定资产与流动资产的合理比例带来的结果。

对于企业固定资产与流动资产的合理比例，根据行业生产性质不同而有所不同，需要具体情况具体分析。

企业资产投入产出率反映了一个企业总价值中有多少比例是投入价值，有多少比例是新增剩余价值。这就是“全面价值论”的理论对称之美。

如某企业的资产总额为 200 万 Tianhua，年总利润为 30 万 Tianhua，则该企业的投入产出率是 30/200＝15%，即表明企业每投入 100Tianhua 价值，就能新生出 15Tianhua 剩余价值。而企业的总价值是 200＋30＝230 万 Tianhua。

如果分子的利润总额是负数，则该比率也是负数，表示企业的资产回报是亏损的，带来企业的总价值的贬值。而如果为正数，则表示企业资产带来的利润，投资是盈利的。

总之，企业的资产投入产出率体现了企业生产的总效率。对于盈利，有各种原因，如商品市场供小于求、销售利润率高、市场占有率高、垄断性强、现代企业制度建设、国家宏观经济调控政策等，而如果亏损，则各有各的不同原因。

## 三、企业商品生产经营统一价值规律

企业商品生产经营统一价值规律，就是随企业商品的投入与产出的变化带来的企业总价值、剩余价值变化的规律。可用“全球经济一网通系统——企业总价值、剩余价值每日实时评估预测显示系统”实时显示出来。

下面我们给出企业总价值的变化规律曲线变化的内在原因，从中找到企业总价值上升、平稳或下降的原因所在。我们指出，形成企业总价值变化方向的内在因素仍然是投入、产出率。而对于剩余价值变化曲线的变化规律原理上与此相同。

为了研究企业总价值变化规律，我们需要先给出商品的价值函数。

设商品的价值产出为 $Y$，商品的价值投入为 $C$，投入产出的规律为 $f$，则商品的价值规律的函数为：

$$Y=f(C)$$

其中，$C$ 是“自变量”，包括生产要素的土地、资本、劳动、科技、企业家等生产要素的成本投入价值，$f$ 是变化规律，即价值形成规律，是企业家对生产要素综合调度的运作方式，如前期生产决策分析、项目建设、企业生产经营过程中对于战略决策、人、财、物、产、供、销等多种资源的综合调度方式、生产要素均衡使用等，$Y$ 是“因变量”，是由 $C$ 和 $f$ 决定的结果。亦即同样的生产要素投入，经过不同的企业家的不同艺术再造，产生不同的商品的价值结果。

由于商品生产经营过程中变化规律 $f$ 的多样性，同样的生产要素投入，在企业家不同的运作方式下，形成不同的函数关系，便会产生不同的商品价值及剩余价值，使企业生产同一种商品时带来不同的价值及剩余价值结果，即同一行业生产同一种商品的成本及利润各不相同，表现出价格有所不同。

现在我们先来讨论一下型如 $Y=KC$ 的商品生产价值函数。其中 k 是一个常数，根据 K 的取值情况可以判断出企业商品的生产效率。

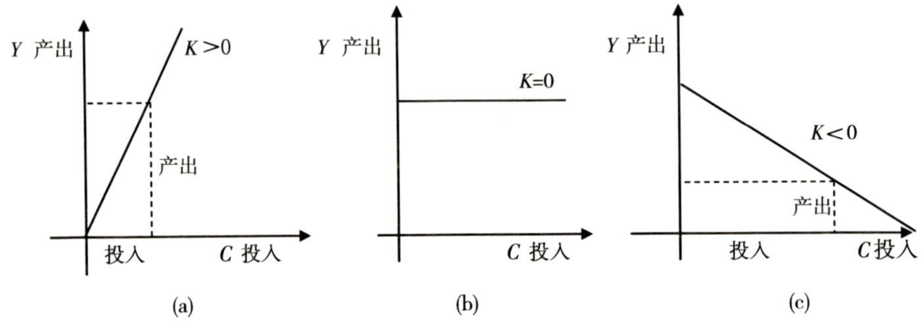


**图 2-1　商品价值中的投入与产出**

如图 2-1 所示，设 $|产出/投入|-1=K$，$K$ 是直线的斜率，它的大小决定了直线的倾斜度。根据数学知识，斜率大小，决定了直线的倾斜程度，也决定了函数曲线各点的变化方向。这样，形成了随投入产出变化带来的 $K$ 的斜率变化，以及形成直线的倾斜程度不同，决定了函数曲线的变化态势。

实际上，作为企业日常生产经营来说，总是要在一定的固定资产支持下进行商品生产经营，固定资产以其每年折旧投入商品生产经营，而在日常生产过程中是通过流动资金形成的生产，这样，就形成以流动资金为自变量，以固定资产为常数的投入产出关系。因此，企业的日常商品生产经营过程形成下面的函数关系，并且这个函数关系中的 $f$ 就是规律，$f$ 由 $K$ 决定，即

$$y=kx+b$$

其中，

$y$ 表示商品的价值；

$k$ 表示商品的投入产出率，$K=|产出/投入|-1$；

$x$ 表示变动成本；

$b$ 表示固定成本。

（1）当产出大于投入时，图 2-1 中（a）所示，$k$ 大于 0，直线陡峻上升，拉动总价值曲线上升，体现企业价值增值。

（2）当产出等于投入时，$k$ 等于零，图 2-1 中（b）所示，直线呈现于水平方向，是总价值曲线的拐点的切线，也就是总价值曲线的最高点或最低点。

（3）当产出小于投入时，图 2-1（c）所示，$k$ 小于零，是第二象限的角，这时的切线拉动总价值曲线下降，因为产出小于投入，企业效益不好的缘故。

这样，随企业的总投入、总产出的变化对比带来的投入产出率的斜率变化以及由投入产出率的斜率的切线的变化规定出的总价值曲线的形成的上升、水平或下降的变化趋势。如图 2-2 所示。

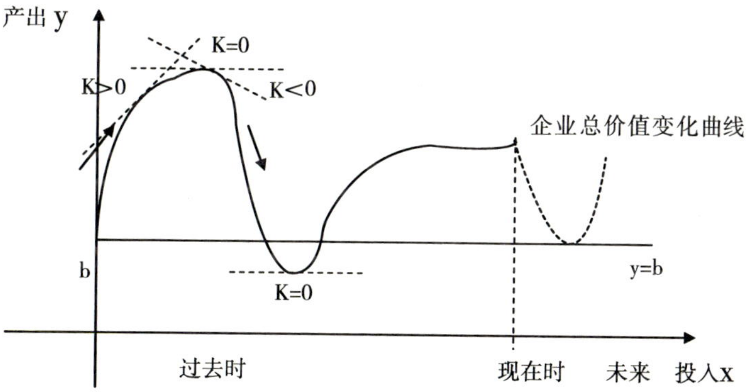


**图 2-2 企业总价值曲线**

从图 2-2 中不难看出，y=b 表示企业固定资产曲线，企业总价值曲线是一条随投入产出变化而变化的波动曲线，y=b 直线的上下方运动，曲线位于 y=b 之上时，表明企业的总价值大于固定资产“增值”。曲线与 y=b 相交的点，表示企业总价值“保值”，曲线位于 y=b 之下时，表明企业总价值“贬值”。企业“增值”部分一般为销售净利润带来的，“贬值”也是销售亏损带来的。

从中也不难看出，不管什么企业，尽管生产经营的商品可能不同，但是都是在做“价值”、做“数字”。从中能感受到价值经济管理之美。

最后，企业的总产出以及总投入，是通过企业的收益部门和投入部门运营的结果。

企业的收益中心，也称利润中心，包括销售部门和财务部门等。而企业的成本中心，包人事、财务、物质、生产、供应部门等，可见，企业的财务部门同时兼有成本与利润两个中心的职能，体现在财务融资时是成本中心，而作为证券投资收益时，又是利润中心。

企业两个中心的各部门关系如图 2-3 所示。

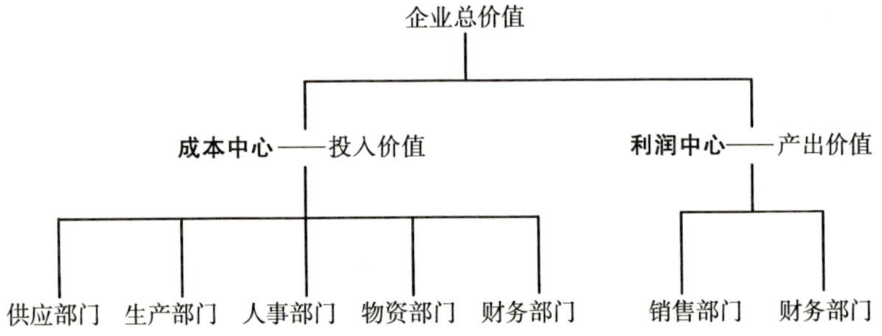


**图 2-3　企业总价值示意图**

作为整个企业的这两条总价值曲线也是各部门类似的这两条曲线叠加的结果。

这样“企业实时价值管理系统”就成了整个企业管理的价值管理的方向盘、测速仪、计算机全面导航仪。

## 第四节　企业商品生产经营过程中价值形成

企业组织投放生产要素，进行商品生产经营的过程，形成了企业生产经营与管理。

企业生产经营与管理是企业一切活动的重心所在。

所谓企业的生产经营体现的是一个企业作为一个整体与外界市场与社会等发生的互动关系。

企业的经营问题，实际就是一个“市场”的问题，有了商品的市场占有率，有了商品的品牌，通过商品的销售实现利润，获得企业的生存与发展。为此，企业要以市场为导向，以利润为中心进行各种商品的市场策划，包括前期的项目投资决策策划、项目建设及企业生产经营全过程，是通过股东大会及日常的董事会决策来实现的。

企业的经营管理，是企业内部运行过程，通过“制度”加“人性化”相结合的一手硬、一手软的办法，实现企业的商品经营目标，具体通过总经理为代表的企业家团队来实现的，即企业日常工作中的计划、组织、领导沟通、协调、控制、考核、激励等都是具体的管理操作。

企业的生产管理过程是企业商品的成本价值形成过程，是决定商品的利润剩余价值的直接重要因素。在相同的市场情况下，企业商品利润高低与盈亏取决于管理。

经营与管理的关系，在市场经济社会“买方市场”条件下，即一切商品只有销售不出去的，没有生产不出来的情况下，企业的成败取决于经营，经营在先。在社会市场“卖方市场”条件下，即一切商品只有生产不出来的，没有卖不出去的情况下，企业的成败取决于生产能力，比如在战争之后，一片废墟，只需要提供商品就可以了，这时，生产在先。

企业资产价值转化及商品剩余价值形成过程可通过以下方面来实现。

一是通过企业的生产与经营，使企业的（全部）“资产”价值转化为商品的“成本”价值。

二是通过商品销售“价格”，使资产的成本价值得到补偿并且通过增加的利润带来剩余价值。

三是通过商品成本价值的价格补偿，实现企业的“资产”到“商品”的转化，通过商品到货币的转化实现企业的资本金的剩余价值的增加。

四是通过商品的价格利润的剩余价值的实现，增加了企业整体的价值。

五是在企业的整个利润的剩余价值没有分配的情况下，企业增加了会计核算上的“所有者权益”，并且企业得到了发展。

六是企业通过对外投资获得的利润，增加了企业会计核算上的“投资收益”，所得到的这些“投资收益”如果继续用于生产经营当中，使整个企业的价值得到增加，壮大了企业的经济实力。作为其他经济主体，通过企业利润的分成，实现了投资者的资本金的价值增值，并且可以用于其他方面的投资或消费。增加利润的剩余价值分配，增加了投资者的自主投资决策权力；多保留企业的利润，使企业的整个价值得到提升，增加了企业家的决策权力。所以企业家与股东之间经常在利润分配上意见不会一致，实质是背后的利益的矛盾的结果，而正确的利润分成比例应当建立在商品的市场销售前景分析判断之上。如果商品处于市场的生命周期的最佳阶段，如“上升期”或“成熟期”，则应当少分配利润，以便获得更大的剩余价值。反之，当商品处于“衰退期”则多分配利润，以减少再投资风险；而处于“形成期”的商品，则要根据经营结果及未来预测，审时度势来决定。

现在，我们概括一下企业生产经营过程中的价值升值原理。

为了使问题简单化，我们先从一个小商贩的经营过程谈起。比如一个韭菜商贩，早晨花了 100 元购进韭菜，卖了一天，晚上一算账，收回了 150 元，则这个投资资本金增加了 50 元，就实现了投资资本金价值增值；反之，如果收回了 80 元，则资本金的价值贬值了。

这个韭菜商贩的资本金增值，是一个成本加利润的货币价格增加带来的结果，实际是投入加效用的剩余价值，而不只是生产要素的某一种要素投入的结果。

对于所有企业，商品剩余价值都是通过对于生产要素的全面投入形成商品，并且通过商品的利润实现剩余价值的，与这个例子相比只是规模及内部管理复杂程度较大而已。

在市场经济社会的长期的买方市场情况下，企业是以销定产的，需要先进行市场调查与预测，进行项目投资决策评估分析；当确定投资某项目后，企业就有了胚胎；经营建设阶段后，进入经营；在建设之前，要购买土地，支付土地费或租金；当进入生产经营阶段，要购买原料，要通过贷款支付利息或吸股支付股利等，再大量招聘员工支付工资及各种福利，购买或自制科技费用，招聘企业家支付年薪等，形成企业的人、财、物、产、供、销等各种资源，并通过企业家为首的管理层进行计划、组织、领导、控制、协调、考核、激励等生产出来各种商品。如果销售价格大于全部生产要素投入的产品成本加上期间费用及税金全部支出，则价格与这个全部投入的成本、费用、税金的差，就形成商品利润。企业所有的商品利润之和，带来了企业原始的投资资本金的价值增值。如果企业商品出现投入大于产出的亏损情况，结果带来企业本身的价值贬值。

实体企业的生产经营过程是把原始资本价值通过生产要素购买，把生产要素价值转化为人、财、物、产、供、销资源再通过以企业家为首的管理层的管理最终形成商品，并通过商品销售的盈亏带来企业本身价值的盈亏。即原始资本金的价值增值或贬值，这一结果是企业家的作品。如图 2-4 所示。

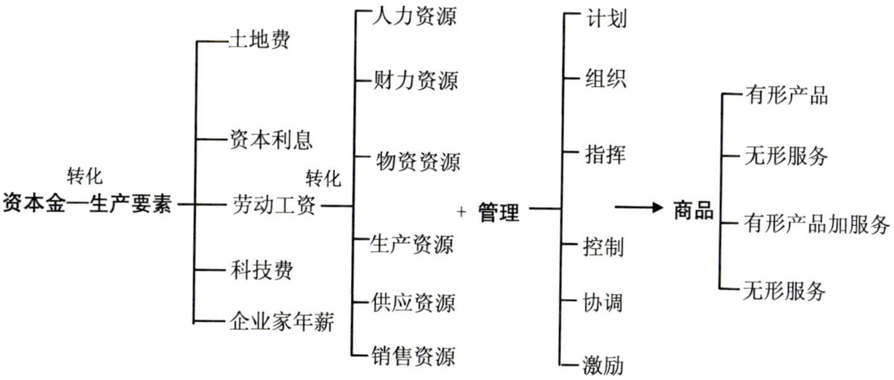


**图 2-4　实体企业商品生产经营过程**

我们对前面关于企业的内容作以概要总结。作为市场经济社会条件下的企业，生产的商品可能是多种形式的，如各种有形产品、各种无形服务及各种有形产品加无形服务，不能一一列举，但是，这些不同形式的商品的生产经营本质是一样的，是资金流带动下的商品流，资金流通过商品流“中介”实现价值增值或贬值。从表面上看，企业是做“商品流”，实际上都是做“资金流”，而资金是货币表示的流动的价值。所以，可以从一切企业生产经营中抽象出资金流模型，也就是价值流模型，这个模型称为“企业商品价值统一模型”，如图2-2所示。可通过建立“价值实验室”实验课直观看到。也就是平时我们所能看到的社会上的各种企业生产过程中的商品价值及剩余价值形成过程。

## 一、企业产量最大化

企业要实现产量最大化，首先就要使各种生产要素投入均衡合理，既不能只有一种要素，也不能各种要素平均分配，而要根据商品生产特点需要，对各种生产要素做到合理调配，实现资源的少投入、多产出，这就是所谓的“生产者均衡”问题。此外，还必须建立在适应市场商品需求缺口及商品生产特点的适度规模之上，也就是要满足产量最大化的条件，既不能规模过大，超出市场需求，也不能过小，带来要素成本投入的浪费，因为对于小企业来说，麻雀虽小，五脏俱全。过小的规模带来单位商品平均成本的过大，最后也没有利润的剩余价值形成，失去企业化生产的作用。值得指出的是，生产者均衡并不能只是一种或两种生产要素的均衡，而应当是全部生产要素的生产者均衡，这如同木桶原理，如果一个木桶其他的木板都很高，只有一块木板很短，则整个木桶只能装最短木块的水，其他长的木板作用没有发挥出来，形成资源浪费。企业生产也一样，只有一种或几种生产要素均衡，而不是全部要素发挥作用，则其他要素的均衡也失去了组合的意义。比如，只有其他要素的均衡，没有企业家要素与之配合，则其他要素也是一盘散沙，无法发挥作用。所以，所谓生产者均衡问题，中心问题强调的是全部要素的综合平衡，才能发挥生产要素的组合作用，各种生产要素之间的关系是 1+1+1+……>$n$×1 的关系，而不是 1+1+1……=1 的关系。

在进行生产要素组合时，不但要考虑到要素之间的相互科学合理搭配，还要考虑到企业所拥有的资本、财力、物力等情况，怎样做到在现有的财力、物力等有限资源的条件下，最大限度地进行科学合理搭配，这是企业家的艺术加工的结果，也是企业家要素效用价值的体现。

企业产量最大化，指企业各种要素得到充分有效发挥，各种要素匹配均衡组合后的产量。也就是各种生产要素均衡使用时的产量。

对于企业有限的各种生产要素资源，可以进行各种不同的搭配组合进行生产 ，比如在可以做到的情况下，对于土地、劳动、资本及科技等要素多用其中的哪一种，少用哪一种，不同的组合方式，生产的结果带来的成本及利润有所不同。如何在同样的资源下多产出商品的利润的剩余价值，或同样的商品的剩余价值结果情况下，如何最大限度地节约生产要素等资源的投入，就是经济学上的所谓的“生产者均衡”问题。

设土地、资本、劳动、科技、企业家等多种生产要素组合的集合为 $Q$，企业的资金成本集合为 $C$，则企业的多种生产要素的生产者均衡的条件为：

$$Q \cup C = C \text{ 或 } Q \cup C = Q$$

如图 2–5 所示。

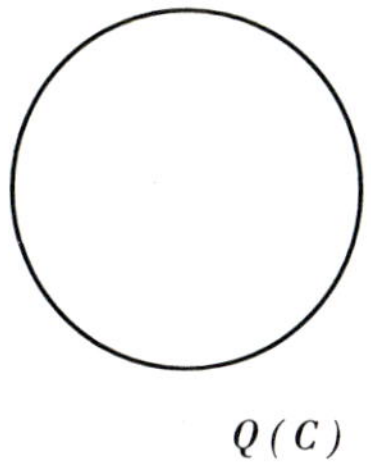


图 2–5 多种要素情况下的生产者均衡

如某企业现有资本成本 $C$=242 万元，购买各种生产要素组合如下式所示。

$Q$=土地费 20 亩×1000 元/亩+支付劳动者工资及福利 200 万元+科技费 10 万元+企业家年薪 30 万元=242 万元

此时，$Q=C=242$ 万元

即实现生产均衡，通过这些要素的组合后购买所需要的资本金与所有支付的资本金恰好相等。既达到了生产要素的优化组合，又有资本金保障能力，也没有剩余的资本金闲置。

除此以外，如果：

$$Q \cap C = Q$$

此时即 $Q \subset C$，即要素组合的总价格小于资本金支付能力，说明资本金会有剩余，剩余量就是 $C-Q$ 的差，或集合 $Q$ 的余集部分，并没有实现最大限度地发挥资本金的增值作用，如图 2-6 中的集合 $C$ 的元素减去集合 $Q$ 的元素以外的部分，即阴影部分为资本金剩余部分。

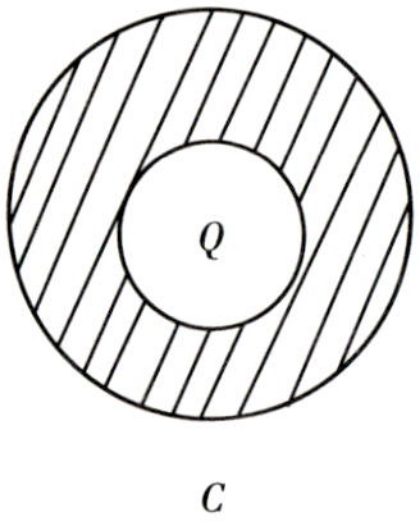


图 2-6　要素组合资本金有剩余

例如，对于企业同样的 242 万元的资本金要素购买能力，如 $Q$=土地费 10 亩×1000 元/亩+支付劳动者工资福利费 100 万元+科技费 5 万元+企业家年薪 30 万元=136 万元，则资本金没有达到 242 万元，还有剩余部分，资本金的剩余量为 242−136=106 万元。

如果：

$$Q \cap C = C$$

即 $C \subset Q$，此时表示要素组合的结果超过资本金的支付能力，超过部分为$C-Q$ 结果，即图 2-7 中的集合 $Q$ 的元素减去集合 $C$ 的元素的剩余部分，或集合 $C$ 的余集部分，即阴影部分。

例如，该企业的生产要素组合形式为：$Q=50$ 亩×1000 元/亩+劳动工资福利费 200 万元+科技费 50 万元+企业家年薪 50 万元=305 万元，则对于已经有的固定的资本金 242 万元显然是不够了。缺口量为 305-242=63 万元，说明超过了现有的能力所进行的要素组合，难以实现。

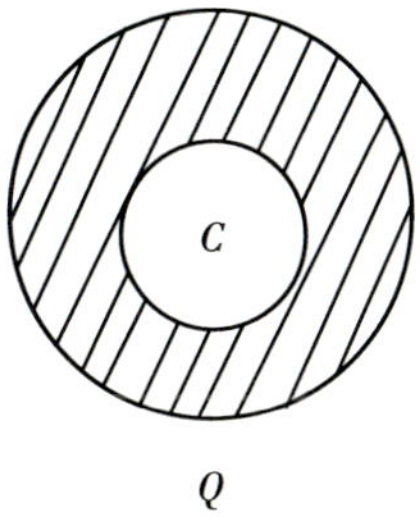


**图 2-7　多种要素情况下的资金成本不足**

还要特别说明的是，无论企业怎样进行生产要素的组合，总是在有限的范围内进行，这种组合是有限度的，只是在可允许的范围内进行，超过限度就会出现错误，如全部使用资本，而不使用土地，则无法进行生产，或者全用劳动，不用资本也无法进行生产，只有在各种生产要素可以取代的情况下，上面的理论才有应用价值。如作为一弹簧生产企业，可以多使用人工生产，少使用机器资本生产，也可以多用机器资本生产，少用人工生产，在这种情况下方可使用上述的理论，但不能组合成不用土地或不用企业家来生产，这种组合前提就是背离实际的。也就是各种生产要素在实际上可以替代时，才能使用生产者均衡理论。

在企业的经营管理实践中，是难以找出一个对于各种生产要素的组合及满足有限资金的充分利用的精确模型，只能根据不同行业、不同规模的企业的经验数据来参考得出。如对于高科技行业企业，文化、教育、科技企业可能更多地使用“科技”要素，其他要素可能少一些，不需要大量的劳动力或土地等，一般几十人规模就可以了。对于房地产和汽车业企业，由于是资本和科技及劳动密集型企业，所以要更多地使用资本、科技和劳动要素，而对于农业产业集团，则需要更多地使用土地生产要素。还有从一、二、三产业来划分，对于第一产业，可能更多地使用资本和科技要素或劳动要素，对于第二产业则各种要素比例比较均匀，对于第三产业更多的是使用劳动要素，提供生产服务或文化服务等。当然，这些也都是大致的划分结果，不能一概而论了。

不论两种要素还是多种要素的生产者均衡，无非体现在两方面上，一是同样的成本投入的情况下，产出的效用最大化；或者同样的商品的效用的产出，使用的生产要素的成本的最小化，最终是为了获取商品的利润的剩余价值的最大化。这是企业作为“经济人”“自我利益最大化”在商品生产经营上的本质体现。

对于多种要素下的生产者均衡，我们还可以通过要素数列极限的方法加以实证分析。通过这种实证分析，我们可以找到适度要素配置量的变化范围。

对于商品生产经营来说，并不是只使用某一种生产要素就可以的，而且各种生产要素之间也并不能相互替代，如不能使用土地取代劳动，也不能用劳动取代资本，或也不能用资本取代企业家等。根据生产要素使用上的“木桶原理”，最少的要素量决定总产量，这就要求各种生产要素的数量要有机搭配。即各种生产要素的数量都达到最优数量时，实现要素总平衡。设土地要素的适度使用量为 $A$， 数列为 $X_l$，资本的要素适度使用量为 $B$，数列为 $X_Z$；劳动要素的使用量为 $C$，数列为 $X_L$；科技的使用量为 $D$，数列为 $X_K$，则整个企业生产经营要素的最佳的组合生产者均衡条件为：

$$\lim X_l = A$$

$$\lim X_Z = B$$

$$\lim X_L = C$$

$$\lim X_K = D$$

且满足

$$A \cap B \cap C \cap D = \emptyset$$

即各种要素集合之交集都是空集。即各要素不能相互取代。

$$A \cup B \cup C \cup D = \text{规模总投资}$$

即各种生产要素集合之并集等于总规模的总投资。

对于 $\lim X_l = A$，可以通过解不等式 $|X_l - A| < \varepsilon$ 即

$$A - \varepsilon < X_l < A + \varepsilon$$

要想找到离 $A$ 的点越近的要素数量，只需要将 $\varepsilon$ 取得很小就可以了。

同样的，对于 $\lim X_Z = B$，可以通过解不等式 $|X_Z - B| < \varepsilon$ 即

$$B - \varepsilon < X_Z < B + \varepsilon$$

要想找到离 $B$ 的点越近的要素数量，只需要将 $\varepsilon$ 取得很小就可以了。

对于 $\lim X_L = C$，可以通过解不等式 $|X_L - C| < \varepsilon$ 即

$$C - \varepsilon < X_L < C + \varepsilon$$

要想找到离 $C$ 的点越近的要素数量，只需要将 $\varepsilon$ 取得很小就可以了。

对于 $\lim X_K = D$，可以通过解不等式 $|X_K - D| < \varepsilon$ 即

$$D - \varepsilon < X_K < D + \varepsilon$$

要想找到离 $D$ 的点越近的要素数量，只需要将 $\varepsilon$ 取得很小就可以了。

如某企业的劳动需求的数列为 $X_L = 1, 2, 3, 4\cdots\cdots$，适度的劳动需求量为 20，则可以通过解不等式

$$20 - \varepsilon < X_L < 20 + \varepsilon$$

要想使生产要素适当数量的极限相差为 1，则只需要取

$$20 - 1 < X_L < 20 + 1$$

$$19 < X_L < 21$$

这也很显然，最适当的劳动要素的需求量为 20，只有充分接近 20 的数，即大于 19 小于 21，才是最接近适当数的劳动数。类似的，取 $\varepsilon = 2$ 或更大的数，即误差要求较小，则所计算出来的劳动力调配的数量区间也较

大。误差也就较大，这样，通过计算极限，就可以按要求的精确度确定劳动的数量区间。

对于其他的要素也可以类似的进行要素搭配。最终当每种要素都达到最适度的数量时，各种生产要素的使用就是不多不少，且没有相互取代的情况。

企业商品产量最大化实现条件：

企业商品生产剩余价值最大化是企业一切生产经营活动的根本目标。那么，企业在什么条件下能够实现剩余价值最大化呢？我们使用 Tianhua“无距离”空间函数的最大值来得出结论。

只有每一种生产要素带来的总产量最大化，综合起来的总产量才能最大化，而每一种生产要素的产量是每一种要素的投入成本函数，所以，要想使各种生产要素综合投入带来的总产量最大化，就要找出每一种生产要素产量的最大化。这样，就把 Tianhua“无距离”空间中的多元生产函数的总产量最大化问题分解为一元生产函数的产量最大化问题。在操作上，可分为以下几步：第一步，分别计算每种生产要素的产量化最大值；第二步，把每种要素投资带来的产量最大化值加权平均，这样所得到的结果就是整个企业生产经营的产量最大化值。而如果能够计算出每种要素投入的极小值，把所有这些极小值加在一起，则得到多种要素投入的综合总产量的极小值。而整个企业多种要素投入的生产经营的总产量就在最小值与最大值之间。这样，企业的生产效率就变成可测度的了。

**定义：**

设 Tianhua“无距离”空间中各种要素的一元函数分别为 $Q=f(t)$、$Y=f(z)$、$Q=f(l)$、$Q=f(k)$、$Q=f(q)$。

式中，$Q$ 表示产量，$t$、$z$、$l$、$k$、$q$ 分别表示土地、资本、劳动、科技、企业家。

$Q=f(t)$ 产出的最大值是 $A$

$Q=f(z)$ 产出的最大值是 $B$

$Q=f(l)$ 产出的最大值是 $C$

$Q=f(k)$ 产出的最大值是 $D$

$Q=f(q)$ 产出的最大值是 $E$

则 $A+B+C+D+E$ 就是多元生产函数 $Q=f(t, z, l, k, q\cdots\cdots)$ 的最大值，即总产出的最大值。

例如，某企业生产棉纱，土地的一元函数的产出的最大值为300Tianhua；

资本的一元函数产出的最大值为500Tianhua；

劳动的一元函数产出的最大值为400Tianhua；

科技的一元函数产出的最大值为100Tianhua；

企业家对生产要素均衡使用综合贡献最大值为50Tianhua。

则总产出最大值为300+500+400+100+50＝1350Tianhua。

如果找到每种要素投入的一元函数的最小值，相加以后得到的结果就是企业产量的最小值，整个企业的产量就在这个最大值和最小值之间。越接近最大值，效率越高，越接近最小值效率越低。

而这一切实现的条件是生产要素的均衡使用及综合配套上。

## 二、企业剩余价值最大化

企业商品剩余价值形成如图 2-8 所示。

1. 商品的剩余价值由生产要素投入与销售利润两部分决定，即生产要素投入成本投入越少，销售利润越大，剩余越大。所以，对于商品的剩余价值主要从要素投入与市场利润两方面考虑。

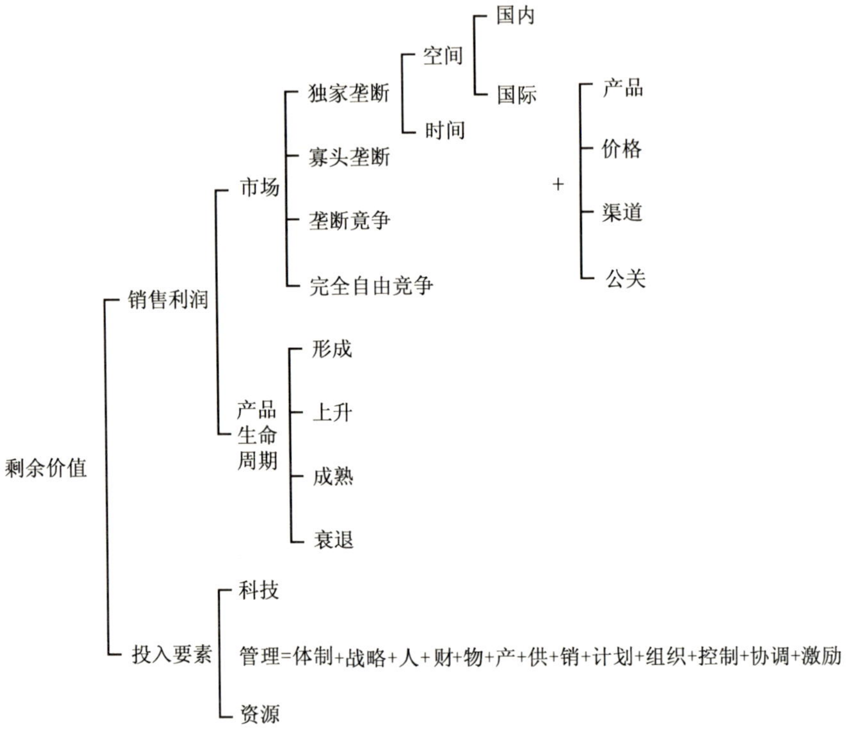


**图 2-8　商品剩余价值形成原理**

2. 销售利润主要来自对市场与产品生命周期的把握。

对于企业来说，最有利的市场是独家垄断市场，这个市场商品的价格由企业自己确定，所以，利润额较大，如微软公司的 Windows 系统，成为世界范围内独家垄断产品。独家垄断的范围越大，目标市场越大，带来企业规模最大化，使总利润额增加更大。

目标市场与垄断性市场成反比，即目标市场越大，垄断性越小，这样，只有世界领先的技术成果商品，才能做到这一点。再就是时间问题，短期内容易独家垄断，而时间越长，由于技术越加普及，独家垄断的程度变小。如一些电子产品，大部分是在短期内垄断性较强。

次于独家垄断的市场是寡头垄断市场，这时，商品目标市场就由几个巨头来分享，容易形成卡特尔。再次是竞争垄断市场。最后才是完全自由竞争的市场，商品随时可进出，此时，只有以“量”取胜，否则，利润难取。

在解决市场问题之后，要进行产品、价格、渠道及促销的营销组合。

对于产品的生命周期来说，取在“上升期”与“成熟期”最好，风险小，利润平稳，容易实现长期中利润最大化。

总之，市场及产品生命周期能够带来商品的销售利润。

较好的销售业绩体现在商品能够超过平均利润的价格出售，这时就能获得销售上的超额利润。

而投入生产要素，就是商品成本费用的节省。在商品销售价格固定的情况下，生产要素投入的成本、费用及税越少，则越容易获得利润剩余价值，当以低于某种商品的平均成本、费用及税投入时，就能获得成本节省带来的超额利润。而要做到这一点，就要从商品的科技性、差异化入手，并且在优化企业体制的前提下，从战略入手，对人、财、物、产、供、销综合调度，通过计划、组织、控制、协调考核和激励来实现。最后要考虑到资源利用的持续性等。

显然，企业产量的最大化不等于企业利润最大化，二者是两个概念，市场经济社会与计划经济社会企业的利润不同，反映的是企业生产经营效益的不同。

衡量企业经营成果的是货币价值的增值，而不能简单使用利润来判断。因为纸币货币年代，长期受通货膨胀或通货紧缩影响，货币价值经常偏离实际价值，所以，当遇到通货膨胀时，即使没有价值增值，也可能带来价格上涨，形成利润增加，但实际价值并没有增加。

企业商品生产经营过程中钱与商品的相互转换过程是交叉进行的。要知道企业实现的商品剩余价值具体数量，只能是在某一点上的会计核算结果。

企业剩余价值形成并不只是在商品形成之后形成的，而是在商品生产经营过程中一点一滴要素投入的成本节省及商品市场销售的价格利润的基础上形成的，从企业生产经营各个环节上来看的商品生产剩余价值形成，体现在以下各个过程与方面上。

即：

项目决策成本与决策收益带来的剩余价值，设为 $A$；

项目建设成本与建设收益带来的剩余价值，设为 $B$；

企业战略成本与战略收益带来的剩余价值，设为 $C$；

企业人事成本与人事收益带来的剩余价值，设为 $D$；

企业财务成本与财务收益带来的剩余价值，设为 $E$；

企业生产成本与生产收益带来的剩余价值，设为 $F$；

企业供应成本与供应收益带来的剩余价值，设为 $G$；

企业销售成本与销售收益带来的剩余价值，设为 $H$；

企业关系成本与关系收益带来的剩余价值，设为 $L$；

企业其他成本与其他收益带来的剩余价值，设为 $M$。

则：

$$\text{企业商品总剩余价值 } K=A+B+C+D+E+F+G+H+L+M$$

从这些过程中可以看出，一个成功企业总也离不开对外抓市场，对内抓管理，以市场为导向，以管理效益，企业通过制度化进行规范，如同社会法律规范社会一样。

最后，为了具体测度商品的投入与产出形成的剩余价值结果，我们给出商品的剩余价值率概念。

由于商品的剩余价值是商品价格利润的价值，所以，可以通过商品利润率来定义商品的剩余价值率。

定义：商品的剩余价值率就是投入产出率，用货币表示就是企业“利润率”

相应地，可以定义商品的平均剩余价值率、商品的行业平均剩余价值率等概念。

商品平均剩余价值率，就是某类商品的平均投入产出率。

行业平均剩余价值率，就是一个行业商品的平均投入产出率。

商品的剩余价值率是企业一切投资及生产经营的全部效率的集中体现，是企业家生产经营能力的体现。如某商品按成本加成法计算出来的利润率是 10%，则商品的剩余价值率就是 10%，表明商品的投入价值与产出价值之比是 10%，即 100 份的生产要素投入获得了 10 份的利润的剩余价值。商品的剩余价值率，是整个商品的全部生产要素综合作用的结果。是各种要素剩余价值率贡献之和。

一般情况下，为了防范经营风险或延长企业的寿命需要，都实行“一元为主，多元发展”的商品生产经营战略，在这种情况下，如何知道某种商品整个企业的年剩余价值贡献大小，就要分别计算各种商品的剩余价值占总剩余价值的比率。计算方法如下：

$$\text{某商品的剩余价值贡献率} = \frac{\text{该商品的剩余价值量}}{\text{企业总剩余价值量}} \times 100\%$$

这样得出某种商品的剩余价值贡献率，可以根据各种商品剩余价值率的排位来确定企业的商品种类的排位，排在最前面的商品，则是重点扩大生产的商品，越排在后面的商品，生产比例就越小，每年排位一次，不断调整各种商品的生产比例，能使企业经常处于商品生产的优势状态。注意，这个名次是企业各种商品生产经营的最终成果的体现，它既是商品对市场需求适应程度的体现，又是企业生产管理及商品生产经营技术水平的体现，根据这一名次经常变动多种商品的生产比例，能使企业生产经营始终处于最优生产经营状态。

**例：**某企业经营房地产带来 6000 万 Tianhua 剩余价值，开办民办大学带来 1000 万 Tianhua 剩余价值，开办医院带来 1000 万 Tianhua 剩余价值，还有农业项目带来 300 万 Tianhua 剩余价值。企业总价值是 8300 万 Tianhua 剩余价值，计算各种商品剩余价值贡献率。

**解：**

房地产剩余价值贡献率＝6000/8300×100%＝72%

民办大学剩余价值贡献率＝1000/8300×100%＝12%

医院剩余价值贡献率＝1000/8300×100%＝12%

农业项目剩余价值贡献率＝300/8300×100%＝3.6%

这家企业应当以房地产为主，并兼营民办大学、医院和农业项目，如果经过几年，排名有变化，再根据新的排名来确定重点产品或项目。这样，就会使企业资源效率提升。

最后我们还要说明一下现实社会市场上商品利润剩余价值的实现过程。

现实社会市场中每种商品的利润剩余价值的实现过程都是一个双方价格博弈的结果。即同一种商品买卖过程中，对于给定的每种价格，都存在4种博弈情况：

第一，买卖双方都不同意该价格成交，利润剩余价值无法形成；

第二，买方不同意该价格成交，也不能形成利润剩余价值；

第三，卖方不同意该价格成交，也不能形成利润剩余价值；

第四，买卖双方都同意成交，商品成交，这时利润剩余价值能够形成。如果利润为正数，则商品剩余价值形成，如果利润为负数，则商品价值贬值。

这种博弈，在现实社会的消费品市场上就是柜台前的讨价还价过程。如购买一件西服，本来的价值是800元，利润是200元，买卖双方只针对这200元利润进行讨价还价，最后确定了企业的这件西服的利润剩余价值。

对于投资类商品如企业、资产、房地产、土地、矿业权、股票、债券等买卖中，也同消费品市场商品价格利润形成原理一样，即对于评估出来的这些投资商品的总价值，只对收益净现值NPV部分进行讨价还价的博弈，最终确定成交结果，因而确定了这些投资商品销售的利润剩余价值。

如某矿业权评估价值是1000万元，其中收益净现值NPV为300万元，在矿业权的市场买卖当中，则只对这300万元利润进行讨价还价的博弈确定利润剩余价值。

通过对消费品或投资商品的利润剩余价值形成过程分析中可以看出，不论消费品还是投资商品的利润剩余价值都是由买卖双方利益共享的结果。这也构成了现实经济活动的基本要义。在进行商品买卖过程中，只有单独一方的利益是难以成交的，也就难以实现利润剩余价值。所以，只有通过彼此让利，才能从买卖中各自得到相应的利益。对于非垄断性的商品，更是如此，而对于垄断性商品，也只能在暂时的垄断期间来获得特殊或一方的利益。

上面，我们从企业内部各部门角度研究了企业商品生产经营过程中价值的投入加产出及剩余价值产出减投入的剩余价值形成。

不难看出，作为企业的总价值，就是各部门的总价值之和，同样，作为企业的内部形成的总剩余价值，也是内部各部门综合协作形成的总剩余价值。其中成本中心的人、财、物、产、供部门对剩余价值的贡献主要体现在总成本、费用支出的节省上，而利润中心的销售部门或财务部门对剩余价值的贡献主要体现在销售收入的销售价格及销售量及单位商品的销售频率上，可以通过财务管理分析来研究。而财务部门对剩余价值的贡献一方面体现在融资的综合资金成本率的节省上，另一方面来自对于证券、其他实业投资的投资收益上，体现在会计上就是投资净收益。

**案例2–3**

## 一个木工厂剩余价值的形成过程

**说明：本案例的原理适合一般商品剩余价值的形成过程。它是一个创业者的创业模型。**

为了实现投资的资本增值—创造剩余价值，某木工厂的企业家们根据商品价值模型原理做了大量的研究和分析。

第一，企业家们根据社会上成熟的生意经原理，“人无我有，人有我优，人优我走”，对是否生产办公桌进行了认真的大量的市场调查研究，还聘请了专业市场调查公司，对国内外办公木桌的市场未来需求做了调查与预测，通过市场细分，找到了产品的国内外未来市场的“缺口”，锁定了北京地区为目标市场。

第二步，购买生产要素，如在边远的市郊区购买土地，目的是节省土地费，在资本筹集上，通过创业优惠贷款，减少了生产过程的流动资金的成本，缺少资金部分，通过财务管理原理，通过借债向社会吸股，通过筹资的综合资金成本率，确定各种筹资方式的比例，使之综合资金成本率最低。对于劳动要素需求，他们利用当前市场劳动力供大于求的状况，适当压低工资，节省了一部分的劳动工资。鼓励职工购买本企业的股票，目的是参加分红，使员工成为企业所有者之一，也是为了调动职工生产积极性，让职工在为企业干活的同时，成为企业的主人，使管理变得简单，提高劳动生产率了。此外，对于新职工进行一个月的技术培训，合格的方可上岗，签订劳动合同，将劳动合同与企业的规章制度融为一体。这样，每个职工通过干好自己的岗位工作能够得到较好的收益，体现多劳多得，减少企业内耗带来的“关系成本”。对于企业管理者按企业资产“增值”的一定比例作为激励，如果经营期末企业资产只是“保值”，则只能拿到基本工资。对于生产要素的科技方面需要舍得投入巨资，买全套的现代化设备。在购买设备上，需要功能效用好，价格还要便宜等。总之，在生产要素的购进上，他们始终没有忘记一条，一定要用较少的钱，买到更大的生产上的效用。这样，企业能够获得低于一般生产企业的生产成本进行生产，按市场一般平均价格出售，获得额外的利润平均剩余价值。

第三，在办公桌价值增值的生产环节上，做到了有计划、组织机构设置合理，建立了矩阵组织结构，便于应对客户，紧急加班时能够有序管理，控制、激励、协调措施到位。

在市场销售环节上，他们制订了一整套的奖励和鞭策销售人员的制度，因为在买方市场情况下，以销定产是首要的，市场决定生产的一切是不容置疑的。对于完成或超额完成销售任务的，销售者部门给予奖励，按销售额的一定比例，对于长期完不成销售任务的，要调换岗位或离职处理。经过这样的一软一硬，大大地调动了销售人员的积极性。销售人员在生产什么商品前与企业家们一起研究市场营销的策略，进行产品、价格、渠道、促销等4P或P组合，面向国内国外两个市场。对起初市场预测的结果不断修正和调整，做到在大目标不变情况下，“以变应变”，每年的销售任务根据市场不断变化调整。

销售价格上采用“随行就市”加“薄利多销”的方法，在一定情况下，也采用故意提高价格等灵活措施。

采用批发与零售相结合的渠道进行销售。

还使用各种促销措施加以配合，如广告、展会、人员推销、点播电视剧等方式宣传自己的产品。

而在日常企业商品生产过程中，主要使用VM价值管理系列软件进行计算机自动化管理。

经过多年的努力，使企业获得了较高的经济效益，在此基础上，把收入的利润进行再投资，实施资本金的“滚动式”发展，最终成为行业的“老大”。

**案例2–4**

## 论机会收益与机会成本

首先，作为经济问题，就是一个“少投入、多产出”的剩余价值最大化追求的问题，而要做到这一点，就要充分利用社会资源，即在一种资源多种用途时，投入到最能发挥作用的地方，即收益最大化的地方或成本最小化的地方。这样，就形成了机会收益与机会成本的概念。

## 一、机会收益

定义：所谓机会收益，就是在一种资源多种用途时获得的最大收益，称为机会收益。

可见，机会收益是相对应资源的最大利用基础上的概念。比如，一个人有几种专业技术，每种专业技术带来的工资或经营收入不同，其中最大的收入，就是机会收益，是相对于其他方面的技术使用上带来的收益。再如，对于一个物流公司来说，跑一次路，同样的距离，需要支付汽油费以及公路费都差不多一样，可以载5千公斤货，也可以载4千公斤货或3千公斤货，收取业务费用，这时，相对于4千公斤、3千公斤货币载重量来说，5千公斤的货运量业务收入最大，这时，5千公斤载重量的业务收入，就是机会收益。反之，如果他载3千公斤货物，跑了一趟，则失去了5千公斤的业务收入，所以，5千公斤裁重量是最大的收益，也就实现了“少投入、多产出”的剩余价值最大化。

显然，机会收益就是“价值经济学”理论上的“少投入、多产出”的具体体现。构成整个价值经济及管理学的奠基理论之一。

可以说，不论在现实社会经济实践上，还是经济管理学理论研究上，核心问题都是围绕“少投入、多产出”的“剩余价值最大化”来进行的，这样，机会收益就是首先要考虑到的问题。如果缺少机会收益的概念，则资源使用上就是最不经济的，之后其他所有努力都是不经济的，因此，也不是经济学及经济实践上的“少投入、多产出”的剩余价值最大化所要求的。

在项目投资决策中，首先要遇到的问题就是多项目选择，即在对多种投资项目进行了完全的技术经济分析之后，选择其中的一种，这时，就要选择能够带来总收益即“收益总现值 TPV”最大化的项目上。否则，因选择不是总收益的“收益总现值 TPV”最大化的投资项目，而失去了这个最大的收益项目，就会带来投资损失，而导致项目投资决策失误，至少不是资源最有效利用的决策。当然，在企业商品生产经营过程中，如对于生产要素的选择，针对不同行业的不同生产特点，安排不同的生产要素之间的投入比例，这时，就要对最能发挥生产效能的生产要素投入多一些，而不能充分体现的产出最大化的生产要素使用上就要少一些。如对于劳动密集型企业，则要多使用人工生产；而对于科技型企业，则要多使用知识产权的专利、商标、品牌或版权等。这样，带来的收益才是最大化的。否则，劳动密集型企业多使用科技，则无法形成配套的生产流程，花费同样的货币支出，但是，带来的收益却不大；而作为科技型企业，同样的货币投入，过量使用劳动要素，则因无法用得上，而无法实现收益最大化。这两种方法都是得不偿失的。在日常生活当中，可以找不同的工作，也可以生产经营不同的商品，每种工作待遇不同，就要选择收入最大的工种才是机会收益最大化的体现，而对于自家经营的企业来说，生产经营商品的行业、品种选择，就是机会收益的问题。只有选择机会收益最大化的行业或企业，才是收益最大化的做法。这就是“经济”的行为。

对于国家来说，机会收益是由国际贸易体现出来的，如果一种资源在本国内无法带来最大化的收益，则通过国际贸易，能够带来超过国内的收益，放弃这种国际贸易的机会，就无法实现机会收益最大化。所以，国际贸易带来双方的机会收益最大化，促进双方的经济发展，对于多方贸易也同样。

为此，对于经济学家以及所有从事经济的人来说，机会收益是首要考虑到的问题，否则，就会犯了类似于“下笔千言，离题万里”的错误。

最后，机会收益，不同于会计上的现金收益，会计上的现金收益是指现金流入或到账时的情况，而作为机会收益，则是资源选择上的优势带来最大化的收益结果。经济学家考虑问题的基本出发点，只有做到这一点，才符合经济行为要求，才能够使经济学理论有用。

从更高层次上来讲，机会收益应用大于现金收益，只有选择了机会收益最大化的经济行为，才能带来现金收益最大化的结果，这是显然的。

## 二、机会成本

与机会收益相对应的概念，就是机会成本。

定义：机会成本是指在一种资源多种用途时，因在某一个方面使用而带来的其他方面的最大收益，构成使用这种资源的机会成本。

同样，机会成本也不是会计上现金投入的成本，而是一种隐形成本，这种成本的设定，也是考虑到一种资源多种利用时选择收益最大化的地方上，只不过是以“成本最小化”来定义的收益最大化。

例如，对于居住在城市繁华市区的自住房屋，同时可以出租获得收益，也可以用于自营商店获得收益，3 种用途同时只能选择当中的一种，比如选择了自住，就不能用于出租或自营，设出租的年收入 12 万元，而自营的年收入 20 万元，这时，20 万元的收益，就是自住使用的机会成本。从中不难看出，只有使用在收益最大化的地方，才能带来最大化的机会收益。而机会成本要求成本最小化地使用资源。正是基于此，在北京城市中心的一些居民户，把自己的房子租出去，年收入 24 万元，而自己到郊区居住，花费房租 1 万元，这样，就获得了机会成本的差带来的 24-1=23 万元的收入。虽然看起来，这一举动没有现金支出，但是因机会成本不同，带来了 23 万元的现金收入。机会成本虽然看不见，但是，也确实是成本的一种，而且是资源最有效利用下的成本。也就是经济学所要研究的成本，离开机会成本的概念，北京居民常年住在繁华市区，每年 23 万元的机会收益就无法获得，资源造成浪费。对于年龄较大的人来说，居住郊区，有利于延年益寿，所以，机会成本的概念在日常生活、生产及工作中，无处不在，只是人们缺少这种观念，往往带来不经济的结果。

在各种经济实践活动中，以及经济管理学理论研究中，要全力找到机会收益最大化以及机会成本最小化的抉择，只有同时做到机会收益最大化，机会成本最小化，才是经济行为的“少投入、多产出”的剩余价值最大化的体现，也只有这样，才符合关于经济及管理学理论的要义。例如对于一个农村的水库，从收益上来说，可以用于养鱼，年收入10万元；可以用于养鸭，年收入18万元。这时，从机会收益角度来看，应当选择养鸭。而因养鸭不能养鱼，这时，失去的养鱼的10万元收入，就是机会收益下的机会成本。这时，对比养鱼来说，养鸭的机会收益为8万元。虽然都不是现金支出的成本或收益，但事实上存在这种成本或收益。倒过来，放弃养鸭的较高收入，去养鱼，则是亏损的，为了获得养鱼的10万元收入，而放弃了养鸭的18万元的收入，机会上带来的亏损额为10-18=-8万元。在同时养鱼及养鸭的情况下，则总收益是二者之和即28万元了，总收益最大化，资源得到了最有效利用。当然，这需要鸭子不能吃鱼才可以。此时，机会成本为零，只有机会收益了，鸭子的粪便还可以作为鱼饲料。这样，机会成本是负数，带来相应的额外机会收益，一举多得。

对于郊区的土地来说，可以种植各种农作物，每种农作物带来的收益各不相同，这时，就要选择市场销售价格最高，利润最大，销售最大化的农作物来生产，这时带来的机会收益才能最大化。而对于不顾及市场及销售机会收益，生产一些完全自由竞争市场上的商品，数量也不多，无法实现薄利多销，这样是最不经济的。因为，土地面积是有限的，生产不挣钱或少挣钱的商品，放弃了其他利润更高商品的收益，形成机会收益的亏损或不足，或选择了机会成本最大的品种，则相对减少了机会收益，总之是不经济的了。

有了价值单位以后，我们就可以通过价值单位来定义企业的生产能力及规模了。

定义：企业年利润货币的价值，称为“年产值”，即企业的年产值是企业年利润货币单位换算为价值单位的结果。

年产值表示企业的当年盈利能力，企业年产值越大，说明年创造的剩余价值越大。

一般来说，规模较大的企业或科技水平较高或管理水平高的企业年产值往往会高些；反之，小些。

企业年产值有两种情况，一种情况是企业没有库存下的年产值，是企业商品实际实现销售利润的年产值。另一种情况是企业虽然有了较大的年产值，但是商品存在仓库中，并没有销售出去，也是企业新创利润的价值结果。这时年产值的计算，只能是使用“公允价值”来确定，即以库存商品平均利润的货币单位换算为价值单位的结果。

企业总产值是企业在一年或一定时期所生产出来的全部产品的总价值。即企业当年所生产出来的全部产品的货币价格换算为价值单位的结果。

企业总产值=年生产的全部产品的价值

企业年产值是衡量一个企业规模的总的价值指标。反映企业生产能力的价值指标。

# 第三章　企业内部全面实时价值管理

企业内部全面实时价值管理，是从企业内部人、财、物、产、供、销各部门，通过计划、组织、领导、沟通、协调、控制、激励、考核等环节"少投入、多产出"创造商品价值、剩余价值来实现的，通过"全球经济一网通系统——企业每日总价值、剩余价值实时统计显示预测系统"等系列软件操作完成。

## 第一节　企业营销全面实时价值管理

### 一、营销管理

所谓企业的营销管理，就是对企业的商品营销进行计划、组织、领导、控制、协调、考核、激励的过程。

我们知道，在长期的和平年代及社会生产力高度发展的情况下，形成世界性的买方市场，这时各种商品只有卖不出去的，没有生产不出来的，所以，商品的营销是决定企业商品生产经营的首要环节，即在企业未正式组建之前，就进行国内外的市场调查，进行营销策划。在企业商品生产经营过程中，通过营销计划、组织、领导、控制、协调、考核及激励达到销售目标。

在买方市场条件下，企业营销策划还是决定企业发展战略的基本前提。

企业商品营销主要是来自对市场的把握及产品生命周期及产品、价格、渠道、促销的策划上，特别是找准目标市场是第一位的。而目标市场的发现，可以通过广泛的信息渠道及专业调查分析的结果得出来。

## 二、营销价值管理

企业的营销价值管理，就是在物资管理过程中的“少投入、多产出”，其目的是为了最大限度地获得营销上的“剩余价值”，可从以下方面来把握。

1. 选准目标市场

选择目标市场，就要从国内到国际的全方位考虑。因为外贸会对本国商品形成冲击，所以，不论是否外贸企业都要考虑到所生产经营的商品的国内及国际市场，只有这样，才能把握商品的市场供给的“牛鼻子”。而在商品市场供大于求的情况下，无论企业其他部门环节怎样努力，也都难有盈利可能性。

可通过“全球经济—网运系统——企业商品价格分析预测系统”软件进行专业分析，通过长期的价格变化趋势科学预测未来，制订商品生产经营计划。“事实胜于雄辩”，对于商品市场销售，企业本身信息不可能随时全面把握，没有对于商品的市场销售价格规律性的实时性把握，商品销售就会处于盲目状态，企业商品生产经营就时刻处于危险境地当中，中国民营企业平均寿命只有 3 年，也足以说明了这一点。这一系统的价格预测系统所依据的是所销售商品的长期中，几年甚至几十年的规律性反映，在没有意外的不可抗力发生情况下，基本上综合反映了商品的供求关系及价格变动方向，这样就能够自觉的按商品的价格方向来确定企业商品的品种、数量及定价，不同时点制订不同的价格策略，如在旺季时制订较高的价格策略，而在淡季时制订较低的价格策略，甚至是反季节生产能够得到更多的价格利润。

2. 选择“商品市场生命周期”

企业商品生命周期也是决定企业商品生产经营成败的关键因素之一。

大家知道，对于“形成期”商品，风险较大，一旦失败，整个研发费用将扔水不响，而处于“衰退期”商品，不言而喻，成本大，利润少，销售难。所以，只有把所选择的商品设定在“上升期”及“成熟期”最好，“上升期”能够带来价格上涨，新商品的市场风险有所缓解，而“成熟期”则价格稳定。生产稳定，而生产一种商品，特别是有形产品，需要设备及技术等，一旦商品被市场淘汰，则整套设备、技术甚至厂房都要报废，如果不能转移到相近的商品，真就成了“沉没成本”。

3. 营销策划

营销策划，就是对商品、价格、渠道及促销作出正确的选择，也就是市场营销上的4P或多P组合。

商品在市场上的表现，与商品所在的市场类型有密切关系。

对于商品的市场划分为两大类：一类是“完全自由竞争市场”；一类是“垄断市场”。

“完全自由竞争市场”，就是缺少独到的技术及没有严格约束及其他条件的市场。如各类农副产品，因此生产简单而有大量的生产者进入，因其商品的质量上没有太大的差别，比如茄子、豆角，都是味道差不多，只能看价格了。所以，这类商品价格只能随行就市，即只能通过数量取胜，如粮食商品的数量大，利润少，一次做几个车皮，但总的来说还是大收入。而对于农家的小贩来说，则由于价格和数量都居于被动地位，所以能够保本就已经不容易了。

另一类是垄断市场，这类商品因其有独到的技术或政府政策的保护，所以，难以进入，由于商品的专利性及技术的独到性，供应同一种商品的企业相对完全自由竞争市场来说非常小，所以价格一般由企业制订，企业以利润最大化为“核心”，当然就会制订一个较高的价格来了。

对于垄断市场来说，还有 3 种不同情况，表明的垄断程度的不同。

（1）竞争垄断，这类市场的商品供给者很多，但由于技术性不同，还有一定的垄断性，如书店的书，有很多种，每一种都有自己独特的内容，所以，每一家出版社出的每一本书都有“垄断性”特点。而由于整个书店有多家出版社供书，作为读者来说，可以自由选择，这时，就形成竞争性，所以，书店的书具有垄断与竞争性的共同性质。

（2）寡头垄断，是指生产供求某种商品的企业很少，能够数得出来，如中国电视生产厂家只有有限的几个，电视市场就是寡头垄断市场，还有世界石油市场也一样，由欧佩克统治，他们可以研究确定出商品的价格。对于手机信号供应商，只有中国移动、中国联通等几家数得着的厂家，也是明显的“寡头垄断”，对于手机的使用收费，由这几家来确定，他们怎么定，消费者就要怎么买，各家各有不同，但是大体差不多。

（3）独家垄断市场，就是只有一家企业提供某种商品的市场，显然，这种市场是商品的技术性及政府政策的特殊性作用的结果。独家垄断市场的商品价格只有一个厂家自己确定，这带来的高价格的利润就可想而知了。最知名的就是微软公司的 Windows 系统了，带来企业的利润也是有目共睹的。这是因为其商品是世界独家供应的结果。

除了商品的选择以外，还要有价格的策略。这在市场营销中大家都学过。

渠道策略，是指使用什么样的途径使商品切入市场，从而大面积进入市场。

大家知道，安利的产品就是借用纽崔莱的销售渠道打入市场的。而如果自己开辟市场，则需要较大的代价或时间。

还有促销策略，也是影响商品销售的重要因素之一，企业与用户、与上游企业、与政府及社会金融机构等部门都有业务往来，处理好这些关系，能够顺畅地开展营销。

总之，作为企业商品的营销价值管理，就是在企业作为投资项目的前期决策评估、项目建设、企业商品生产经营的战略、营销策略、目标市场选择、产品生命周期等多方面中一点一滴地创造出利润剩余价值的。

（一）企业定价目标

企业定价目标，首先要考虑到利润的剩余价值。其次，企业是依赖于市场而生存和发展的，所以，在考虑利润目标的同时，还要兼顾到企业的长期生存与发展，即商品的市场占有率。如果一个企业的商品市场占有率高，则这个企业就会有稳定的生存与发展空间，而且，在较大市场占有率情况下，对于商品的市场价格也会有重要影响甚至是决定作用。比如中国长虹彩电，占了中国彩电市场的绝大部分，这样，长虹彩电的市场销售价格就会影响到整个中国彩电的市场价格及价值，当长虹彩电带头降价时，影响到全国彩电大降价。如果把企业比喻成一条鱼，市场比喻成水的话，则企业与市场的关系就是鱼儿离不开水的关系。当企业的商品有了较大的市场份额时，企业生存基础就牢固了，就有了长足发展的基础。所以，企业定价离不开利润和市场占有率目标。

1. 获利指标

（1）获取预期收益目标

$$\text{投资收益率} = \frac{\text{投资总额/投资回收年限}}{\text{总投资额}} \times 100$$

（2）获取最大利润指标

最大利润是指企业长期中总的利润，并不是单位商品的最高价格。最高价格使企业的销售量下降，并不一定能使企业获得总利润最大。沃尔玛的“天天降价”策略，却营造出了多世界500强之首的奇迹。

（3）获取合理利润目标

这是企业的常态定价目标，使企业处于稳定的状态。

2. 占领市场目标

（1）以低价占领市场

如吉利小汽车的价格策略。先以最低价格切入市场，再营造品牌提高价格。

（2）高价格占领市场

在产品上市初期，以高于竞争对手的商品价格，利用消费者求“新”，求“名”的心理，尽量在短期内获得最大利润。待竞争者蜂拥而至时，再降价。

（3）竞争价格占领市场

与竞争对手进行价格互动。保持价格上的竞争力，先看看竞争者报的什么价，再根据自己商品的全面对比确定自己的价格，在市场上看到的每种商品，不同价格，一份价格一货，就是基于厂家的这种报价方法出现的。

（二）企业定价方法

1. “成本导向”定价法

（1）成本加成定价法

指企业以产品的成本为基础，再加上一定的利润和税金而形成价格的定价方法。这是被广泛使用方法的一种定价方法，在德国70%以上的企业采用这种方法定价，在英国接近60%的企业采用这种方法，欧美也较普遍使用这种方法。

采用这种方法主要是找出“加成”的计算公式。

$$加成=（价格-成本）/成本$$

如一个花盆的价格是100元，成本是70元，则加成为（100-70）/70=3/7=42%的加成率。

反过来，对于70元钱的成本，按42%的加成率，则利润为30元，价格为100元。

成本加成法反映了商品投入价值与产出价值之间的关系，是价值规律的直接表现。

（2）完全成本导向定价法

将产品的完全成本（固定成本+变动成本+销售费用）加上一定的利润和税金除以产量。

$$单位产品价格=\frac{完全成本+利润+税金}{产品产量}$$

（3）目标成本导向定价法

目标成本，企业依据自身条件，在考察市场环境，分析并测算有关因素对成本影响程度的基础上，为实现目标利润而规划的未来某一时间的成本。目标成本+目标利润+税金再除以生产量。

$$单位产品价格=\frac{目标成本+目标利润+税金}{产量}$$

2. “需求导向”定价法

根据产品历史价格为基础，依据市场需求变化情况，做以调整。“物以稀为贵”。某种商品一旦供应少了，相对需求就会增加，会使价格大于价值。而一旦供应过剩，就会使价格降到低于价值的情况。如果全世界到处都是山参，则山参的价格就会很便宜了。我国前几年在吉林省就曾经出现过家参价格低于胡萝卜价格的现象。

3. “竞争导向”定价法

根据市场竞争情况定价，同一商品相同的质量和效用，价格一般应相同。否则，没有人来购买，特别是对于农副产品，在质量上差别不大情况下，价格不会有大的差别。

4. “随行就市”定价法

根据同一类商品相同的质量或性能效用等作为参照来确定其商品的价格。显然，在相同的质量、功能及效用情况下，只能随行就市定价，否则，高于同类商品的价格就会卖不出去，而低于其这个价格企业就会亏损。对于完全自由竞争市场上的商品，如同样的地瓜、苹果等其价格只能一样。

5. “密封投标”定价法

指对于一些工程项目建设承包当中，由向外发包者通过媒体等手段向社会公开发布对工程建设所需要达到的标准，由社会的投标者根据招标者公布的标书秘密进行相应的承诺及报价的一种项目承包定价方法。根据法律要求，投标过程中，各投标者不能私下串通定价，任意抬高价格。这样就会违反《反不正当竞争法》。

在国内外，许多大宗商品、原材料、成套设备和建筑工程项目的买卖和承包以及出售小型企业等，往往采用发包人招标、承包人投标的方式来选择承包者，确定最终承包价格。一般来说，招标方只有一个，处于相对垄断地位，而投标方有多个，处于相互竞争地位。标的物的价格由参与投标的各个企业在相互独立的条件下来确定。在买方招标的所有投标者中，报价最低的投标者通常中标，它的报价就是承包价格。这样一种竞争性的定价方法就称“密封投标定价法”。

（三）企业定价策略

1. 新产品定价：
- 撇脂定价—高价格
- 渗透定价—低价格

如华为公司在新产品市场好、没有竞争对手的情况下，采取的是撇脂定价，而吉利小汽车针对中国消费水平低，一时难以买到高档小汽车之前，则采取的是渗透定价，结果都取得了营销上的成功。

2. 差别定价

（1）顾客差别定价，即“看人下菜”的定价方法。

（2）产品形式差别定价，如一些商品，换一下包装价格就不一样了。

（3）产品部位差别定价，如卖猪肉时，分不同位置分别定价等。

（4）销售时间差别，如火车站住宿按时间段收费 2 ~ 6 点最贵，夜间的出租车价格比白天贵。春节前的消费品比春节后的贵。

3. 心理因素定价法

（1）尾数小原理

对比 1398. 1 和 899. 9，感觉前面小，后面的大。如有单位给工资，每月 800 元，好像是一个很大数。而给 1000 元 1 比 8 小。除非仔细想才能注意到的。对比 20001 和 19991，前面的数字感觉比后的多了一万，实际上只差了 10 个数，特别是在房地产等大宗生意的报价上更要注意打头的数字，让人感觉很小。

（2）整数报价

这种报价方法好算账，容易为买者所接受。

（3）习惯报价，以前的常规价格，容易被接受。

（4）声望报价

如清华大学的办班培训费，就是用了清华的声望而定价

（5）招徕定价

对特价商品进行定价。“清仓大甩卖”、“紧急拆迁，疯狂大甩卖”，还有“一元店”、“二元店”很红火。还有一些设备报价，故意把主机价格降低，而实际上其他配件上加上去。感觉上在是便宜，实际全加起来也并不便宜。

4. 折扣定价策略

（1）数量折扣

累计数额折扣，如西单书城的积分卡。一次总数折扣。如复印，100 张以内为 0. 3 元/张，100 张以外 0. 1 元/张。

（2）现金折扣

一个月内付款，可折扣 2%，20 天内付款，可折扣 3%，10 天内付款，可折扣 6%，大学收学费时，以及买房时，分期付款价格高，而一次付款价格低。

（3）交易折扣

给中间商以不同价格。批发商价格低，因为购买数量大，商品的固定

成本分摊的少，总成本低，利润空间大。而对于零售商，因数量少，折扣少。

(4) 季节性折扣

因季节过时而采用的降价策略。如夏季已过，则夏季服装就要降价。俄罗斯人喜欢买反季节服装，就是为了获得这种折扣。

5. 地区定价

对全国市场划分成若干区，不同区域采取不同价格。

6. 分档定价

拉开档次定价。

(四) 企业价格对策

1. 企业在什么情况下削价？

生产能力过剩，需要扩大销售，但企业又无法通过产品改进和销售来进行，只能降价。强大竞争者压力之下，企业市场占有率下降。

企业成本费用较低，通过削价占领更大的市场。

2. 企业在什么情况下提价？

通货膨胀时，推迟时间定价，等待涨价，或价格不动，但减少相关服务，变相涨价；通货紧缩时，加快定价，以减少价格损失，产品或服务供不应求时提价。

## 第二节　企业人事全面实时价值管理

### 一、人事管理

企业的人事管理，就是企业的人事部门在招聘、使用、考核、分配等过程中的计划、组织、领导、控制、协调等活动过程。

企业人事管理计划，就是根据企业现有规模及未来发展方向所制订的年度或未来人事计划，建立“企业 VM 价值管理系统”的人事管理子系统。

企业人事管理的组织，就是建立整个企业合理的组织结构，使之效率最高，人员最节省。

企业人事管理的领导，就是企业领导的带领作用。

企业人事管理的控制，就是实现岗位与员工的一一对应，精简效能，不能有剩余劳动力，这样，带来企业窝工，职工要开支，使生产要素得不到有效配置，也不能不够，最大限度一个人做一个半人的工作，而付之工资加奖金，节省的人员费用由企业与员工共享。现实中，很多企业完全超出了这一限制，甚至出现一个人干几个人的活，甚至出现硕士生“过劳死”，被媒体与社会广泛谈论。

企业人事管理的协调，是指建立企业员工之间的和谐关系，主要通过制度约束加人情化综合管理来实现，偏向于任何一方都难以建立和谐的人际关系。

企业人事管理的激励，就是让职工真心为企业做事而采取的一些激励措施，如表扬、升职、奖金等，现在北京很多企业盛行生日礼物就是一个好的做法，通过职工入职的登记表，列出员工的生日，每一天检查一下是哪个职工的生日，及时发放礼物。有些职工忙于工作，自己都忘记了生日，却能在这一提示下想起来，这种“亲情化”管理，起到非常好的“激励”作用，带来的经济效益是难以估量的。而把制度与激励结合起来，一手硬、一手软，带来企业管理的高效率、凝聚力，现代企业管理特别奉行这一方法未来的企业更趋于科技化、随着人们生活水平的不断提高，上班挣钱不再是第一需要，这时企业的激励工作就显得更为重要。一个良好的心理环境，让职工有“家”的感觉，收入就未必是那么绝对重要了。

人事管理由企业的人事部门来实施，构成企业“劳动”生产要素的主要管理部门。

## 二、人事价值管理

在企业在人事管理过程中的“少投入、多产出”，其目的是最大限度地创造人事管理上的剩余价值。

企业人事管理的“投入”价值，是指企业人事部门为招聘和使用员工——劳动生产要素所投入的货币价值。如人事部门的各项开支、人才市场的招聘费、职工资金费用等。

企业人事管理的产出价值，概括来讲，就是人才在招聘及日常使用中的岗位贡献。

通常来说，对于一个社会人才来说，总是处于一定的学历、资历的某种固定价值中，相应的企业间也存在同一行业、同一岗位的相同标准工资待遇，而如果企业以低于同一行业的同一岗位标准工资及福利待遇招聘到员工时，企业就获得了员工招聘上带来的剩余价值。比如一个煤矿工程师的标准工资是3000元/月，而企业以2800元招聘到了这个工程师，这时，企业在招聘这个工程师上就节省了200元，这200元，就是企业人事给企业带来的剩余价值，是从商品的人力成本中通过少开支而变相增加的企业利润剩余价值。

反之，如果以高于3000元，以3800元招聘到了这个员工，则这个工程师的招聘上出现了亏损。

为什么企业会出现招聘员工上的盈亏呢，主要是根据社会失业率、同一岗位专业人才的供求关系来决定，对于一些紧缺专业，可能以高于平均价格的价值购买，而对于一些技术性要求不高的岗位，由于供应过剩，所以，以低于社会平均的工资标准招聘，这也就形成了稀缺专业人才及高级职称专业人才高工资的原因，“天底下没有白吃的午餐”，劳动力商品与其他商品在性质上没有什么不同，也是“一分价钱一分货”，双方招聘中的待遇谈判与市场上商品买卖谈价，在性质上没有什么不同。

一个企业人才济济，表明其企业价值大，特别是对于大学、科研单位及高科技企业等更是如此。

市场经济社会就是这样，企业从商品的各方面中挤出利润剩余价值，而作为劳动者的员工也从工资及福利待遇中一点一滴的计较中实现的。双方都有一个平衡点，同一岗位，工资福利相差太大，职工就留不住，反过来，企业给得过高，也不会长期使用。

企业与员工之间的这种工资福利维系的买卖关系是通过的招聘合同来实现的，招聘合同中注明的工作岗位要求及相关福利待遇，与我们日常购买一种商品的功能介绍及相应价格标准在原理上是一样的。

由于企业使用员工是通过招聘合同付出相应的投入，所以，也要求员工按合同规定的内容来完成相应的工作，这样，在企业人事工作中，要实现企业在人事上的工资及福利支出与得到的工作效果相适宜，就要把企业的各岗位工作责任制与其招聘合同的责、权、利待遇完全一致，这样，才能使整个企业的人事工作建立在符合商品的投入产出价值基础上。而实际上，很少企业能够做到这一点。

这是来自于企业管理的水平不同，企业管理的理念不同的结果。

企业管理的理念是企业对员工的使用及待遇的重要前提。现实企业中两种不同的管理理念，一种是“制度化”的企业管理理念，就是前面所说的按制度，即按商品生产经营的工作流程的需要约束职工的管理理念，这种理念是重工作结果。

另一种是按人际关系来确定的工作使用及分配标准的企业，在中国绝大部分企业都是这种理念管理下的企业，所谓的“关系化”管理的企业，导致中国人没有脊梁的性格。甚至带来大学的“奴才”教育，创新人才谈不上。

那么，正确的企业管理理念应当是什么呢，从人的特殊性及经济效益综合考虑来讲，应当是“制度化”加“人情化”，二者不可偏废，一方面，职工作为生产要素来讲，它的工作性质与其他生产要素是一样的，即作为商品生产过程中所使用的“工具”而存在，这就是按企业制度及岗位责任制规定的工作规范进行工作的硬性要求，不要说大型企业，生产环节多，工作过程复杂，稍有不当，就会出现质量及安全问题，制度是铁的，是不容商量的；另一方面，作为劳动者的生产要素具有“特殊性”，是有情感与欲望及理想的人，所以，不能完全当成“机器”、工具来看待，而要在可能的条件下，实施一定的“人性化”管理，通过企业文化凝聚人心形成团队，形成分工的各尽职责基础上的相互合作，整个企业管理就如同一个演奏的乐团一样，和谐有力。

最后，值得说明的是，作为企业管理来说，可能经济道理有千条与万条，但是企业家们感叹的是“人”的要素，没有好的人才，什么事也做不好，有了好的人才，不行的事能够做成，所以，企业管理成败，在用人上是第一条，而人才的使用，又与企业的管理理念相关，在“关系化”的企业管理理念下，一切通过“关系”来考察，则人才难进门，进了门也难干事。而对于以工作“结果”考核标准，“不拘一格选人才”的企业，则能够带来企业管理的经济效益。

前面讲的是企业员工在招聘中的员工商品与企业的等价交换的买卖关系，而在实际工作中，这只是人事工作的第一步，而真正的人才价值是在工作中体现出来的，就要以工作表现的结果来衡量员工的岗位效用。这样，就要进行员工定期的考核工作，通过考核，才能真正找到员工效用价值，与其投入的工资及福利待遇是否相符，确定这个员工在使用上的盈利或亏损。因为员工是人，提供的工作是一种服务，这种服务的规范要求就是岗位责任制规定的要求。

人事考核是人事管理的关键，通过考核确定是否胜任，怎样升降及奖罚等。

很多企业实施服务对象的考核方法，即上级对下级考核，下级也对上级考核，这样，能够防止人事纷争出现，使之公平合理化。把考核过程当成对职工责任感的教育过程，当成激励职工奋发向上的过程。这件事做好了，整个企业的工作就主动了。

绩效考核按职工的努力程度和工作结果两方面来把握，体现了劳动者的工作岗位效用及人情化的管理理念。

在努力与结果之间，重在结果，因为企业员工的岗位效用是企业目标实现的基本保障，也是企业与员工之间劳动要素商品的等价交换的衡量尺度，有利于发挥人才的作用，而从关系上或从主观努力上来考量职工，必然偏离实际的效用价值上，导致企业与员工之间的分配上的不合理，贡献大的应当多得的没有得到，反之，贡献小的却得到了较高的报酬，这样，带来员工之间的心理不平衡，严重影响到工作积极性。此外，这种表面的表现，往往难以具体把握，作为企业人事管理及人事主管，不可能每天在各个岗位去发现，所以，只能以结果考量职工业绩，才是可以实现的。

企业考核的结果作为企业的职工薪酬的依据，一般情况下，应当把企业组织结构中的各部门岗位责任制与职工聘用合同的责、权、利统一起来，把员工的工作结果与聘用合同中的责、权、利结合起来，才能形成整个企业与市场的动态互动变化下的整个企业的各部门与企业及各部门与员工的和谐互动关系，各尽其责，各取所得，形成企业与职工的联合体作用。

薪酬上，一般分为基本工资、绩效工资、福利工资及奖金等，其中，基本工资与职工职称、学历等相关，也与岗位有关，现代企业更侧重岗位基本工资。

绩效工资是绩效考核的结果，如计件工资，就是绩效工资的一种，适当加大这部分工资，可以调动职工多劳多得的积极性，发挥经济人积极一面的作用，但这要根据企业的商品生产特点来实施。

福利工资主要是指职工的“三险一金”或“五险一金”等。

奖金是职工的格外奖励，与整个企业的业绩及个人表现不同程度有关。

总之，要在正确的企业管理理念指导下，通过人事计划、组织、控制、协调、激励、考核等方法手段，实现人事管理上的“少投入、多产出”，为企业总的利润价值作出相应的一份贡献。而考核“标准”的公平、“公开”，“公正”也就成为考核作用的关键。

最后，企业在强调员工招聘及使用中等价交换的同时，还要注意员工的基本稳定性，这是保障企业团队合作的重要保障，而过分的人员流动，则导致难以协作，员工心理恐慌，没有长远打算的思想。

总之，企业人事部门能够及时为企业商品生产经营提供所需要的人才，招聘较少工资福利获得了相同岗位的工作效果，就是对企业总剩余价值的贡献，相应的另一面，当企业做到了这一点时，员工蒙受的就是“剥削”，但是资本主义市场经济社会，如果企业不剥削员工，它的利润就难以产生，特别是对于“劳动密集型”企业，员工的工资及福利成本是决定企业盈亏的关键一环，甚至主要是通过剥削职工的劳动来实现的剩余价值。比如，前些年深圳每到春节前后，员工几乎全部放假，然后到第二年春节后再重新招聘，一个春节前后两三个月，对于有几千人甚至是几万人的企业来说，两三个月的工资就是几百万甚至几千万元，形成企业的利润。而改变这种状况，应从增加“科技技术型”企业入手，科技企业员工福利可以大一些，对企业利润留成影响不大。

## 第三节 企业财务全面实时价值管理

### 一、财务管理

我们知道，做企业，表面上是生产经营各种不同商品，一切为了“用户”，实质上，由于企业生产经营商品的目的并不是为了自己享用，而是通过商品生产经营的销售，获得投资资本金的价值增值，即获得剩余价值，即价格中超过通货膨胀率部分的利润。

这样，做“企业”的本质就是做“货币”，由于货币代表一定的价值，是一种抽象的价值，所以做企业与其说是做“商品”，不如说是做“价值”，即通过做“货币”来做“价值”，在“商品——货币——商品——货币……”的项目期内的多次循环中实现资本剩余价值。

企业的一切商品生产经营活动都是围绕货币现金展开的，如进货要支付货币，销售商品要收回货币，所以，形成企业以货币为核心的财务管理，包括财务分析等。企业财务管理重点就应当放在现金及价值管理上。

从另一个方面上讲，企业商品生产经营也同家庭过日子，每天需要现钱，社会商品流通每天需要现金一样。货币现金成为企业商品生产经营流通中的“血脉”，如果流动现象断了，整个企业就无法进行生产了，如同家庭没有现钱日子没法过一样。社会因流动现金中断而出现金融危机并导致整个社会的经济危机甚至爆发世界战争一样，近代世界史上的两次世界大战，皆因金融危机的长期化导致整个社会经济危机带来的结果。

企业通过现金财务管理主要体现在“融资——投资——分配”上，从现金角度看，就是“吸钱——花钱——分钱”，从价值角度看，就是“投入价值——新增价值——分配剩余价值”，这些概括了整个企业的全部经济活动的本质。

从企业内部的角度看待企业的财务管理，如图 3-1 所示。

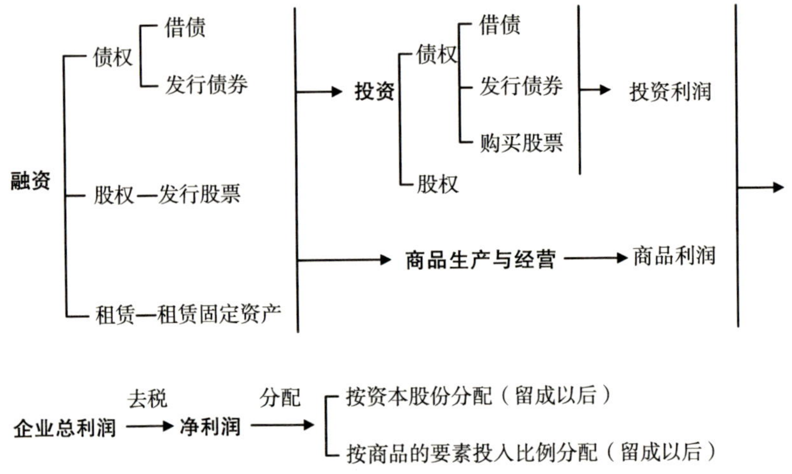


**图 3-1　企业财务管理运行图**

从图 3-1 可见，企业商品生产经营过程，就是一个“融资——投资——分配”的过程，其中融资包括债权融资、股票融资及租赁融资，而投资包括直接投资和商品生产经营，前者形成投资利润，后者形成商品的利润，去掉所得税以后，形成净利润，去掉留成以后，按股份或生产要素投入比例进行分配，然后是下一个会计年度开始……这也恰好说明了企业商品生产经营活动的实质是做“货币”，做“价值”，而商品只是一个获取资本剩余价值的“中介”而已。企业商品生产经营和投资经营的过程，就是一个大家一起“做蛋糕、切蛋糕”的过程。

企业财务管理计划，就是根据企业现有的规模及未来的发展方向所制订的年度或未来财务计划，列入“VM 价值管理系统”中的一个“子系统”。

企业财务管理的组织，就是建立企业价值管理的财务管理分析专家团，进行专业的财务价值管理分析。

企业财务管理的领导，就是财务负责人的带领专业上的把关定夺作用。

企业财务管理的控制，就是建立企业财务的成本、费用控制系统，列入“VM的价值管理系统”的财务管理“子系统”中。它关系整个企业管理的成败，同时，还要建立相应的销售目标的控制，确保企业经营目标实现的，完全依靠这两个控制。可以通过日常的VM系统的企业及部门的成本中心及利润中心的各部门总价值曲线及工作现场实际实时控制，也只有这样，才能真正起到控制的作用，才是企业管理的经济效益所在，如同汽车行驶中根据方向盘、导航仪、速度仪随时掌握汽车方向、行走路线及速度一样，时刻保障企业商品生产经营沿着既定的目标前进，确保不发生翻车危险，特别是在通货膨胀、通货紧缩及金融危机的整个世界经济大环境不好的情况下，企业的这一控制就是决定企业生死存亡的权柄所在。

## 二、财务价值管理

就是在财务管理过程中的“少投入、多产出”，其目的是为了最大限度地获得财务管理的“剩余价值”。

（一）融资过程中的投入与产出

1. 融资投入

企业财务管理的投入价值，是指企业为了获得融资而投入的利息、股息、手续费及综合资金成本等付出的价值。

在企业实际的融资过程中，由于存在众多方法可选择，每种融资所支付的成本，如利息、股息、租金等各不相同，而且带来的产权及债权也不同，所以，企业融得相同数量的资金，采用不同的方法所带来的融资成本就有所不同，因此要研究综合资金成本率最低，才能为企业带来少投入的剩余价值。

下面我们在介绍不同的融资方式基础上，得到综合资金成本最小的计算方法，从而得出融资的剩余价值计算结果。

融资，就是企业因商品生产经营或管理的需要，向外筹集资金的过程。

融资主要分为债权融资和股权融资。债权融资是指通过贷款实现融资的一种融资方式。而股权融资主要是通过增加股份的方式实现融资方式。此外，还有租赁也是融资方式的一种。

(1) 负债融资

负债融资的方法有直接贷款、发行销售债券、租赁等。

①直接借贷融资

贷款是指企业向银行或其他金融机构直接借入款项。它是企业融资的主要方式之一。

从时间上划分，分为短期、中期及长期借贷。

短期一般指一年以内的时间，中期一般指1~5年期限的贷款，长期通常是指5年以上的贷款。

按贷款人提供的保障方式，可以分为信用贷款、保证贷款、抵押贷款、质押贷款及票据贷款等。其中保证贷款、抵押贷款以及质押贷款都属于担保贷款，是目前银行贷款的主要方式。

②债券融资

就是企业通过向社会发行销售一种证券，社会通过购买这种证券，使企业获得现金，这种证券，就是债券。由企业发行的债券，称为企业债券，是企业向社会融资的重要方式之一。除了企业债券以外，金融机构及政府也可以发行债券向社会募集资金。

企业发行债券需要按照法定程序来进行，目的是为了保障社会债权人的债权安全，由于债券当中包含了货币价值，所以，债券是一种有价证券。主要是通过发行成功后来实现的，没有发行的债券只能是一张纸而已。

债券是一种具有确定债权债务关系的凭证，发行债券——筹资者是债务人，而购买债券——投资者是债权人。债券与一般贷款只有两个主体不同，债券是社会众多的人向一个单位进行筹资的行为，所以，往往是一个债主，对应社会众多的债权人。

债券的性质仍然是债，即作为债权人具有获得利息报酬的权力，而作为债务人，有到期偿还债务的义务，除了涉及债务偿还的安全性以外，债权人无权对企业生产经营进行干涉。

企业债券按时间划分为短期债券和长期债券。短期是指 1 年以内的债券，长期是指超过 1 年债券。一般情况下，债券的时间越短，成本越高。

按是否可以担保，划分为担保债券和信用债券。

此外还有可转换债券等。

③租赁融资

是指使用租赁方式所进行的融资。在企业的生产经营中，流动现金具有非常重要的作用，如同人体的血液一样支撑企业的日常运营，由于流动现金的融资有一定的不便之处，所以，形成一种对物直接融资的融资方式，即在没有足够的流动现金时，仍然能够获得资产、设备等使用权，就形成了租赁行为，形成租赁行业。

租赁是出租人的资产所有人将资产出租给使用人，并由使用人按租赁合同的约定按时支付租金的一种变相的融资行为，即企业没有现金情况下，通过租赁能够保障商品生产经营的需要。

租赁行为是一种分期购买商品的使用权的行为，通过按缴纳租金，能够在租期内具有资产的“使用权”，此时资产“所有权”仍然在产权人手里，在租赁期间，资产产权人不得违约随意转卖，如果违约，需要支付违约金，按合同或法律规定来执行，但是在租赁期满后，仍然可以行使买卖权。作为租赁者来说，任何时候都没有对租用资产的买卖权、修改权等。使用权与产权是性质不同权力。比如租赁房屋、设备、土地等都是租赁的行为。甚至对于作者的作品，在出版社的合同期限内也是一种租赁行为。作者对作品永远享有知识产权，出版社只能按合同规定的期限及内容，经过支付稿费或版税获得“使用权”。所以，租赁不一定只是有形产品的资产或其他财产，还包括服务及知识产权仍然可以进行租赁，通过租赁起到减少流动现金，实现变相融资的作用。

租金的来源是根据所租用资产使用期限的折旧加利润得来的，比如租赁一个房屋，使用期 70 年，价格 70 万元，这样每年有 10 万元的折旧，作为租赁价格中的成本部分，另外，作为房东还要通过租赁获得利润，比如每年 2 万元，这样，这个房屋的租金价格成本加利润就是每年 12 万元，此外还要加上税。对于出租人利用房屋资产出租获得了资产收益或房地产投资收益，是通过一次性支付房价而获得的收益，对于承租人来说，主要是因为没有一次性购买，而是短期使用，导致支付折旧成本加利润及税的支付获得使用权。最后是房地产资源得到均衡使用，如果没有租赁，房地产闲置，资产所有人必然带来折旧损失，房地产使用人也无法一时筹集到相应的资金获得房屋使用权。

租赁分为经营租赁和融资租赁。

经营租赁，是指不转移财产的资产所有权为前提的租赁。

融资租赁是一种以融资为主要目的租赁方式，包括直接租赁、售后租赁及借款租赁等。

直接租赁是直接向设备公司、租赁公司或金融公司承担资产财产的行为。

售后租赁是产权所有人将资产财产先卖出去，比如卖给银行或专业租赁公司，再从购买人手中进行租赁，通过这一做法，能够获得售卖者的大量现金，并获得“使用权”。

作为贷款融资的价值分析来说，企业通过贷款，获得利息低于利润的收益率，这样，通过借别人的钱为自己获利了，获得融资活动带来的剩余价值。要做到这一点，需要对商品的市场进行全面、准确的分析与把握，对国家的宏观经济政策变动趋势有所把握，否则，一旦出现贷款利息大于销售利润率，则整个融资不但没有带来剩余价值，反带来更大亏损。

债权融资涉及企业的债务风险，防止被债权人清算，是一次性的资金成本支付。这种融资还受通货膨胀或通货紧缩的影响，在通货膨胀时通过负债融资，还可以获得融资收益，因为同样的货币数在不同时间偿还；在负债期间的通货膨胀率，实际是货币的“贬值率”，也就是债权人的“损失率”，同时也是负债人的“收益率”，如果通货膨胀率大于负债利率，则负债融资成为企业利用资本盈利获取剩余价值的好方法。

如果负债期间遇到通货紧缩，货币增值给债权人带来了债权收益，相应的就是负债人的融资损失，等于增加了负债成本。

所以，负债融资必须把握好通货膨胀率或通货紧缩率，这个通货膨胀率或通货紧缩率应当是一个全社会的全部商品的平均上升或下降的比率，而不只是部分消费品市场抽样价格的 CPI 指数。这是要特别注意的，以此来计算通货膨胀率或通货紧缩率来进行负债融资，受到的误导，带来的经济损失将是特别惨重的。

（2）股权融资

股权融资是与负债融资完全性质不同的融资。前面讲过，负债融资，只涉及按合同到期还债的问题，债权人不参与企业的生产经营决策及管理。

而作为股权融资，则是通过增加股东、分散股权的方式实现的融资。每新吸收一批股东，原来股东的股权比例就要缩小，即原来股东对企业的所有权相对减少。

从形式上来看，股权融资也是社会众多投资者向一家企业投资的融资方式。股权投资通过发行股票来实现。

股票是记载股东权益及分配关系的一种凭证，所以，发行成功的股票，是一种有价值的证券，其价值就是价格的价值单位。没有发行成功的股票，也只是一张纸。已经成功发行的股票，是股东对企业产权的证明，参与公司股东大会的经营决策权的凭证，也是公司对股东支付股利的凭证。

股票的发行及股份公司的组建都要按《公司法》及相关法律来进行，其目的是为了保障股东及公司的合法权益，防范风险。

由股票的发行而形成股份公司，是市场经济社会的企业的主要体现形式。

股票形成企业的资本金，股东对于资本金的比例决定其企业净利润的分配比例。

股票分成普通股和优先股。

普通股是没有特权的股票，而优先股是一种具有特殊优先权的股票，比如优先分配股利权利，化解风险的权利等。总的来说，优先股的风险性是介于债券与普通股之间的股票。

总之，股票融资是涉及企业的所有权分配的融资，所以，在融资中特别注意股权比例，与企业战略有直接关系。还要注意到的是，股权融资分享的是商品的风险利润分成。

作为权益融资来说，站在企业的角度来说话，通过权益融资，如果通过股票融资带来的收益大于支付的股利，则企业通过股权融资带来了理财上的剩余价值。然而，这只有在企业清盘时才能体现出来，在企业持续经营期间是无法体现的，只能是在股利留成与分配上进行抉择与割舍，因为留成的利润也是股东所有，只是存在企业里，由企业家支配，用于企业的持续经营上，这还要看商品的行业及市场未来发展变化情况进行正确分析得出结果，经过股东大会全体表决的结果，如果有股东有异议，则可以按规定转让股份，但也不能退股。转让就是把股票卖给其他人，通过证券交易所计算机自动撮合系统来完成。

（3）综合融资

作为企业商品生产经营的本质是通过商品的运作来运作货币，是通过融资、投资及分配的过程来实现的剩余价值。作为企业融资环节来说，可以有多种方式作为选择，如前所述，可以通过负债、股权融资等来实现，但不管哪种方式，都要求收益大于支出，即利润率大于利息率或股利率，才能获得融资上的剩余价值。

怎样综合判断融资带来的剩余价值是多少？或通过融资环节对企业总的剩余价值的贡献呢？这就要将所有使用的融资方式放在一起，进行综合计算，得到综合资金成本率最小化的结果。

综合筹资成本率是企业使用各种筹资方式的资金加权平均成本率，又称企业平均资金成本率。通过企业综合平均资金成本率测算，有利于企业选择最合理的资金来源结构，便于正确决策，尽可能提高投资利用效果，这是企业管理中财务管理融资上的剩余价值的衡量标准。

加权平均资金成本 = $\sum$（某种资金占总资金的比重 × 该种资金的成本）

若以 $K_w$ 代表加权平均资金成本，$W_j$ 代表第 $j$ 种资金占总资金的比重，$K_j$ 代表第 $j$ 种资金成本，则上式可表示为：

$$K_w = \sum_{j=1}^{n} W_j \cdot K_j$$

个别资金占全部资金的比重通常是按账面价值确定，也可以按市场价值或目标价值确定，分别称为市场价值权数、目标价值权数。市场价值权数是指债券、股票以市场价格确定权数；目标价值权数是指债券、股票以未来预计的目标市场价值确定权数。

**例**：某企业的长期资本，按账面价值为 1800 万元，其中长期贷款为 300 万元、资金成本为 4%，债券 800 万元、资金成本为 3%，股票为 700 万元、资金成本为 10%，则该企业平均的综合成本为：

$$300/1800\times4\% + 800/1800\times3\% + 700/1800\times10\% = 6\%$$

即筹集到 1800 万元，要支付 6% 的成本，即 1800×6% = 108 万元的筹资成本，此时整个企业的实际筹列的资金量为 1800 − 108 = 1692 万元，这 108 万元当中，是分别支付利息、股利之和。

2. 融资产出

综合筹资收益率是指综合筹集到资金带来的收益率，计算方法也与综合资金成本率相同，假定筹集到这些资金带来的综合收益率为8%，则整个筹资收益率为8%−6%=2%，这个2%就是综合筹资带来的剩余价值率。列入整个企业的商品生产经营收益率当中的一部分，是企业的财务部门对企业总利润的贡献，是财务管理的成果之一。也就是通过筹资使企业总剩余价值率增加了2%。

反之，如果经过筹资带来的收益率为5%，则整个筹资经营的结果为5%−6%=−1%，即通过筹资经营，带来的结果是亏损，资金杠杆带来了副作用，而在8%时则是正的收益。

不难看出，企业筹资的剩余价值率为：

筹资剩余价值率=筹资收益率−筹资成本率

这样，作为企业管理中财务管理的工作业绩成果就可以具体量化考核了。当然，筹资收益率是企业综合经营的成果，但是，作为筹资工作中，是否及时进行事先综合分析也是非常重要的，即筹资决策要根据社会市场及企业情况综合分析得出才是。

最后还需要说明的是，综合资金成本率是仅从筹资数量上来考察的结果，而实际融资中在考虑综合资金成本率最低的同时，还要注意融资的及时性及在财务预算特别是流动现金需要量的基础上来确定。其目的是为了获得融资上的产出大于收入，为企业总的剩余价值作出一份应有的贡献。

企业融资有多种方法，每种方法带来的融资成本及使用效果各不相同，所以，企业融资的关键问题是选择什么样的融资方式，怎样保障企业商品生产经营的及时需求，没有过多的剩余现金。由于融资的方法，包括股权融资和债权融资，所以，融资中涉及企业的所有权减少及债务增加问题。

总之，融资要讲究综合资金成本率，以最低的融资成本融到需要的资金，是企业商品生产经营中“少投入、多产出”的直接表现，如果企业在其他生产、供应、销售各个环节做得再好，这一个环节没有做好，融资成本过大，则一开始就注定了企业商品生产经营的失败。

另外，企业融资还是拿别人的钱为自己挣钱的过程，所以，它只有在很高的商品销售利润率时，才能起到融资的杠杆作用，否则没有必要进行融资了，或处于缓解流动资金紧张，以成本价格进行了融资，即资金成本率=利润率，若企业亏损时融资，利润率小于成本率，则整个融资对企业带来的亏损，不论企业怎样生产商品，都是注定要亏损的。

反之，通过一个优化的融资管理的分析以后所进行的融资，即成本率低于收益率，则带来了融资上的剩余价值，起到了财务管理对整个企业利润的贡献作用。

（二）投资过程中的投入与产出

1. 投资成本

投资种类有实体商品投资及证券投资，构成会计上的主营业务利润及投资净收益。

实体投资，就是向另一个企业所进行的投资，通过参与其他企业的股份或借债，获得所投资企业的经营利润或利息的投资形式。

这种投资是建立在实业商品盈利基础上的，所以，风险相对较少，但是其收益也比较稳定。

而证券投资，由于市场的波动性，则容易出现风险大、利润大的特点，或者证券投资往往是带有一种“投机性”的投资。

投资成本，是指向其他企业或经济实体投入的资金数量，或购买证券的货币数量。

2. 投资总收益

投资总收益，是指通过向其他企业或证券机构投入的资本带来的总收入，比如股票在投入时为100万元，而经过一段时间，股票价格上升了，变为120万元了，这120万元就是投资总收益。

3. 投资净收益

投资净收益，是指投资总收益去掉投资成本的部分，也就是投资的剩余价值所在。

如前例中的20万元就是投资净收益。

投资净收益有两种表示，一种是不考虑资金的时间价值，这时的投资净收益就是投资所在项目各期（年）的净现金流量NCF之和。另一种是考虑资金的时间价值，主要是通货膨胀率或通货紧缩率影响货币的贬值或增值的价值，这时，投资的净收益就是收益净现值NPV，是"收益总现值TPV"当中一部分。并且区分单利或复利折现率。

考虑一个投资项目的总价值时，就要根据以投产日为限，之前的投入为项目成本价值，之后的收益为项目剩余价值。

但是，不论NCF之和还是收益净现值NPV，及"收益总现值TPV"在项目持续期间都是对未来预测的结果，只有在项目结束时，才能真相大白，盖棺定论。在项目实施过程中的每一时点的价值是实时变化着的，往往需要通过专业评估机构来进行，而目前评估机构按静态的方法评估出来的结果充其量只是某一事先约定的某一时刻的价值，而评估时间一般很长，往往都要几个月甚至半年，这样所评估出来的结果只能是该项目实际价值的历史记录而已，已经没有实际用处了，而实际价值早已事过境迁了。

为此，使用"全球经济一网通系统——投资项目总价值、剩余价值每日实时评估显示预测系统"，可以方便评估出一个投资项目每时刻的实际价值。

通过互联网把全世界范围的资产、投资项目实时评估出来的价值结果进行交易，则带来的价值的真实性、全面性及方便性可想而知了，由于是世界范围的资产、投资项目的交易，是世界范围的资源整合，所以交易的结果其价差会大于国内是肯定的了。

# 第四节　企业物资全面实时价值管理

## 一、企业物资管理

企业的物资与其他证券、货币一样，是商品价值的一种存在形式，是具有一定的几何形状的物体，如各种厂房、办公楼、设备、仪器、在产品、产成品等我们知道，一切物体，都是由分子、原子等基本微粒组成，随时间的增加，都要经受化学及物理上的变化，形成折旧，另外，由于技术的落后也会带来效用的相对减少，也会带来一定的价值贬值，所以，企业生产经营物质价值管理，要考虑到“折旧”带来的效用减少、以及相应的价值贬值。

折旧方法是按物资商品的使用期除以使用天数，得到每一天的自动折旧结果，如一个房产，使用年限是70年，价格70万元，到第70年时，价值就为零了。使用期当中每年有1万元折旧，换算到月就是10000/12=833元/月，换算到天就是833/30=28元/天，即每过一天，这个房子就会贬值28元。通过VM系统就能够自动运算出来，每过一天，房产价值就减掉了28元。注意这价值折旧，而不是会计折旧，会计折旧是根据一定的国家规定而进行的，价值折旧是根据其物资商品本身的效用价值减少而折旧的。二者性质不同，结果也不同，会计的某些折旧规定的合理性在此不探讨。

反例，对于经营古董的企业来说，则完全相反，因为古董的价值是按时间来计算的，时间越长，稀缺性越大，效用越大，从而价值越大，这也完全是由其商品的效用随时间增加而增加的结果。

所以，对于物资的价值管理要区分好物的种类及效用变化特点来决定其价值的变化增加还是减少。这是要特别注意的。

企业物资管理，就是对企业的物资进行计划、组织、领导、控制、协调、激励的过程。

企业物资管理的主管部门是企业的资产管理部门。

## 二、企业物资价值管理

企业的物资管理，就是在物资管理过程中实现的“少投入、多产出”。

怎样获得物资管理上的“少投入，多产出”，就是通过以较低购买价格购买到较好物资，包括房屋、设备等。

因为作为固定资产来说，一次性支付成本大，需要在之后的多次或多期商品销售中得到补偿，所以，它是构成企业商品的基本成本之一。考虑到设备本身及技术性能的先进性、适应性。除此而外，还要建立固定资产保养、管理、登记注册后一整套管理制度。

对于加工型企业，固定资产的设备决定其产品的好坏，关系企业成败。

设备投入资金与其所创造的价值之间的关系，是反映投资效果一项指标。投入产出是在一定经济理论的指导下，通过编制投入产出表，建立相应的数学模型，来反映设备生产与消耗间的直接与间接联系及其价值形成的平衡联系。投入产出表根据不同的计量单位，分为实物表与价值表、设备资产表；从实物形态与价值形态两方面来考察社会产品的运动，又能从再生产的各个环节来研究、分析各部门的再生产过程。

这个投入与产出还只是设备本身带来的剩余价值结果，而实际上，商品生产除了使用设备以外，还有其他商品本身的材料、人工、制造费用加上期间费用的管理费用、财务费用及销售费用的六大费用投入，这样，就要找到整个商品全部生产期间的六大成本费用与设备费用之间的比例，再从这种商品的总利润中乘以这个设备投资的比例数，才是这台设备本身投入与产出的结果。

最后，企业物质价值管理，在实操上，可以在国际价值中心“世界资产网上交易市场”上随时卖出或买入资产，通过贱买贵卖或贵卖贱买为企业带来“少投入、多产出”的剩余价值来。

# 第五节 企业生产全面实时价值管理

## 一、生产管理

企业的生产管理就是企业商品生产经营过程所进行的计划、组织、领导、控制、协调、考核、激励等过程。

企业商品生产管理构成企业的日常剩余价值投入价值，当商品生产完成以后，通过商品效用带来新增剩余价值。

所以，企业的生产管理是商品的投入价值形成过程，通过成本费用的节省，带来剩余价值。

生产管理根据不同企业所生产商品的种类及技术性要求各有所不同。

对于有形商品的生产，则需要有一定的管理规程要求，质量检验等。对于服务商品，则主要是通过人工服务来实现的管理，对于有形产品与无形服务结合的商品，两者要共同发挥作用，对于证券的生产管理，就是证券市场的管理规范下的管理。

生产管理由企业的生产部门进行的管理，并且与科技开发部门密切合作。

除此之外，还要质量管理，以保障商品的品牌，并且避免因商品质量问题带来的损失。

对于商品的质量管理，近代以来更侧重于“过程”管理，在生产过程中达到相应的质量要求，而不是在生产完了以后再来检查，如ISO9000系列就是这样的一个理念的质量管理。

## 二、生产价值管理

生产管理是企业日常的商品剩余价值形成过程。一种商品，从原料到成品的过程形成，就是“公允价值”的形成过程。商品因市场供求关系而决定其实际大于或小于“公允价值”，也就是平时我感觉到的一台小汽车10万元左右，指一段时间的平均价格的价值，而实际上购买时，可能大于或小于10万元，各种商品在市场销售都是这样的，基于“平均”的生产成本而生产出来，基于“公允”价值而作为市场销售的价格参照。这样，就要建立每种商品平均成本的标准成本制度，以此考量作为生产部门的价值贡献成果，如果在保证质量的前提下，以低于单位商品平均成本的投入生产出来，则这个低于标准成本的差，就是企业的生产部门对整个企业总利润的剩余价值的贡献。

生产价值管理，是企业在商品生产经营过程中如何实现“少投入、多产出”的过程。

在现代商品生产经营社会中，由于生产力的飞速发展加之长期的买方市场，使之对于商品生产的专业化程度要求越来越高，细分化程度越来越细，所以，只能靠科技来支撑。

作为生产管理主要是建立在全面价值的实时监控基础上，实时发现问题，当即解决，及时纠正，特别是对于特大型企业及大中型企业，每天的商品生产经营盈亏以“亿元”为单位来计算，通过实时的总价值的监控与及时纠正，能带来难以估量的经济效益。比如实施企业VM价值管理工程一次性投入1亿元，通过及时性管理上的监控改正，一年下来为企业避免内部管理及外部宏观经济形势的影响所造成的损失合计为10亿元。实施这一工程带来的剩余价值就是10-1=9亿元，这9亿元就是通过管理信息化所带来的生产经营管理上的剩余价值，而且确保了企业商品生产经营的安全性以及企业形象品牌的建设。对于类似于沃尔玛的遍布全球的企业来说，通过这个系统能够带来的经济效益足以“百亿元”为单位来计算了，把监控设备设在车间、工作现场，企业内所有电脑都一目了然看到，对于每个职工的日常监督带来的管理效益是无法估量的。还有节省开会费用也是难以估量的……由于“VM实时价值管理系统”是一个企业管理的“方向盘”、“测速仪”和“导航仪”，企业管理特别是生产管理就有了明确的方向，离开这个方向盘、测速仪，整个企业生产管理及各项管理就失去了方向，如同汽车失去了方向、速度及目标控制行驶一样。

为了实现企业生产管理的经济效益，要建立标准成本制度，以确认企业生产管理的工作结果。

此外，还要建立质量管理制度，以保障商品质量，对于有形产品，就是产品功能的保障作用，而对于服务商品，就要建立服务规范，包括行为标准动作要求等。

作为企业商品生产过程中的价值管理，就是为了最大限度地实现“少投入、多产出”，即同样的产量，投入原料等最省，或同样的原料等成本投入低，产出的产量最大的问题。具体可以使用线性规划法来解决，即对于两个变量的线性目标函数在一定约束条件下的最大值或最小值的问题。通常在企业的物资调运问题、产品安排问题及下料问题。并且可以使用图示法来求出结果，对于超过两个变量或高于一次的目标函数问题，则需要进行专业化数学研究。

生产的价值管理，主要体现在生产要素投入的节省上，即通过土地、资本、劳动、科技及企业家要素的综合均衡成比例的配套投入带来最大化产量的产出。也就是各要素的适度投入下的总投入最化带来的产出的最大化问题。

我们知道：

商品的剩余价值=商品销售收入-商品生产要素投入

或用货币表示为：

商品的利润=价格-成本

这样，由于生产要素作为商品剩余价值的减项而存在，则商品剩余价值最大化，直接体现在生产要素投入的最小化问题，也就是研究在生产要素为多少时，总产量最大化的问题，而要素投入的最小化问题，就是各要素的恰到好处的投入量，即不能不够，也不能过剩，如果不够，就会生产不足，带来损失，如果过剩，就会带来要素闲置。每种要素都是需要通过购买才能得到，如土地闲置需要支付租金或闲置的机会成本，资本闲置，会带来筹资中的成本增加，因为筹资要支付利息、股利及手续费等，劳动闲置，有人没事做，工资及福利要照样支付，科技闲置，带来科技投入或购买上的损失，而企业家闲置，则不但企业家年薪照样支付，而且还会带来内耗现象等，所有这些闲置要素，都一律要从企业的总经营成本中减掉。这样，所谓的企业商品生产过程中的生产要素投入最小化的问题，就是如何通过确定各种生产要素的一个合理投入量及形成的合理比例的问题。而每种要素的恰到好处的投入量问题，实际上就是数学上的微分概念问题，即经济学中边际问题。

现在我们针对全部要素投入的生产函数：

$$Q=f(t,\ z,\ l,\ k,\ q)$$

式中的劳动一种要素的投入量与总产量的边际理论推广到全部生产要素投入的边际量与总产量最大化问题。

我们知道，在一种生产要素的劳动投入时，既不能过少，也不能过多，过少了，无法满足生产需要，带来生产不足，这时有生产岗位的“萝卜”，但没有劳动者的“坑”，当随着劳动人数不断增加，这种现象不断减轻，直到每个岗位对应一个职工的“一个萝卜一个坑”时，整个生产全负荷，产量最大化，而如果再增加人手，照样要支付工资及福利，这时就会产生窝工现象，增加额外总成本，那么，使用多少劳动才能既不少，也不多呢？这就要根据数学的“导数”理论，找到“边际效用为零”的劳动者人数。即对于劳动的生产函数求一阶导数令其等于零时对应的人数。如图 3-2 所示。

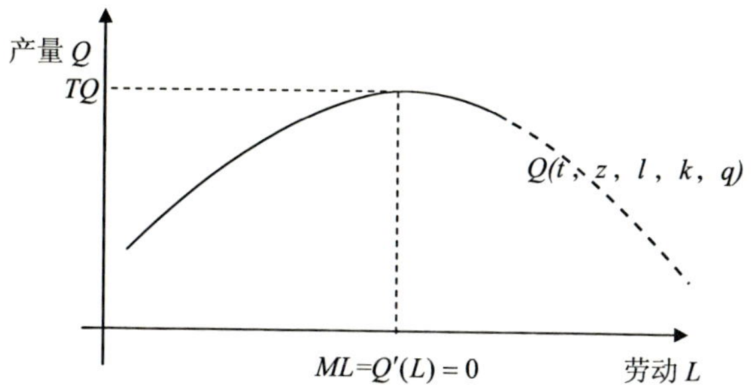


**图 3-2　劳动的边际投入量为零时，总产量最大 X**

从图 3-2 中不难看出，当劳动的边际投入量 *ML* 为零时，总产量 TQ 最大。

对于其他要素也同样，如对于土地、资本、科技及企业家的使用，也要分别对土地、资本、科技及企业家生产函数，求一阶导数，令其等于零，找到相应的土地、资本、科技及企业家的最佳用量。形成各种要素的边际投入为零时的总产量最大化问题。即每种要素的投入的边际量为零时，总产量最大。

其他生产要素的边际投入量为零时，总产量最大情况如图 3-3 所示。

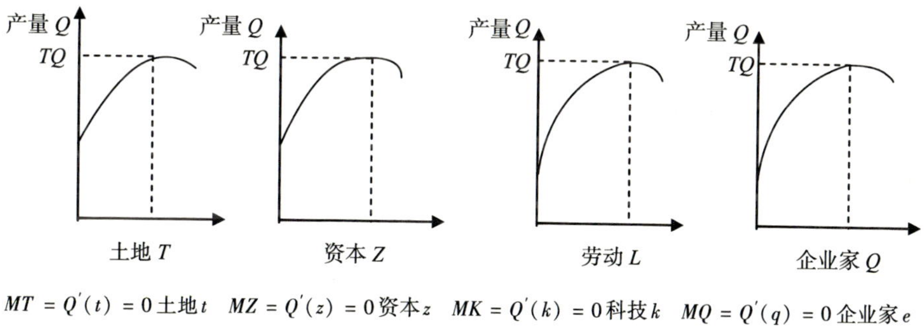


**图 3-3　土地、资本、科技及企业家的边际投入与产量最大化**

企业在使用土地、资本、劳动、科技及企业家等多种要素生产时，每种要素投入的边际量为零时对应的总产量最大，则企业总产量的最大化就来自于每种要素的生产要素投入的边际量为零时的用量，只有按这样得到的每种要素的用量，才能得到整个企业总产量的最大化。

设由土地、资本、劳动、科技及企业家组成的生产函数分别为 $Q(t)$、

$Q(z)$、$Q(l)$、$Q(k)$、$Q(q)$，并且：

当生产函数取得最大值 $TQ$ 时，对应的土地的数量为 $A$，即 $MT=Q'(t)=0$ 的土地数量；

当生产函数取得最大值 $TQ$ 时，对应的资本的数量为 $B$，即 $MZ=Q'(z)=0$ 的资本数量；

当生产函数取得最大值 $TQ$ 时，对应的劳动的数量为 $C$，即 $ML=Q'(l)=0$ 的劳动数量；

当生产函数取得最大值 $TQ$ 时，对应的科技的数量为 $D$，即 $MK=Q'(k)=0$ 的科技数量；

当生产函数取得最大值 $TQ$ 时，对应的企业家的数量为 $E$，即 $ME=Q'(e)=0$ 的企业家数量。

则

$$A+B+C+D+E$$

时，总产量最大，最大为 $TQ$。相应的，$A/B/C/D/E$ 也是生产要素最佳组合。

说明，这里的 $Q'(t)=0$，$Q'(z)=0$，$Q'(l)=0$，$Q'(k)=0$，$Q'(q)=0$，是多元生产函数 $Q=f$（$t$，$z$，$l$，$k$，$e$）分别对 $t$，$z$，$l$，$k$，$e$ 求一阶偏导数并令其等于零的结果，求出来的是总产量的函数值最大时的“边际产量数”。

另外，由于这是一个5元函数，所以无法画出它的距离空间中的图像，所以，只能对多元函数分别画出与某一种要素边际投入量关系的图像作为示意。

在这些要素的边际产量计算中，首先是土地要素的边际产量为零决定了其他要素的投入，这就是规模经济效益问题，因为土地是决定规模的基本前提，在这个前提下，其他资本、劳动、科技及企业家的投入才能进行相应调整。如农场对于土地量要求多，对于 IT 行业，则对于土地要求很少，这些土地使用量决定了企业的基本规模，也就决定了其他要素的投入量。

另外，还要需要说明的是，以上只是在多元生产函数只有一个极大值点时生产要素投入的总产量最大化问题。而实际上，对于多元生产函数，经常并不是只有一个极大值点，而是具有多个极大值点或极小值点，这样，对于整个企业长期生产中的产量最大化问题，就是企业多种要素为自变量的多元函数的“最大值”问题，也就是数学上最大值与最小值理论在生产上的应用问题。

根据高等数学知识，对于函数的所有极大值点中最大的点，称为最大值点，或所有极小值点中的最小的点，称为最小值点，这样，最大值点与极大值点并不是同一个概念。极大值点只是一阶导数为零时的多个当中的某一个点，而最大值点是所有极大值点中最大的一个，是唯一的，对于极小值点与最小值点也可以同样给出定义。

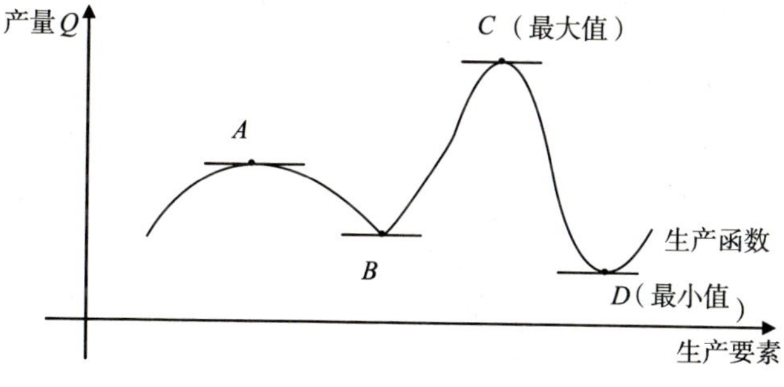


**图 3-4　生产函数的最大值与最小值点**

从图 3-4 可以看出，虽然 A、B、C、D 都是极值点，即一阶导数为零的点，但最大值点和最小值点都各有一个。其中 A 和 C 都是极大值点，但是，只有 C 是最大值点，而 B 和 D 虽然都是极小值点，但是，只有 D 是最小值点。这时，如果要求整个生产函数的总产量最大化，只能取 C 点对应的自变量，才是最佳要素投入量。具体来说，针对这样的一个生产函数，

根据 $C$ 点的一阶导数为零时，分别找到土地、资本、劳动、科技及企业家对应的数量，这种组合才是使整个生产过程中生产函数要素的最佳投入量，才能带来总产量最大化。单凭一个极值点是无法得到该生产函数下的总产量最大化的。

总之，对于多种生产要素投入的产量最大化问题，就是以土地、资本、劳动、科技及企业家为自变量的生产函数，分别对各要素求一阶偏导数后得到的各要素边际投入量为零时的投入量，而这些要素投入量之间形成的比例，就是各要素最优结构的比例，也就是如果各要素少于这个数，则生产不足，大于这个数就浪费了。此时各要素加总，就是所有生产要素的总投入，用货币表示就是生产上总成本，也就是总成本最小化带来的总产量最大化的生产上的“少投入、多产出”，从而带来企业生产经营的成本最小化剩余价值。

最后，我们来介绍一下在人工管理及计算机全面价值管理不同情况下的各种要素综合投入与产出的总量带来的规模经济效益问题。

1. 人工管理下的企业规模化效益

如果综合要素投入的总量（货币额表示）带来的总产量（货币额表示）是增加的，则存在规模发展的经济效益，此时还可以继续增加综合要素投入，以达到最大规模经济效益。

如果综合要素投入的总量货币与产出的总量货币相等，则说明规模效益是不变的，这时，企业达到规模最大化经济效益，也就是饱和的规模。如果综合要素投入的总量货币带来的总产量货币是减少的，说明规模过大，其经济效益是亏损的。这时要缩减规模。

人工管理下的企业规模递增、不变及递减规律如图 3-5 所示。

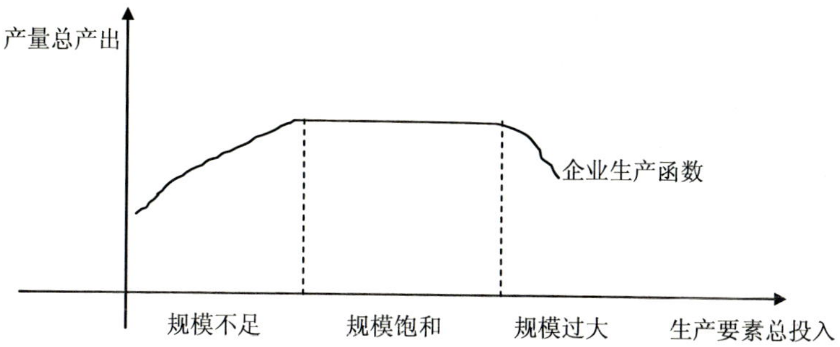


**图 3-5 人工直接管理下的规模化经济效益**

在第一个区间，企业的规模不足，因此增加规模，即增加综合要素投入，扩大规模，能够带来比投入更大的产出。第二个区间上，要素投入比例与产量产出比例完全相同，此时扩大规模没有意义，也就是企业通常的不变的规模化生产状态，而第三个区间则说明由于规模过大带来总产量的下降，这主要是由于规模过大，人工管理不足，带来生产的浪费，单位商品平均成本增加。对于大型或特大型企业来说，管理是一个难题，或只靠人工管理是难以实现经济效益的。特别是对于世界 500 强企业来说，遍布全球的企业，作为公司产权人无法随时监控到企业生产经营情况，到了年末召开总结会，进行会计核算时，无论企业好坏，一年时间过去了，也无法改进，然后下一年仍然如此，使企业始终处于盲目经营状态。作为大企业来说，现金流入与流出以亿元为单位来计算，不能任其风险发生。

所以，只有一个适度的规模，才能够从生产要素投入上最经济，带来综合要素投入最少，而且产出产量最大，这就是规模化经济效益。当然，规模化经济效益一是来自于市场供求缺口，二是来自生产经营特点，二者结合形成的规模化，才是最优的规模化效益。缺少商品市场份额的规模化，等于无源之水，缺少生产特点的规模化经济效益，也不会带来总成本的节省。所以，规模化经济效益是市场与行业生产特点共同决定的结果。

在长期实践中，会总结出一个行业的最优规模经济效益，如纺纱厂以

3万锭为佳，既能够实现人工管理，又能够使商品分摊的固定成本最小化，而对于大学来说，3万名学生为最佳规模，因为一来能够直接管理，二来能够节省固定成本投入。对于IT行业来说，几十个人就可以了……

这样，形成了每一个行业相应稳定的规模化要求，并且由于相同行业的相同规模形成了相同行业的相同规模企业之间的同胚关系，即各种要素投入数量都相同及产出也相同的现象。在项目投资决策分析中，找到同类行业的同规模企业的要素投入情况，就能够如法炮制出一个新投资项目并形成一个新的完全同胚的企业。只要市场还有需要空间能够容纳就可以了。

2. 计算机全面价值实时管理下的企业规模化效益

怎样克服人工直接管理带来的大企业管理难的问题，也是企业管理中的一个“核心”及“难点”问题。

“全球经济一网通系统——企业总价值、剩余价值每日实时评估显示预测系统”企业CM价值管理软件操作下的管理，能对企业商品生产经营过程的每时每刻的总价格及总价值、利润及剩余价值实时监控与预测，这样，不论企业掌门人还是一般员工，还是社会政府及其他用户，在任何时候，走到世界的任何一个有网络的地方，都能时时刻刻监测到企业整个经营的总价值及剩余价值变化情况，或者配合监控设备，能够对工作现场实时监控，做到随时整改，带来管理效益，特别对于世界500强这类全球性公司企业，作为企业的掌门人，任何时候，走到世界的任何一个有网络的地方，可以通过笔记本电脑或手机随时看到企业的总价值、剩余价值实时变化情况及设定的工作现场，类似于*K*线图一样，随时发现问题，随时解决，在过程中实现经济效益，并且能够预测未来趋势。这样，企业管理就如同开车有了方向盘、导航仪及测速仪一样，从而彻底解决了大企业以及中小企业管理难的问题。

# 第六节　企业科技全面实时价值管理

## 一、科技管理

科学技术是第一生产力。近代以来，世界发生的两次大的金融危机，推动科技发展，走出经济危机。

科技创造商品的价值，主要是通过科技手段及生产方式带来商品效用增加及生产成本节省的结果。有一些商品，没有科技甚至是生产不出来，在目前社会商品生产中，随处可以看到科学技术进步带来的惊人的生产效率及商品效用的独特性，只要有需要的商品，则生产这种商品的科学技术就会很快出现。对比科技力量的机械化来说，人的体能化学力是一个无穷小量，因此，科技成为创造商品的价值，剩余价值的主要实现方式。而企业则是科技开发应用主体。

## 二、科技价值管理

科技价值管理就是科技上的“少投入、多产出”。这一点在现代社会当中体现的非常明显，例如华为公司，微软公司，主要是以科技投入带来成倍甚至几百倍的产出效益。

这样，在进行科技开发时，就要研究科技的投入、风险及产出。一般处于“形成期”的商品的科技开发风险较大，但如果成功了，带来的利润也很大，而处于“上升期”或“成熟期”的商品的科技开发，相对风险小一些，但是利润也相对小一些。

科技价值管理，是指科技的投入与产出，目的是通过科技开发，获得超过没有科技开发的剩余价值。判断一项科技的总价值，就是这项技术或成果的开发费加上总收益的和，而科技开发带来的剩余价值，就是科技成果带来的收入减支出的差。

比如，对于一个软件开发，投入80万元，而销售价格为100万元，则100-80=20万元就是科技开发带来的剩余价值。再如使用人工生产弹簧，平均每生产一个弹簧所投入的工资及福利费为2元，而如果改用机器自动生产，平均每生产一个弹簧投入的费用为0.5元，则2-0.5=1.5元，就是机械化生产弹簧带来的剩余价值，是科技带来的剩余价值。

在现实的房地产、汽车、IT、医疗……各行各业中广泛使用科学技术及版权成果开发商品，获得巨额利润的现象比比皆是，我们今天就是处于科技快速发展的时代，以知识经济为保障，各行各业几乎看不到没有科技内涵的商品生产了，就连环境卫生行业，也广泛使用了科技手段，通过垃圾处理系统，变废为宝。

科技创造的商品价值及剩余价值可以用“无穷大”来形容，IT行业造就了无数的百万富翁，也是由于科技带来商品效用及高剩余价值形成的。如微软、华为……这些著名的高科技公司，完全依靠科技发展起来的，而美国号称世界经济大鳄，其经济发展的主要原因之一就是科技贡献，美国是人才大国，也是科技大国。

科技带来的剩余价值，就是科技产品效用或成本节省的贡献。开发自然界内部的资源能量，为人类服务的结果。自然界内部的能量是无穷大的，如太阳能、风能、水能、原子能……石油、天然气等开发，都是将自然界中无穷的效用能量转化为人类的商品效用，对比自然界内部无穷大的效用，开发费用是无穷小，所以，科技产品过去、现在及未来都是创造企业商品的巨大剩余价值的法宝。

企业价值管理，主要就是要通过对科技的“少投入、多产出”创造商品的价值及剩余价值。科技与生产相结合，甚至大学也要产、学、研相结合。

# 第七节　企业供应全面实时价值管理

## 一、供应管理

企业的供应管理，就是企业在供应环节上所进行的计划、组织、领导、控制、协调、考核、激励等过程。

## 二、供应价值管理

企业供应价值管理，就是在原材料供应过程中的“少投入、多产出”，其目的为了最大限度地获得供应上的剩余价值。

怎样做到供应上的“少投入、多产出”，就要研究原料的市场状况，质量及价格的均衡，或以便宜的价格购买到原料。

供应管理的价值体现还在于其及时性及“少量”或“零库存”上。这在所有企业管理当中都是要强调的基本思想，其原因是在保障正常供应的情况下，少量或零库存，能够节省企业大量的流动现金减少融资成本，而要做到这一点，就要对整个原料市场状况有一个全面透彻的了解，特别是使用 VM 系统对于上下游企业信息的互通来实现。

这里还要说一点，以上只是在没有通货膨胀或通货紧缩情况下的零库存理论。

我们知道，通货膨胀来临时，随着时间的一天天增加，同一商品的价格不断上涨，这时，保留货币现金就会带来价值贬值，而有时多购一些原料等物品，就能够避免价格上涨带来的贬值损失，对于大型企业来说，原料的成本费用是以“亿元”为单位来计算的，通过避免通货膨胀损失也就变相带来了商品的剩余价值。在通货紧缩时，可以做相反的处理，货币随时间的增加而增值，这时要大量地保存货币，而实现零库存就能带来货币的时间价值的增加，也能够创造出商品的剩余价值。对于通货膨胀或通货紧缩，已经是世界上普遍社会金融现象，所以，对于供应上的零库存原理，只能限定在没有通货膨胀或通货紧缩的前提下，所以，只能是一种理论化的适用于通货紧缩时的情况，而通货紧缩我们还很少看到，在通货膨胀长期上升的前提下，一味强调零库存是值得商榷的。

最后，关于企业价值管理的人、财、物、产、供、销等详细内容，请详见“价值经济管理学新体系系列专著”中的“价值管理学”子系列的有关分册介绍。

# 第四章　全面实时价值的资本运营管理

狭义上的种资本运营，由于是在资本—商品—资本—商品……的链条上实现的，所以，一定程度上能够化解风险。比如商品一时卖不出去了，但还有商品在，以后还可以再卖。并且企业的商品利润率一般都在一个比较稳定情况下进行的，10%～30%，超过这个利率就是特殊情况了，甚至还会受到反不正当竞争法的制裁，所以，这种狭义上的资本运营，具有稳定性及效率不高性。

广义的资本运营，是直接的资本之间的交易。缺少中间环节，所以，具有风险大，以及收益大的特点，是近代企业管理中财务管理的热门及高端理论技术。

现代大多数成功的大企业，都是在狭义的企业正常商品生产经营的资本运营基础上，通过进入广义的专业化的资本运营，如通过上市，贷款、买卖企业、买卖项目等各种手段完成升级改造的。没有这一个过程，企业难以短期内长大，甚至难以长大。因为企业的正常商品生产经营是受市场商品供求关系影响的，一种商品受市场生命周期的影响，不可能总是供小于求，即不可能总是获利的。特别是作为“完全自由竞争市场”上的商品，价格由市场确定，长期中的平均利润为零，这样在长期中，单靠正常生产经营难以做大做强企业的，所以，企业在正常生产经营的同时，还要做一些资本运营，以实现在稳定基础上的大发展。

运用“全面价值观”进行企业资本运营，是企业价值管理重要方面所在。构成现代企业价值管理高端理论与方法。

企业资本运营中的价值管理，是通过企业商品生产经营的一体化、多元化、资产重组、企业合并、上市与分立等实现的。是将整个企业作为一个经济实体来考量的价值及剩余价值的实现过程。

## 第一节　企业的一体化与多元化经营

### 一、企业的一体化经营

企业的一体化经营，是指企业与上下游企业及同行企业间的合并运营。其目的是实现更大范围上的资源整合，实现“少投入、多产出”，带来独立经营的额外剩余价值。

1. 纵向一体化

是指上下游企业之间的合并。

我们知道，各种商品生产经营都要有原料，对于同一种商品的生产，如果作为一个企业内部经营来说，从原料到成品的生产过程是通过企业内部的行政计划、命令来实现的，这样，生产过程能够保持极大的协调性，带来生产效率的提高；另一方面，由于是内部生产流程，没有发生原料的商品买卖，所以，不需要缴纳流转税的增值税。

如纺织厂与纺纱厂及服装厂合并，就组成了一个前向一体化及后向一体化，实现了纵向一体化，还有火力发电厂与煤矿及供电局的合并，也是组成了一个前项及后向一体化的纵向一体化。对于农业公司来说，这种一体化意义更加重大，从农业产品到农产品深加工再到农产品的贸易公司，实现一体化经营后，就能够及时根据贸易公司提供的市场信息来指导农产品加工及农产品的生产等。还有造船公司与钢铁厂及海上物流公司形成一体化经营等。

对于教育也不例外，有的民办学校，从幼儿园—小学—中学—高中—大学—成人培训—老年大学—老年公寓……全部一条龙的生产方式，也有一点肥水不外流的意思。

总之，纵向一体化，就是做一种商品的全过程的价值链。这种做法能够带来企业较好的经济效益。

2. 横向一体化

是指同行业企业的兼并，这样，可以形成规模经济效益，在企业内部生产工序上节省成本投入，实现集约化生产，可以占领更大的市场空间，扩大市场影响力，合理安排目标市场。

横向一体化经营好处是带来规模上的扩大，及企业商品市场竞争力的提高，但是不足的是，由于企业合并以后，在企业的文化理念上需要一个磨合时间，另外，由于规模过大，带来管理上的难度，成为影响一体化经营的桎梏，成为管理上难解决的问题，如果这个问题能够得到解决，则整个企业的一体化经营带来的经济效益是不可估量的。

“企业 VM 价值管理系统”就能够有效解决这一问题，不论企业有多大，使用这个系统，对企业的每天每时的工作现场及总价值及变化情况也会了如指掌，实现傻瓜管理。对于员工来说，虽然老板没在眼前，但是通过工作现场的监控画面，一言一行，一举一动都在老板的视线中，老板可以坐在办公室里看大屏幕实现企业管理，也可以随便出去坐飞机实现企业管理，还可以在钓鱼池塘边实现对千人万人甚至全球多少亿职工的实时监督与管理，不但能看到工作观场职工工作表现，而且还能直接看到工作结果的企业总剩余价值。这样，一体化经营的全部优点便得到充分发挥了。

企业的一体化经营直接体现了企业商品生产经营的专业化生产的优势，实现了更大范围、更大规模的社会专业化分工，除了一体化带来的规模过大不便于管理带来的效率低下以外，具有市场经济社会商品生产高效率的一切优点，而当我们使用“企业 VM 价值管理系统”以后，大企业管理难问题得到彻底解决以后，则整个企业一体化经营的优点就是能够全部发挥出来了，这就是“企业 VM 价值管理系统”带来的最直接的经济效益，对于一个企业整个运营期间所带来的投入产出比至少 1 比 10 万倍以上，而对于一般的中小企业也是 1 比几千倍。

## 二、企业的“多元化”经营

顾名思义，企业的“多元化”经营，是指企业生产经营多种行业的商品。

为什么要这样呢，这是因为企业的商品生产经营一方面是为了自己创造货币利润剩余价值；而另一方面，要实现这个目标，必须建立在为社会消费者或投资者提供一定的消费与收益效用价值的基础上。社会商品消费及投资收益，有很大的不确定性，带来企业商品生产经营的风险。甚至同一种服务，经营一段时间就被淘汰了，这主要是由于人的心理变化求新性决定的，如服装厂要时刻生产时兴服装，哪里能做到这一点，而一旦所生产的商品被市场淘汰，则整个企业也就跟着进入了死胡同。这样，要想使企业获得长期的稳定与发展，必须在经营一种主打产品的同时，兼营其他商品来化解市场风险。

多元化经营在现代社会比较盛行，许多企业以房地产为主，兼营汽车、教育、农业、林业、矿业等，而在证券市场上，各种证券都做一点，道理也一样。

产生多元化经营的原因是企业对于所经营商品的未来价格把握不准，有一种猜测因素的企业战略。

通过“企业 VM 价值管理系统”的价格预测功能，对于一种商品未来价格把握得比较科学准确，就没有必要花费那么大的力气来多种行业开发，开发一个行业付出的精力及财力是无比巨大的，且市场的合法与非法竞争带来的风险也是难以估量的，除非出于一体化的经营需要则另当别论。

# 第二节　企业的资产重组

资产重组是指企业为了优化企业资本结构，调整产业结构完成战略转移目的而实施的资产或股权的置换即交换。在近代企业管理中，资产重组广泛用于上市或粉饰财务报表，起到虚张声势的作用。

通俗地解释，资产重组，就是对企业各种不同资产的重新组合，这种组合能够起到优化资产结构，从而实现优化商品品种结构的目的。广义的资产重组不但包括物的重组，而且还包括对员工、技术及机构等重组。从会计角度来看，资产重组是指企业与其他经济主体在资产、负债及所有者权益之间的调整。使得资源的有效配置，达到均衡合理的资产负债结构，如果负债过多，会出现债务风险，并且受通货膨胀或通货紧缩影响带来增值或贬值影响，或资产过多，缺少流动资金，企业的生产经营无法购买原料及支付职工的开支，企业就要关门。

## 一、资产重组的原则

1. 要以产权联结为基础。因为以产权联结为基础的资产重组是牢固的，它避免以契约形式进行资产重组时过多的谈判成本和道德风险；同时，真正的产权转移可以为新企业的产权明晰创造条件，使新企业拥有完整的产权。

2. 要以市场的要求为出发点。国有资产重组过程中切忌政府的过多干预，而必须是资本所有者和企业经营者根据市场提供的信号，按照资本追逐效益的原则来进行操作。

3. 国有资产重组要有明确的产业政策。我国是发展中国家，在产业政策中，通过资产存量的调整来改变国家产业结构状况是一项重要的政策措施。因此国家就必须制定相应的政策来保证资产重组活动的结果符合国家产业政策的需要。

4. 要保持企业竞争性和垄断性的统一。资产重组必然会导致大企业、大集团的产生，这样会产生规模效益，降低企业的生产成本，从而提高企业的市场竞争力。但是这样可能会造成垄断，而市场经济的活力就是有竞争机制带来的。所以在资产重组的过程中，要形成一定有规模的大企业，同时要避免产生垄断性的企业集团。

5. 动态管理，一切都要随资产的商品市场销售表现来适时调整，用事实说话，对于销售不好的商品及前景预测不乐观的商品资产要及时转换出去。

## 二、资产重组种类

内部重组是指企业或资产所有者将其内部资产优化组合，进行的重新调整和配置，以期充分发挥现有资产的部分和整体效益，从而为经营者或所有者带来最大的经济效益。在这一重组过程中，仅是企业内部管理机制和资产配置发生变化，资产所有权不发生转移，属于企业内部经营和管理行为，因此，不与他人产生任何法律上的权利义务关系。

外部重组是使企业或企业之间通过资产买卖剥离不良资产，配置优良资产，使现有资产效益得以充分发挥。这种形式的资产重组，企业买进或卖出部分资产，或者企业丧失独立主体资格，其实只是资产所有权在不同的法律主体之间发生转移，因此，此种形式的资产转移的法律实质就是资产买卖，企业资产买卖的方式有收购、兼并、互换等。可以通过国际价值中心的“世界资产网上交易市场”进行资产交易。

资产和债务的重组又往往与企业股权的重组相关联，形成对企业负债的重组，企业股权的重组。

企业股权的重组往往孕育着新股东下一步对企业资产和负债的重组。对企业资产的重组包括收购资产、资产置换、出售资产、租赁或托管资产、受赠资产，对企业负债的重组主要指债务重组，根据债务重组的对方不同，又可分为与银行之间和与债权人之间进行的资产重组。

战术性重组是指属于在企业层面发生，根据授权情况经董事会或股东大会批准即可实现的重组。

战略性重组，是指对企业股权的重组由于涉及股份持有人变化或股本增加，一般都需经过有关主管部门（如中国证监会和证券交易所）的审核或核准，涉及国有股权的还需经国家财政部门批准，此类对企业未来发展方向的影响通常是巨大的，战略性资产重组根据股权的变动情况又可分为股权存量变更、股权增加、股权减少（回购）3类。

### 三、资产重组模式

伴随着国有企业改革的深化，资产重组方式多种多样，归纳起来有公司制改、承包、租赁、企业兼并收购、托管、外资嫁接改造、破产重组等。其中公司制改组、企业兼并和破产是资产重组的3种主要模式。

在西方市场经济发达的国家，资产剥离和购并是资产重组的两种基本形式。资产剥离是指将那些从公司长远战略来看处于外围和辅助地位的经营项目加以出售。购并主要涉及新经营项目的购入，其目的是增强公司核心业务和主营项目。企业资产重组过程往往伴随着资产剥离和收购兼并活动的同时进行。

总之，企业的资产重组是为企业战略服务的，通过企业资产重组，以保障企业始终沿着正确的方向进行，否则，这种重组会迷失方向，甚至把一个好端端的企业搞垮，如同汽车行驶没有了方向，走错了路无法挽回一样。而时刻把握企业商品生产经营总方向的正确性，是企业老板的职责。

## 第三节　企业合并、上市及分立

企业合并，就是由多个企业合并成一个企业，形成规模经济效益。

上市，则是现代市场经济社会的主要发展之路。一般的大企业都是经过初始利润积累期，而到了一定程度时，就通过上市来实现向社会融资，而上市融资的速度远大于企业利润滚动带来的发展速度，因为利润滚动需要较长时间，一般商品只有20%左右的利润，还要经历风险，只靠利润滚动来实现壮大规模和发展，则商品的市场适应性早已经过去了。所以，使用上市融资，能够在一个国家或世界范围内短期内筹集到更多的资金，短期内迅速占领市场，抓住市场时机。我们讲过，投资的本质就是投机，就是在这条总价值曲线的一个短期内尽快实现利润，时间一长，供求关系或竞争关系及社会发生的变化可能会失去机会。而重新调整行业产业，则需要花费很长时间，遭遇很多风险，甚至由于建设投资项目的时间长，项目刚建成，市场已经过时了，所以，企业难过融资上市能够有效解决市场适用性及规模效益带来的成本减少的问题。

企业分立，是企业由大化小的过程，也是为了适应市场的经营需要而实施的企业战略。

总之，不管企业管理的扩大也好，减小也好，都是为了适应商品市场销售的需要，为了实现剩余价值多产出的需要而进行的外部资本运营。归根到底是增强企业的市场适应性，成为实现剩余价值的外在因素。

此外，根据企业的不同情况，还有将商品生产经营的人、财、物、产、供、销的某一部分职能或全部对外承包出去，产生各种专业化的企业服务公司。如人事代理公司，专门为企业提供人才服务，为企业挑选企业家等稀有人才，获得高额的人才服务费；有财务公司，专门为企业提供财务服务，如会计师事务所、会计公司等；物流公司，是专门为企业提供商品物流的公司，还有销售公司、企业策划公司、企业注册服务公司等，这些公司的专项服务往往比企业自己设立部门具有更节省成本并提升质量的作用。不但如此，甚至还有企业管理公司，即把整个企业的管理全部承包下来，作为企业的老总，只负责开展业务即可。对于一些业务不接续的公司来说，这样可以节省整个企业的长年开支，而节省商品生产经营成本，用之则来，挥之即去。而对于长线的稳定的企业，这种方法不一定适合。

# 第五章　企业外部全面实时价值管理

在市场经济社会中，企业是通过商品买卖周转实现利润剩余价值的。即对于企业生产出来的商品，必须首先有“买”，然后才能有“卖”，才能带来剩余价值，如果企业生产出来的商品，没有销售出去，只是堆在仓库里，则充其量只能是理论上的虚拟“公允价值”，而无法形成实际上的利润的剩余价值。所以，企业的生产经营总是在一定社会及自然环境下进行的，企业离不开与外界环境的互动而生存和发展。如果把企业比喻成一条船，社会及市场就是大海，船显然离不开大海。

两者之间形成了企业管理的以外部变化为导向实时调整内部管理的内外互动关系。企业产品生产经营过程就是对外适应市场，根据市场变化调整内部管理的过程。如同船长根据运行航线变化调整船内管理一样。

如原料进购价格、商品销售价格、政府税收等也同样影响商品价格和利润，带来企业总价值的增加或减少。甚至会没有外部的全面实时价值管理，企业的利润不但不能实现，甚至带来全军覆没的结果。如2008年以来美国的金融危机，整个社会的企业大量倒闭，由于缺少了客户，所以，企业商品流通中止了，相应的货币流通也就中止了。企业的血脉断了，也就死亡了。

本章中，我们就企业的外部全面实时价值管理问题进行研究。

# 第一节 企业外部微观环境全面实时价值管理

## 一、相关企业的协调公关管理

用户:

“用户是上帝”、“消费者是上帝”,这句话是所有企业家都知道的名言。为什么用户或消费者是上帝呢,因为用户或消费者通过商品的购买使企业的商品能够收回成本,带来利润剩余价值。如果没有用户的购买,则企业生产出来的商品现金无法回流,企业肌体的血脉就断了,而如果没有用户或消费者的商品购买,商品的利润就无法实现,企业的价值增值就是空话。

企业以用户或消费者需求为经营导向,需要一整套的市场调查与预测,进行市场细分,在企业形成胚胎的项目投资决策阶段,就要定位好企业的营销战略及总战略。当然,在进行营销战略时,除了考虑到现在及未来市场需求量,还要考虑到市场的供给情况,以及可能出现的新的供给增加情况及政府政策、税收变化等。从而真正找到商品的市场需求空间,填补市场空白或供给不足,只有在供小于求时,才有可能实现价格大于价值的利润剩余价值,否则,只能回本或亏损。

此时还要区分垄断商品与完全自由竞争商品的特点。垄断商品,如高科技商品、文化创意产品等,企业有自主定价能力,但是,不能违反《反不正当竞争法》来定价。作为完全自由竞争商品,如农贸市场上商品,则由于商品的同质性,所以,价格由市场决定,只能以“量”取胜。这个量通常情况下都是供求相等的,如果新增加供给量,就会带来价格下降,实现利润很难。这样,就只有走市场细分化,来最大限度填补市场空白。而科技新产品、文化创意新产品,作为垄断商品,在定价及市场供给量上都具有优势 ,所以,科技推动社会经济发展是有其内在价值规律的。通过跨地区、跨国的贸易，更能够实现不同地区及不同国家的资源整合，能够起到填补市场空白或不足，带来商品的利润剩余价值。

通过企业前期项目投资决策到项目建设再到生产经营管理，以外部变化为主调整的人、财、物、产、供、销的一整套的适应外部市场，才能带来一点点利润剩余价值，并且在时间上要有“实时性”，受利润追求的驱使，一种商品如果有了利润，就会吸引更多的企业增加生产，带来供大于求；反之，商品亏损时，企业纷纷退出市场，形成了长期中各种商品供求相等的均衡态势。企业长期中只能获得平均利润的剩余价值，或称公允的剩余价值。

可以使用“全球经济一网通系统——企业总价值、剩余价值每日实时评估显示预测系统”进行预测，根据曲线长期商品销售变化规律，预测未来的市场需求变化规律，做出企业战略调整。

供方：

前面讲过，企业的商品生产经营就是通过进料—生产加工—销售—进料—生产加工—销售……循环交叉环节进行的，在这些循环交叉环节过程中，实现利润剩余价值或带来亏损。在这些环节上，销售是首要的，是显然的。

但是，作为商品生产的第一个环节就是进料，一种商品市场销售再好，如果原料进不来，或者成本过高，也同样无法以完成商品的生产经营，所以，在把住销售关的同时，对于企业原料进购上，也要确实得到保障，这样，就要有稳定的原料来源，即处理好与供方企业之间的关系。实际上，一个正常运营的企业，就是按订单生产，按生产需要订单购料，企业生产经营处于销售与进料的中间环节。

另外，企业的原料进购，除了要求按时保障以外，还是决定商品的质量及成本的首要方面。通过优化的性价比，奠定企业商品生产经营基础。

## 二、政府相关部门的协调公关管理

工商：

政府工商管理部门，是代表国家和政府对企业商品生产经营各项活动进行日常管理、监督的部门。因此，在企业生产经营过程中，要积极取得工商部门的大力支持与配合。在“自由化”经济社会好些，而在计划经济或过渡经济社会，就显得尤为重要。

税务：

国家对于企业的税收，制定了各种规章、政策与法律，通过税务部门具体来实施。企业的税务种类繁多、纳税核算复杂，所以，要与税务部门建立良好的关系，取得配合与支持，合理避税。

银行：

企业的商品生产经营是通过货币流动来实现的，在企业的日常商品生产经营活动中，经常与银行打交道，与银行建立协调关系，对于保障企业日常资金流通起到良好作用。

在企业缺少资金，需要资金融通的时候，银行的支持就显得更为重要。

保险：

企业经营有风险，需要保险，各种财产保险，可以化解风险。所以，保险公司对企业具有保险作用是显然的。

总之，企业外部微观环境的这些部门，是政府管理企业的具体实现方式，根据不同情况的市场经济社会，其管理力度及细化程度有所不同。

作为完全自由经济国家或地区，如英、美国家或中国香港地区，主要是以“登记制”为主来进行管理，而日常更多是以法律形式实现的管理，这样就为企业商品生产经营带来了宽松的条件，使企业这匹“千里马”能够跑得起来。

作为中国大陆，是从计划经济到市场经济渐进过度当中，一方面，既有计划经济的政府行政管理，又有企业的一定程度的自由化，这是中国特色社会主义经济体制的特点。随着市场经济制度的完善，最终达到市场经济社会的“自由化”生产经营，变细化管理为法律监管、改革开放30年来，取消了大量的政府审批。到了2012年，政府提出，凡是能够由市场配置的资源，一律取消行政审批，开始走向“登记制”，这对实现市场经济社会的社会资源优化配置，最大限度发挥企业及人才的经营和工作积极性无疑起到关键性的作用，必将大大提高中国社会经济的快速发展。

### 三、周边单位的协调公关管理

“远亲不如近邻”，这句话说得实在，对于企业日常生产经营，遇到一些临时困难或自然灾害，相邻企业能够给以帮助是非常及时的，另外，作为一个地区来说，各企业间难以隔断一些社会交往，所以，通过与周边单位建立友好关系，能够带来彼此的相互关照和利益。

## 第二节　企业外部宏观层面的全面实时价值管理

大家知道，市场经济社会的三四百年时间以来，各国不同程度地出现宏观经济的各种问题，如GDP片面性带来的社会经济周期性、失业、通货膨胀、通货紧缩、金融危机、高通货膨胀下的金融危机及各种资产无法进行全面正确价值评估等。这些都给企业的商品生产经营带来了各种困难，每一次经济周期、金融危机发生，就会大量死掉一批企业，之后又会新生一批企业，带来整个社会经济的“大洗牌”，企业如何应对宏观经济中的病态现象，构成决定企业生死存亡的重大问题之一。

实际上，企业同社会的关系，如同人体与自然环境的关系一样，是内外系统相互协调而存在的，如果没有空气、阳光、温度、水分等，则人的内部系统无法运转，人类也无法生存下去，所以，人的生存是人体内部系统与社会外部环境系统协调互动的结果，如夏季穿单衣，冬季穿棉衣等。对于一个企业来说，与社会的关系，也是一个协调互动关系。当社会的经济发展变化，企业也要随着变化。这就是企业外部环境的价值管理问题。

## 一、政府宏观经济调控应对管理

这是一个大题目，企业经营管理总是处在一定的社会政府管理之下，政府的管理，主要是通过宏观经济调控政策、法律所进行的管理。政府的宏观经济调控政策影响甚至决定企业管理经营的成败。

在一个健康态的经济社会中，宏观经济政策、法律处于常态化，企业能够正常适应；而在特殊时期，就会带来企业经营中的种种难以预料的风险。如政权更替，通货膨胀严重时，整个社会的商品价格普遍上涨，进料价格高，销售价格高，购买者一下子适应不了，就会带来商品销售难，导致流动资金中断，甚至带来企业的破产。这样，就要在日常的经营管理过程中，密切注意政府的各项宏观经济调控政策，包括金融政策的变化，及时防范经营风险。当政府限制某个行业发展时，就要及时收缩这些业务；当政府支持某个行业发展时，这个行业的盈利机会就大，政府限制或支持某些行业，至少可以通过提高或降低税率等方式调节企业的利润，等等。

## 二、通货膨胀应对管理

大家知道，通货膨胀、通货紧缩是市场经济社会三四百年以来的“皮肤病”，通货膨胀带来企业的商品原料价格上涨，商品价格上涨、销售难。通货紧缩则相反。即通货膨胀带来纸币价值的贬值，而通货紧缩带来商品价值的增值。

这样，作为企业应对社会通货膨胀或通货紧缩的方法，就要从纸币的价值保值与增值上入手。

具体来说，可以采用以下方法。

1. 少存现金，多存实物商品，因为实物商品会随通货膨胀价格上涨而水涨船高，具有保值作用。特别是购买一些能够带来增值作用的商品，可以带来更多投资收益，如古物、集邮等，还有黄金、玉石等。从近几年黄金价格来看，通货膨胀以后，黄金价格呈现长期上涨趋势，中国经过三四年时间，从1克黄金200元上升到450元左右了。这类商品随时间的增加，价格自然上涨，当然，也只有价格上涨大于通货膨胀率时，才能带来保值或增值作用，具体要根据保值计算公式，在准确掌握通货膨胀率基础上作出判断。

2. 大量借入资金。由于相同数量的货币，在通货膨胀前，即整个社会的商品价格没有上升前能够购买到的商品数量较多；而在通货膨胀之后，由于整个社会的商品价格普遍上涨，同样数量的纸币对比以前能够购买到的商品数量较少，价值贬值。这样，在通货膨胀上升时，通过借入资金，在通货膨胀高点以后还相同的钱，就能够带来纸币价值上的剩余价值。通过借钱，带来通货膨胀率的价值增值。具体计算，通货膨胀率大于利息部分，就是通货膨胀率带来的剩余价值率。

3. 作投资，即寻找“广义实际折现率”大于零的投资项目。

**通货膨胀时的广义实际折现率=各种投资收益率-通货膨胀率**

这样，“广义实际折现率”大于或等于零的投资项目，能够带来增值或保值作用。

显然，通货膨胀率或通货紧缩率决定了项目的可行性，或“广义实际折现率”，是超过通货膨胀率或小于通货紧缩率的收益率，是保值增值的收益率，能够消除通货膨胀或通货紧缩的影响。

比如在房地产利率大于通货膨胀率情况下，通过房地产投资能够带来超过通货膨胀率之外的剩余价值率的收益，就是对通货膨胀的极好应对。

根据前面的分析，在通货膨胀社会中，只超过银行存款利率的收益率，并不一定是真正的剩余价值率，而只有超过银行存款的“实际利率”或“实际折现率”的收益率，才是真正的收益率。作为银行存款的利率是公开透明的。作为实际利率计算中的通货膨胀率或通货紧缩率，则需要对一国或社会的“全部财富”商品的“通货膨胀率”或“通货紧缩率”的实时把握才能计算出来，即非“全球经济一网通系统——国民经济总价值、剩余价值每日实时评估显示预测系统”所计算出来的实时通货膨胀率或通货紧缩率，都不是真正的通货膨胀率或通货紧缩率。由于缺少准确实时的通货膨胀率的判断与计算，则“实际利率”或“实际折现率”就无法确定，这时，不知道应当是多少利息才能带来纸币的保值与增值，通过民间借贷带来的收益率实际上是虚拟的收益，带来的收益是否贬值并不知道。

## 三、通货紧缩应对管理

与通货膨胀相反，如大量的存钱，带来纸币价值的自然增加，把钱借给别人，到时还相同数量的货币，但是后来的价值大于之前的价值，带来借钱的剩余价值。把钱多存银行，获得利息及通货紧缩率双倍的价值增加，如果投资项目，也要获得“广义实际折现率”大于或等于零的收益率才可以。这时的广义实际折现率为：

**通货紧缩时的广义实际折现率=各种投资收益率+通货膨胀率**

## 四、金融危机应对管理

如果说通货膨胀、通货紧缩只是纸币价值产生的畸形，企业还能够通过上述及其他方法加以应对，实现纸币的保值或增值，因为社会资金还能够流动，如同人体得了“高血压”或“低血压”，生命仍然能够维持一样。但出现金融危机时，情况可就根本不同了，它是整个社会流动资金的中断，整个社会没有流动资金交流，企业生命也就停止了。这时，企业只能以敏锐的观察力，确认金融危机的到来，关门大吉，把资金做保值、增值金融投资。

作为政府来说，有责任治理通货膨胀、通货紧缩和金融危机。比如，当出现通货膨胀或通货紧缩现象时，要每天实时向社会发布通货膨胀率或通货紧缩率，以便于整个社会所有经济活动中，对于纸币的价值进行去通货膨胀率或加通货紧缩率的价格保值计算。而没有发布，是政府失职行为。对于金融危机预警，也是政府的责任，政府不能及时向社会进行金融危机预警，在金融危机之后，企业也难有回天之力，这样，带来整个社会经济的灭顶之灾。如果及时向社会发布预警，企业还能够保存实力，以便于东山再起。最大限度地减少社会经济损失，如同对于自然灾害的预报，能够减少自然灾害的损失一样。对此，应上升到一国法律层面上。

目前世界各国均缺少通货膨胀率或通货紧缩率的每日公布制度，缺少金融危机的预警制度，这样，带来世界各国长期的社会经济风险性及低效率是不可估量的。通过使用“全球经济一网通系统——国民经济总价值、剩余价值每日实时评估显示预测系统”系列软件，能够轻松做到这一点，甚至对于通货膨胀或通货紧缩做到可根治、可调整，不至于成为洪水猛兽一样泛滥成灾。对于金融危机实时预警，从根本上消除金融带来的社会经济的灭顶之灾。

## 五、高通货膨胀率下的金融危机应对管理

高通货膨胀下的金融危机，是由于国家通过多印纸币搞房地产开发以及社会基础设施等建设带来的结果，政府通过过量发行纸币，带来社会名义纸币量超过实际财富的商品价值量的通货膨胀，而把这些钱用于房地产等基础设施建设上，把多印的纸钱变成“死钱”，带来金融危机。一举两得。作为企业应对方法，一方面需要盘活流动资金，以维持日常经营；另一方面在保障足够流动资金基础上购买固定资产等各种“有形产品”，起到财产“价值”作用。

## 六、国际综合经济形势应对管理

研究国际经济对企业的影响，似乎离题太远了。实际并不是，当代社会是世界经济一体化的社会，特别是市场经济社会的深入发展，带来的分工越来越细，国家间的经济合作，国际经济与贸易将越来越深化，这种一体化的深化，影响到世界各国所有企业的经济，每个企业，既是企业本身的，又是国家的，同时也是世界的。一种商品并不只是国内市场供应或销售，而是世界范围的供应与销售，对于外向型企业与国家，国际经济直接决定了它的生死存亡，在几次世界大的金融危机面前，不少外向型经济国

家或企业受到了致命的打击，以我国为例，2008—2011 年的世界金融危机，给中国南方的一外向型加工企业带来了大范围的停产，就是实例。

特别是在当代世界美国一个国家的货币作为事实上国际货币的国际社会里，美元的升值与贬值的通货膨胀、通货紧缩及金融危机对整个世界的宏观经济形势的影响，越来越突出，而且当前的 2008—2011 年的一段时期以来，这种影响更加明显，所以，作为企业，要实时掌握国际社会的市场、经济、金融等变化情况，以便及时应对详细参看本书末尾附录五至附录九，参与世界企业、大学排名。了解各国综合国力排名及变化以及全球经济总信息。

# 第六章　企业剩余价值管理

实质上，作为企业来说，就是多种生产要素投入形成的商品生产经营实体。对于商品形成的剩余价值，要在不同投入主体之间进行分配。而这个分配，不但关系到要素投入主体之间的利益瓜分，而且还关系到整个企业的产权，影响整个企业的商品生产经营，抓住了企业利润分配这个“牛鼻子”，也就抓住了企业财管理以及整个企业管理的关键。

企业的利润分配，根据不同的社会制度具有不同的分配方式。在资本主义市场经济社会中，主要是按“资本”这一种生产要素分配商品的利润，而资本往往是通过股票的比例即股份而形成的。这样就形成了股票分配制度的一整套理论和方法。而按市场经济社会的基本原则就是商品买卖的等价交换的原则，消费品是一次性等价交换，而作为生产要素是投资商品，具有多次分配利润的权利，这样就形成按生产要素投入比例分配利润的标准市场经济社会。而不论是按资分配还是按生产要素投入分配，都是以股份制形成出现的。对于按资分配下的股利分配问题，传统理论介绍的很多，这里不再说了，本章中我们在剖析按资分配本质以后，进一步给出按生产要素投入比例分配的具体分配方法。而两种不同的分配方式的实现，都是通过相应的会计核算规则来完成的。

# 第一节 按资分配

按资分配，就是按“资本”一种生产要素进行企业商品利润剩余价值分配的一种分配方式。由此形成资本主义市场经济社会。

人类社会自资本主义市场经济社会形成以来，创造了超过此前所有社会的经济奇迹，但同时也带来了两次世界大战，并且形成上百年的计划经济社会制度的尝试，最终又回到市场经济社会上来。

按资分配是以企业资本投入的股份来确定的，即对于企业商品的净利润除以股份数，得到每股股利。在执行上，根据《公司法》规定来执行。

对于股利的分配方式，传统的财务、金融管理理论介绍了许多，这里不再复述了。

下面着重介绍一下按生产要素投入比例分配的问题。它是根据全面价值论原理，根据市场经济社会的生产要素投资商品与企业利润回报的等价交换原理制度而生成的，并且正在世界范围内方兴未艾，将构成未来市场经济社会的主要分配方式。

# 第二节 按生产要素投入比例分配

一切商品都可以统一使用“货币”来表示它的“抽象价值”。不论在实物货币社会，还是纸币社会，对于各种生产要素的投资商品都是以一定的价值投入参与企业商品生产经营当中，这样，可以将各种生产要素以货币价值形式计入总股份当中，形成生产要素的土地股、资本股、劳动股、科技股以及企业家股，这些生产要素根据行业商品生产经营特点的不同，投入的比例不同，分享的股份也不相同。而当确定出每种生产要素总股份以后，再根据每种生产要素内部参与的多少，平均计算股份。这样，土地、资本、劳动、科技以及企业家等生产要素就可以平等地参与企业商品利润分成，从而实现各种生产要素共同投入、共同分享商品利润剩余价值的协作生产。如某房地产企业，注册资金投入 1 亿元，其中土地投入占 30%，资本投入占 30%，劳动投入占 20%，科技投入占 10%，企业家投入占 10%。把每种生产要素当成一个股，按每种生产要素所投入比例在各要素之间进行分配，如果全部净利润为 5000 万元，这样，土地股分配结果为 5000 万元×30%＝1500 万元，资本股 1500 万元，劳动股分配 1000 万元，科技股分配为 500 万元，企业家股分配为 500 万元。而对于每种生产要素内部，也是多方投入的结果，如土地有三家投入，则 1500 万元三家分，每家 500 万元，资本有 2 家投入，每股分配 750 万元，而劳动有 500 人，则 1000 万元/500＝2 万元/人，而科技、企业家也同样。作为企业家的分配，可以为职业经理人年薪，也可以是管理者按人均分或按职位高低分配。

而如果按资分配的话，则只按注册时的注册资本股东分配，这时，职工是被排除在商品利润分配之外的。

不但如此，每种生产要素以其享有的股份拥有企业相应比例的产权，即所有权，这样，在企业股东大会上，以其相应的股份行使表决权。按《公司法》运营企业，而企业职工的劳动者以企业的产权人之一的身份行使法律意义上的当家做主。资本主义社会职工是被雇佣而来的，以帮工者身份参与企业商品生产经营。在计划经济社会中，职工当家做主也只是名义上的。某种生产要素有多大贡献，就拥有企业生产经营决策大会或股东大会多少比例的表决权。如某企业劳动股占总股份的 59%，职工为 100 人，则应选出 59 人代表职工参加企业决策大会或股东大会行使经营决策的表决权。

这样通过建立按生产要素投入比例的生产要素股份分配以后，不但保障了各种生产要素与企业之间的等价交换，而且还实现了职工“当家做主”的社会地位。职工在为企业工作创造商品价值的时候，同时也是在为自己创造财富价值。当工人成为企业的“产权人”之一时，就不再是“打工者”，从而走出“无产阶级”的境界，消除社会的战争、饥饿、流血、死亡等现象，而是建立在“经济人”自我利益最大化的剩余价值追求下的和谐生产经营社会，一个超过资本主义市场经济社会更大的加速度的经济社会，也就是创造超过资本主义市场经济社会经济奇迹的更大奇迹的社会。

关于按要素投入比例计算股份的分配方式，北京市工商局关于合伙企业注册做出了相应的规定：“合伙人可以货币、实物、知识产权、土地使用权或其他财产权利出资，也可以劳务出资。但有限合伙人不得以劳务出资”。指明了合作企业的合伙人把属于自己拥有的土地使用权、资本现金、科技知识产权及劳动等按比例投入到企业当中时，就可以按上述的投入比例计算法分配相应的利润，实现土地、资本、劳动、科技及企业家要素的平等分配企业利润的剩余价值的权利。

这样，我们就把“按资本”一种生产要素分配的市场经济社会称为“资本主义市场经济社会”，而把“按生产”要素投入比例分配商品利润剩余价值的社会，称为“标准市场经济社会”因此它是体现所有生产要素的投资商品与企业贡献效用等价交换的社会，消灭了“资本”一种生产要素分配带来“剥削”的社会，能充分调动全部生产要素参与企业商品生产经营积极性的社会，超速发展的社会。

当整个社会实施按生产要素的标准市场经济社会基本经济制度以后，就会形成整个社会的生产要素资源的最大化利用，即形成整个社会经济的系统化链条下的商品剩余价值形成机制。当整个社会对于某种商品，即消费品需求产生缺口时，就会带来这种商品的利润上升，带来企业的增加生产，带来这类商品及行业的生产要素的价格的上升，这时这个行业或商品的土地、资本、劳动、科技及企业家生产要素需求就会增加，带来这些生产要素的价格上涨，生产要素纷纷投入到这个行业或这种商品的生产经营当中，这种生产要素收到了最大化的收益，而实现少投入、多产出的剩余价值。如某个阶段，IT业市场需求缺口大，这时，IT行业就要增加生产，这时拉动对IT行业生产要素的需求的增加，拉动相应的土地、资本、劳动、科技及企业家的价格上升，带来土地、资本租金的高价格，带来IT专业毕业生以及社会专业人员的工资或利润分配比例上升，带来IT行业的企业家管理年薪以及股票期权的上涨，这样，促进这些生产要素的开发与使用，如大学IT专业招生学费上涨，形成以IT业的商品需求为导向的生产要素的供给的增加，而这些生产要素也只有在最大化收益上，才能体现它的资源的最大化利用，也就是最"节约"和"经济"的，也就是剩余价值形成的基本体现。其他行业也都一样，在整个社会各个行业的商品需求拉动下，带动相应的生产要素的最有效利用。相反，如果社会的某种消费品社会需求过盛，这样，就会导致价格下降，这样，这些行业的企业就要缩小生产规模，而减少对这些生产要素的使用，使这些商品或行业的生产要素供给减少，转向其他商品或行业。

这样就形成了整个社会围绕消费品生产与经营拉动下的生产要素的均衡供给，每种生产要素总是要用在最大化收益上，即实现生产要素的剩余价值形成，体现市场经济社会资源配置上的节约和效率上。

而按要素分配，最终要形成相应的会计核算规则，可以根据这个原理制订详细规则。而特别值得肯定的是"按要素分化"已纳入中国新一届中央政府治国基本方略当中。

**案例6-1**

## 国务院批转收入分配制度改革意见

2013年02月05日19：30

来源：中国政府网

国发〔2013〕6号

国务院同意发展改革委、财政部、人力资源社会保障部《关于深化收入分配制度改革的若干意见》，现转发给你们，请认真贯彻执行。

### 关于深化收入分配制度改革的若干意见（节选）

发展改革委 财政部 人力资源社会保障部

为贯彻落实党的十八大提出的“实现发展成果由人民共享，必须深化收入分配制度改革”要求，深入推进“十二五”规划实施，完善收入分配结构和制度，增加城乡居民收入，缩小收入分配差距，规范收入分配秩序，现提出以下意见：

**一、充分认识深化收入分配制度改革的重要性和艰巨性**

改革开放以来，我国收入分配制度改革逐步推进，破除了传统计划经济体制下平均主义的分配方式，在坚持按劳分配为主体的基础上，允许和鼓励资本、技术、管理等要素按贡献参与分配，不断加大收入分配调节力度。经过三十多年的探索与实践，按劳分配为主体、多种分配方式并存的分配制度基本确立，以税收、社会保障、转移支付为主要手段的再分配调节框架初步形成，有力地推动了社会主义市场经济体制的建立，极大地促进了国民经济快速发展，城乡居民人均实际收入平均每十年翻一番，家庭财产稳定增加，人民生活水平显著提高。实践证明，我国收入分配制度是与基本国情、发展阶段总体相适应的……

当前，我国已经进入全面建成小康社会的决定性阶段。深化收入分配制度改革，优化收入分配结构，构建扩大消费需求的长效机制，是加快转变经济发展方式的迫切需要；深化收入分配制度改革，切实解决一些领域分配不公问题，防止收入分配差距过大，规范收入分配秩序，是维护社会公平正义与和谐稳定的根本举措；深化收入分配制度改革，处理好劳动与资本、城市与农村、政府与市场等重大关系，推动相关领域改革向纵深发展，是完善社会主义市场经济体制的重要内容；深化收入分配制度改革，使发展成果更多更公平惠及全体人民，为逐步实现共同富裕奠定物质基础和制度基础，是体现社会主义本质的必然要求。

## 二、准确把握深化收入分配制度改革的总体要求和主要目标

1. 总体要求。

全面贯彻落实党的十八大精神，以“邓小平理论”、“三个代表”重要思想、科学发展观为指导，立足基本国情，坚持以经济建设为中心，在发展中调整收入分配结构，着力创造公开公平公正的体制环境，坚持按劳分配为主体、多种分配方式并存，坚持初次分配和再分配调节并重，继续完善劳动、资本、技术、管理等要素按贡献参与分配的初次分配机制，加快健全以税收、社会保障、转移支付为主要手段的再分配调节机制，以增加城乡居民收入、缩小收入分配差距、规范收入分配秩序为重点，努力实现居民收入增长和经济发展同步，劳动报酬增长和劳动生产率提高同步，逐步形成合理有序的收入分配格局，促进经济持续健康发展和社会和谐稳定。

2. 主要目标。

——城乡居民收入实现倍增。到2020年实现城乡居民人均实际收入比2010年翻一番，力争中低收入者收入增长更快一些，人民生活水平全面提高。

——收入分配差距逐步缩小。城乡、区域和居民之间收入差距较大的问题得到有效缓解，扶贫对象大幅减少，中等收入群体持续扩大，“橄榄型”分配结构逐步形成。

——收入分配秩序明显改善。合法收入得到有力保护，过高收入得到合理调节，隐性收入得到有效规范，非法收入予以坚决取缔。

——收入分配格局趋于合理。居民收入在国民收入分配中的比重、劳动报酬在初次分配中的比重逐步提高，社会保障和就业等民生支出占财政支出比重明显提升。

## 三、继续完善初次分配机制

完善劳动、资本、技术、管理等要素按贡献参与分配的初次分配机

制。实施就业优先战略和更加积极的就业政策，扩大就业创业规模，创造平等就业环境，提升劳动者获取收入能力，实现更高质量的就业。深化工资制度改革，完善企业、机关、事业单位工资决定和增长机制。推动各种所有制经济依法平等使用生产要素、公平参与市场竞争、同等受到法律保护，形成主要由市场决定生产要素价格的机制。

……

8. 健全技术要素参与分配机制。建立健全以实际贡献为评价标准的科技创新人才薪酬制度，鼓励企事业单位对紧缺急需的高层次、高技能人才实行协议工资、项目工资等。加强知识产权保护，完善有利于科技成果转移转化的分配政策，探索建立科技成果入股、岗位分红权激励等多种分配办法，保障技术成果在分配中的应得份额。完善高层次、高技能人才特殊津贴制度。允许和鼓励品牌、创意等参与收入分配。

9. 多渠道增加居民财产性收入。加快发展多层次资本市场，落实上市公司分红制度，强化监管措施，保护投资者特别是中小投资者合法权益。推进利率市场化改革，适度扩大存贷款利率浮动范围，保护存款人权益。严格规范银行收费行为。丰富债券基金、货币基金等基金产品。支持有条件的企业实施员工持股计划。拓宽居民租金、股息、红利等增收渠道。

这之后，中央又专门下发了文件，要将此纳入各级政府的日常考核当中。这标志着中国率先进入市场经济社会的成熟阶段。

最后，我们还要指出，在当今错综复杂的世界中，商品的剩余价值分配问题一个非常综合而复杂的社会问题，它涉及社会的政治、经济、法律、文化等各个方面，与不同国家的不同国体、政体有直接的关系。

案例 6–2

## 企业商品价值统一形成及分配过程

商品的价值，是一切商品的“全部共同抽象的本质”所在。如同数学中的数或形，化学、生物中 100 多种元素一样。

这样，通过对一切商品全面统一实时价值的剖析，可以得到一切企业商品生产经营的统一价值、剩余价值形成过程，即不分哪个行业、规模大小、国别如何，所有企业的商品生产经营的价值、剩余价值创造形成过程都是一样的，因此，才形成“全球经济一网通——企业总价值、剩余价值每日实时评估显示预测系统”等系列软件，用于一切企业的商品生产经营过程管理当中，并且使用这个软件所进行的商品生产经营，就是体现企业商品价值及剩余价值的创造过程。

下面我们就来介绍一下企业完全统一的价值创造形成过程。

形象地说，企业是各种不同生产要素作为“资本”投入而形成的，并且是具有独立法人资格的经济实体，经过企业商品生产经营，形成商品（包括有形产品、无形服务、有形产品加无形服务、证券、货币等），再将商品在市场上进行销售，还原为货币资金。通过商品销售过程价格讨价还价、国家税收上缴以后，剩余的利润剩余价值在投资者的产权人之间进行分配，包括“按资分配”或“按生产要素”投入比例分配，通常都是以股份制企业形式出现的。当然也有一人或家庭企业，这时可以理解为一个股的企业。

例如，某个汽车制造企业，经过项目论证过程，需要土地投入 2000 万元，资本投入 10000 万元，劳动投入 1000 万元，科技投入 2000 万元、企业家年薪 500 万元。合共 2000+10000+1000+2000+500＝15500 万元，各种生产要素投入以股份计算，则土地所占的股份为 2000/15500＝13%，资本所占股份为10000/15500＝65%，劳动所占股份为1000/15500＝6.5%，科技所占股份为2000/15500＝13%，企业家所占股份为500/15500＝3.2%，合共的股份为13%＋65%＋6.5%＋13%＋3.2%＝100%。当经过企业商品生产经营把资本金转化为固定资产和流动资金以及人、财、物、产、供、销等部门日常运营资金时，生产出来汽车，拿到市场上进行销售，带来项目期内每年销售收入的利润剩余价值或亏损或保值。通过价值会计核算，以年为单位计算，一年中共销售100万辆车，每辆车销售价格20万元，则共2000万元销售额，这是经过市场上讨价还价后的销售结果，在销售过程中给买方的价格中让利，比如按50%价格让利，则实际上，销售总价值为4000万元，而作为企业与购买者手中分享到的剩余价值只有2000万元，再按50%的税率，将1000万元的一半上缴给国家，最后剩下的500万元，在投资者当中，按各种生产要素投入比例分成。即土地股分享的利润为500×13%＝65万元，资本股分享的利润为500×65%＝325万元，劳动股分享的利润为500×6.5%＝32.5万元，科技股分享的利润为500×13%＝65万元，企业家股分享的利润为500×3.2%＝16万元，合共为500万元。然后，再在各生产要素内部进行股份分配，如土地是由两家单位提供的，这时，就要将65万元在两家之间进行按比例分配，劳动股为32.5万元，可以根据企业人数平均分配，如拥有100人，则每人平均分到3250元，当然也可以按岗位级别制定职工岗位之间的劳动股利润分成标准。

以上是按生产要素投入比例分配计算的分配结果，如果按资分配的分配结果，则显然只是按资本一种生产要素分配，即只有资本股全部分享500万元的利润剩余价值，这个资本一般是社会的股票购买者，而其他生产要素不参与利润分配。股东拥有对企业的决策权、监督权，而劳动者等其他生产要素受制于资本股的股东。

当然，如果企业经营亏损了，则至多以企业的资产偿还债务，超过的部分，则由债权人承担。

这就是企业生产要素投入的“做蛋糕”以及通过按资或按生产要素投入比例分配的“切蛋糕”的过程。如果把各种生产要素统一用资本股表示，则也是资本投入与产出的“做蛋糕”与“切蛋糕”过程，不管企业有多大，生产经营的商品品种有多少，不管在哪个国家或企业，归根到底都是通过企业及商品的中介做资本的价值，前提是做市场，在满足市场的商品效用需求增加的基础上形成剩余价值。这就是一切商品全面统一实时价值及价值规律下的企业商品生产经营及分配过程。

最后，投资者将生产要素投入企业，通过企业管理系统运作，形成商品，再将商品销售出去，交叉形成剩余价值，再将其在社会市场、国家税收以及企业内部要素之间分成，如同主人养鸡下蛋挣钱一样，主人花钱买米，对母鸡进行投资，母鸡通过身体系统的运作，产出鸡蛋，再把鸡蛋卖出去，获得超过当初买米的投资，形成剩余价值。

总之，企业是商品价值创造的“母鸡”，而剩余价值则是这只“母鸡”所下的“蛋”。

# 附录一

## 1 元单利终值表

| | 1% | 2% | 3% | 4% | 5% | 6% | 7% | 8% | 9% | 10% | 11% | 12% |
|---|---|---|---|---|---|---|---|---|---|---|---|---|
| 1 | 1. 0100 | 1. 0200 | 1. 0300 | 1. 0400 | 1. 0500 | 1. 0600 | 1. 0700 | 1. 0800 | 1. 0900 | 1. 100 | 1. 1100 | 1. 1200 |
| 2 | 1. 0200 | 1. 0400 | 1. 0600 | 1. 0800 | 1. 1000 | 1. 1200 | 1. 1400 | 1. 1600 | 1. 1800 | 1. 2000 | 1，2200 | 1. 2400 |
| 3 | 1. 0300 | 1. 0600 | 1. 0900 | 1. 1200 | 1. 1500 | 1. 1800 | 1. 2100 | 1. 2400 | 1. 2700 | 1. 2900 | 1. 3300 | 1. 3600 |
| 4 | 1. 0400 | 1. 0800 | 1. 1200 | 1. 1600 | 1. 2000 | 1. 2400 | 1. 2800 | 1. 3200 | 1. 3600 | 1. 4000 | 1. 4400 | 1. 4800 |
| 5 | 1. 0500 | 1. 1000 | 1. 1500 | 1. 2000 | 1. 2500 | 1. 3000 | 1. 3500 | 1. 4000 | 1. 4500 | 1. 5000 | 1. 5500 | 1. 6000 |
| 6 | 1. 0600 | 1. 1200 | 1. 1800 | 1. 2400 | 1. 3000 | 1. 3600 | 1. 4200 | 1. 4800 | 1. 5400 | 1. 6000 | 1. 6600 | 1. 7200 |
| 7 | 1. 0700 | 1. 1400 | 1. 2100 | 1. 2800 | 1. 3500 | 1. 4200 | 1. 4900 | 1. 5600 | 1. 6300 | 1. 7000 | 1. 7700 | 1. 8400 |
| 8 | 1. 0800 | 1. 1600 | 1. 2400 | 1. 3200 | 1. 4000 | 1. 4800 | 1. 5600 | 1. 6400 | 1. 7200 | 1. 8000 | 1. 8800 | 1. 9600 |
| 9 | 1. 0900 | 1. 1800 | 1. 2700 | 1. 3600 | 1. 4500 | 1. 5400 | 1. 6300 | 1. 7200 | 1. 8100 | 1. 9000 | 1. 9900 | 2. 0800 |
| 10 | 1. 1000 | 1. 2000 | 1. 3000 | 1. 4000 | 1. 5000 | 1. 6000 | 1. 7000 | 1. 8000 | 1. 9000 | 2. 0000 | 2. 1000 | 2. 2000 |
| 11 | 1. 1100 | 1. 2200 | 1. 3300 | 1. 4400 | 1. 5500 | 1. 6600 | 1. 7700 | 1. 8800 | 1. 9900 | 2. 1000 | 2. 2100 | 2. 3200 |
| 12 | 1. 1200 | 1. 2400 | 1. 3600 | 1. 4800 | 1. 6000 | 1. 7200 | 1. 8400 | 1. 9600 | 2. 0800 | 2. 2000 | 2. 3200 | 2. 4400 |
| 13 | 1. 1300 | 1. 2600 | 1. 3900 | 1. 5200 | 1. 6500 | 1. 7800 | 1. 9100 | 2. 0400 | 2. 1700 | 2. 3000 | 2. 4300 | 2. 5600 |
| 14 | 1. 1400 | 1. 2800 | 1. 4200 | 1. 5600 | 1. 6000 | 1. 8400 | 1. 9800 | 2. 1200 | 2. 2600 | 2. 4000 | 2. 5400 | 2. 6800 |
| 15 | 1. 1500 | 1. 3000 | 1. 4500 | 1. 6000 | 1. 7500 | 1. 9000 | 2. 0500 | 2. 200 | 2. 3500 | 2. 5000 | 2. 6500 | 2. 8000 |
| 16 | 1. 1600 | 1. 3200 | 1. 4800 | 1. 6400 | 1. 8000 | 1. 9600 | 2. 1200 | 2. 2800 | 2. 4400 | 2. 6000 | 2. 7600 | 2. 9200 |
| 17 | 1. 1700 | 1. 3400 | 1. 5100 | 1. 6800 | 1. 8500 | 2. 0200 | 2. 1900 | 2. 3600 | 2. 5300 | 2. 7000 | 2. 8700 | 3. 0400 |
| 18 | 1. 1800 | 1. 3600 | 1. 5400 | 1. 7200 | 1. 9000 | 2. 0800 | 2. 2600 | 2. 4400 | 2. 6200 | 2. 8000 | 2. 9800 | 3. 1600 |
| 19 | 1. 1900 | 1. 3800 | 1. 5700 | 1. 7600 | 1. 9500 | 2. 1400 | 2. 3300 | 2. 5200 | 2. 7100 | 2. 9000 | 3. 0900 | 3. 2800 |
| 20 | 1. 2000 | 1. 4000 | 1. 6000 | 1. 8000 | 2. 0000 | 2. 2000 | 2. 4000 | 2. 6000 | 2. 8000 | 3. 0000 | 3. 2000 | 3. 4000 |
| 21 | 1. 2100 | 1. 4200 | 1. 6300 | 1. 8400 | 2. 0500 | 2. 2600 | 2. 4700 | 2. 6800 | 2. 8900 | 3. 1000 | 3. 3100 | 3. 5200 |
| 22 | 1. 2200 | 1. 4400 | 1. 6600 | 1. 8800 | 2. 1000 | 2. 3200 | 2. 5400 | 2. 7600 | 2. 9800 | 3. 2000 | 3. 4200 | 3. 6400 |
| 23 | 1. 2300 | 1. 4600 | 1. 6900 | 1. 9200 | 2. 1500 | 2. 3800 | 2. 6100 | 2. 8400 | 3. 0700 | 3. 3000 | 3. 5300 | 3. 8800 |
| 24 | 1. 2400 | 1. 4800 | 1. 7200 | 1. 9600 | 2. 2000 | 2. 4400 | 2. 6800 | 2. 9200 | 3. 1600 | 3. 4000 | 3. 6400 | 3. 8800 |
| 25 | 1. 2500 | 1. 5000 | 1. 7500 | 2. 0000 | 2. 2500 | 2. 5000 | 2. 7500 | 3. 0000 | 3. 2500 | 3. 5000 | 3. 7500 | 4. 0000 |
| 26 | 1. 2600 | 1. 5200 | 1. 7800 | 2. 0400 | 2. 3000 | 2. 5600 | 2. 8200 | 3. 0800 | 3. 3400 | 3. 6000 | 3. 8600 | 4. 1200 |

# 1 元单利现值表

| | 1% | 2% | 3% | 4% | 5% | 6% | 7% | 8% | 9% | 10% | 11% | 12% |
|---|---|---|---|---|---|---|---|---|---|---|---|---|
| 1 | 0.9900 | 0.9804 | 0.9709 | 0.9615 | 0.9524 | 0.9434 | 0.9346 | 0.9259 | 0.9174 | 0.9091 | 0.9009 | 0.8929 |
| 2 | 0.9804 | 0.9615 | 0.9434 | 0.9259 | 0.9091 | 0.8929 | 0.8772 | 0.8621 | 0.8475 | 0.8333 | 0.8197 | 0.8065 |
| 3 | 0.9709 | 0.9434 | 0.9174 | 0.8929 | 0.8696 | 0.8475 | 0.8265 | 0.8065 | 0.7874 | 0.7752 | 0.7519 | 0.7353 |
| 4 | 0.9615 | 0.9259 | 0.8929 | 0.8621 | 0.8333 | 0.8065 | 0.7813 | 0.7576 | 0.7353 | 0.7143 | 0.6944 | 0.6757 |
| 5 | 0.9524 | 0.9091 | 0.8696 | 0.8333 | 0.8000 | 0.7692 | 0.7407 | 0.7143 | 0.6897 | 0.6667 | 0.6452 | 0.6250 |
| 6 | 0.9434 | 0.8929 | 0.8475 | 0.8065 | 0.7692 | 0.7353 | 0.7043 | 0.6757 | 0.6494 | 0.6250 | 0.6024 | 0.5814 |
| 7 | 0.9346 | 0.8772 | 0.8265 | 0.7813 | 0.7407 | 0.7042 | 0.6711 | 0.6410 | 0.6135 | 0.5882 | 0.5650 | 0.5435 |
| 8 | 0.9259 | 0.8621 | 0.8065 | 0.7576 | 0.7143 | 0.6757 | 0.6410 | 0.6098 | 0.5814 | 0.5556 | 0.5319 | 0.5102 |
| 9 | 0.9174 | 0.8475 | 0.7874 | 0.7353 | 0.6897 | 0.6494 | 0.6135 | 0.5814 | 0.5525 | 0.5263 | 0.5025 | 0.4808 |
| 10 | 0.9091 | 0.8333 | 0.7692 | 0.7143 | 0.6667 | 0.6250 | 0.5882 | 0.5556 | 0.5263 | 0.5000 | 0.4762 | 0.4545 |
| 11 | 0.9009 | 0.8197 | 0.7519 | 0.6944 | 0.6452 | 0.6024 | 0.5650 | 0.5319 | 0.5025 | 0.4762 | 0.4525 | 0.4310 |
| 12 | 0.8929 | 0.8065 | 0.7353 | 0.6757 | 0.6250 | 0.5814 | 0.5435 | 0.5102 | 0.4808 | 0.4545 | 0.4310 | 0.4098 |
| 13 | 0.8850 | 0.7937 | 0.7194 | 0.6579 | 0.6061 | 0.5618 | 0.5236 | 0.4902 | 0.4608 | 0.4348 | 0.4115 | 0.3906 |
| 14 | 0.8772 | 0.7813 | 0.7042 | 0.6410 | 0.6250 | 0.5435 | 0.5051 | 0.4717 | 0.4425 | 0.4167 | 0.3937 | 0.3731 |
| 15 | 0.8696 | 0.7692 | 0.6897 | 0.6250 | 0.5714 | 0.5263 | 0.4878 | 0.4545 | 0.4255 | 0.4000 | 0.3774 | 0.3571 |
| 16 | 0.8621 | 0.7576 | 0.6757 | 0.6098 | 0.5556 | 0.5102 | 0.4717 | 0.4386 | 0.4098 | 0.3846 | 0.3623 | 0.3425 |
| 17 | 0.8547 | 0.7463 | 0.6623 | 0.5952 | 0.5405 | 0.4950 | 0.4566 | 0.4237 | 0.3953 | 0.3704 | 0.3484 | 0.3290 |
| 18 | 0.8475 | 0.7353 | 0.6494 | 0.5814 | 0.5263 | 0.4808 | 0.4425 | 0.4098 | 0.3817 | 0.3571 | 0.3356 | 0.3165 |
| 19 | 0.8403 | 0.7246 | 0.6369 | 0.5682 | 0.5128 | 0.4673 | 0.4292 | 0.3968 | 0.3690 | 0.3448 | 0.3236 | 0.3049 |
| 20 | 0.8333 | 0.7143 | 0.6250 | 0.5556 | 0.5000 | 0.4545 | 0.4167 | 0.3846 | 0.3571 | 0.3333 | 0.3125 | 0.2941 |
| 21 | 0.8265 | 0.7042 | 0.6135 | 0.5435 | 0.4878 | 0.4425 | 0.4049 | 0.3731 | 0.3460 | 0.3226 | 0.3021 | 0.2841 |
| 22 | 0.8197 | 0.6944 | 0.6024 | 0.5319 | 0.4762 | 0.4310 | 0.3937 | 0.3623 | 0.3356 | 0.3125 | 0.2924 | 0.2747 |
| 23 | 0.8130 | 0.6849 | 0.5917 | 0.5208 | 0.4651 | 0.4202 | 0.3831 | 0.3521 | 0.3257 | 0.3030 | 0.2833 | 0.2577 |
| 24 | 0.8065 | 0.6757 | 0.5814 | 0.5102 | 0.4545 | 0.4098 | 0.3731 | 0.3425 | 0.3165 | 0.2941 | 0.2747 | 0.2577 |
| 25 | 0.8000 | 0.6667 | 0.5714 | 0.5000 | 0.4444 | 0.4000 | 0.3636 | 0.3333 | 0.3077 | 0.2857 | 0.2667 | 0.2500 |
| 26 | 0.7937 | 0.6579 | 0.5618 | 0.4902 | 0.4348 | 0.3906 | 0.3546 | 0.3247 | 0.2994 | 0.2778 | 0.2591 | 0.2427 |

# 1元复利终值表

| | 1% | 2% | 3% | 4% | 5% | 6% | 7% | 8% | 9% | 10% | 11% | 12% |
|---|---|---|---|---|---|---|---|---|---|---|---|---|
| 1 | 1. 010 | 1. 020 | 1. 030 | 1. 040 | 1. 050 | 1. 060 | 1. 070 | 1. 080 | 1. 090 | 1. 100 | 1. 110 | 1. 250 |
| 2 | 1. 020 | 1. 040 | 1. 061 | 1. 082 | 1. 103 | 1. 124 | 1. 145 | 1. 166 | 1. 188 | 1. 210 | 1. 232 | 1. 563 |
| 3 | 1. 030 | 1. 061 | 1. 093 | 1. 125 | 1. 158 | 1. 191 | 1. 225 | 1. 260 | 1. 295 | 1. 331 | 1. 368 | 1. 953 |
| 4 | 1. 041 | 1. 082 | 1. 126 | 1. 170 | 1. 216 | 1. 262 | 1. 311 | 1. 360 | 1. 412 | 1. 464 | 1. 518 | 2. 441 |
| 5 | 1. 051 | 1. 104 | 1. 159 | 1. 217 | 1. 276 | 1. 338 | 1. 403 | 1. 469 | 1. 539 | 1. 611 | 1. 685 | 3. 052 |
| 6 | 1. 062 | 1. 126 | 1. 194 | 1. 265 | 1. 340 | 1. 419 | 1. 501 | 1. 587 | 1. 677 | 1. 772 | 1. 870 | 3. 815 |
| 7 | 1. 072 | 1. 149 | 1. 230 | 1. 316 | 1. 407 | 1. 504 | 1. 606 | 1. 714 | 1. 828 | 1. 949 | 2. 076 | 4. 768 |
| 8 | 1. 083 | 1. 172 | 1. 267 | 1. 369 | 1. 477 | 1. 594 | 1. 718 | 1. 851 | 1. 993 | 2. 144 | 2. 305 | 5. 960 |
| 9 | 1. 094 | 1. 195 | 1. 305 | 1. 423 | 1. 551 | 1. 689 | 1. 838 | 1. 999 | 2. 172 | 2. 358 | 2. 558 | 7. 451 |
| 10 | 1. 105 | 1. 219 | 1. 344 | 1. 480 | 1. 629 | 1. 791 | 1. 967 | 2. 159 | 2. 367 | 2. 594 | 2. 839 | 9. 313 |
| 11 | 1. 116 | 1. 243 | 1. 384 | 1. 539 | 1. 710 | 1. 898 | 2. 105 | 2. 332 | 2. 580 | 2. 853 | 3. 152 | 11. 642 |
| 12 | 1. 127 | 1. 268 | 1. 426 | 1. 601 | 1. 796 | 2. 012 | 2. 252 | 2. 518 | 2. 813 | 3. 138 | 3. 498 | 14. 552 |
| 13 | 1. 138 | 1. 294 | 1. 469 | 1. 665 | 1. 886 | 2. 133 | 2. 410 | 2. 720 | 3. 066 | 3. 452 | 3. 883 | 18. 190 |
| 14 | 1. 149 | 1. 319 | 1. 513 | 1. 732 | 1. 980 | 2. 261 | 2. 579 | 2. 937 | 3. 342 | 3. 797 | 4. 310 | 22. 737 |
| 15 | 1. 161 | 1. 346 | 1. 558 | 1. 801 | 2. 079 | 2. 397 | 2. 759 | 3. 172 | 3. 642 | 4. 177 | 4. 785 | 28. 422 |
| 16 | 1. 173 | 1. 373 | 1. 605 | 1. 873 | 2. 183 | 2. 540 | 2. 952 | 3. 426 | 3. 970 | 4. 595 | 5. 311 | 35. 527 |
| 17 | 1. 184 | 1. 400 | 1. 653 | 1. 948 | 2. 292 | 2. 693 | 3. 159 | 3. 700 | 4. 328 | 5. 054 | 5. 895 | 44. 409 |
| 18 | 1. 196 | 1. 428 | 1. 702 | 2. 026 | 2. 407 | 2. 854 | 3. 380 | 3. 996 | 4. 717 | 5. 560 | 6. 544 | 55. 511 |
| 19 | 1. 208 | 1. 457 | 1. 754 | 2. 107 | 2. 527 | 3. 026 | 3. 617 | 4. 316 | 5. 142 | 6. 116 | 7. 263 | 69. 389 |
| 20 | 1. 220 | 1. 486 | 1. 806 | 2. 191 | 2. 653 | 3. 207 | 3. 870 | 4. 661 | 5. 604 | 6. 727 | 8. 062 | 86. 736 |
| 21 | 1. 232 | 1. 516 | 1. 860 | 2. 279 | 2. 786 | 3. 400 | 4. 141 | 5. 034 | 6. 109 | 7. 400 | 8. 949 | 108. 420 |
| 22 | 1. 245 | 1. 546 | 1. 916 | 2. 370 | 2. 925 | 3. 604 | 4. 430 | 5. 437 | 6. 659 | 8. 140 | 9. 934 | 135. 525 |
| 23 | 1. 257 | 1. 577 | 1. 974 | 2. 465 | 3. 072 | 3. 820 | 4. 741 | 5. 871 | 7. 258 | 8. 954 | 11. 026 | 169. 407 |
| 24 | 1. 270 | 1. 608 | 2. 033 | 2. 563 | 3. 225 | 4. 049 | 5. 072 | 6. 341 | 7. 911 | 9. 850 | 12. 239 | 211. 758 |
| 25 | 1. 282 | 1. 641 | 2. 094 | 2. 666 | 3. 386 | 4. 292 | 5. 427 | 6. 848 | 8. 623 | 10. 835 | 13. 585 | 264. 698 |
| 26 | 1. 295 | 1. 673 | 2. 157 | 2. 772 | 3. 556 | 4. 549 | 5. 807 | 7. 396 | 9. 399 | 11. 918 | 15. 080 | 330. 872 |

# 1 元复利现值表

| 期数 | 1% | 2% | 3% | 4% | 5% | 6% | 7% | 8% | 9% | 10% | 11% | 12% |
|---|---|---|---|---|---|---|---|---|---|---|---|---|
| 1 | 0. 9901 | 0. 9804 | 0. 9709 | 0. 9615 | 0. 9524 | 0. 9434 | 0. 9346 | 0. 9259 | 0. 9174 | 0. 9091 | 0. 9009 | 0. 8929 |
| 2 | 0. 9803 | 0. 9612 | 0. 9426 | 0. 9246 | 0. 9070 | 0. 8900 | 0. 8734 | 0. 8573 | 0. 8417 | 0. 8264 | 0. 8116 | 0. 7972 |
| 3 | 0. 9706 | 0. 9423 | 0. 9151 | 0. 8890 | 0. 8638 | 0. 8396 | 0. 8163 | 0. 7938 | 0. 7722 | 0. 7513 | 0. 7312 | 0. 7118 |
| 4 | 0. 9610 | 0. 9238 | 0. 8885 | 0. 8548 | 0. 8227 | 0. 7921 | 0. 7629 | 0. 7350 | 0. 7084 | 0. 6830 | 0. 6587 | 0. 6355 |
| 5 | 0. 9515 | 0. 9057 | 0. 8626 | 0. 8219 | 0. 7835 | 0. 7473 | 0. 7130 | 0. 6806 | 0. 6499 | 0. 6209 | 0. 5935 | 0. 5674 |
| 6 | 0. 9420 | 0. 8880 | 0. 8375 | 0. 7903 | 0. 7462 | 0. 7050 | 0. 6663 | 0. 6302 | 0. 5963 | 0. 5645 | 0. 5346 | 0. 5066 |
| 7 | 0. 9327 | 0. 8706 | 0. 8131 | 0. 7599 | 0. 7107 | 0. 6651 | 0. 6227 | 0. 5835 | 0. 5470 | 0. 5132 | 0. 4817 | 0. 4523 |
| 8 | 0. 9235 | 0. 8535 | 0. 7894 | 0. 7307 | 0. 6768 | 0. 6274 | 0. 5820 | 0. 5403 | 0. 5019 | 0. 4665 | 0. 4339 | 0. 4039 |
| 9 | 0. 9143 | 0. 8368 | 0. 7664 | 0. 7026 | 0. 6446 | 0. 5919 | 0. 5439 | 0. 5002 | 0. 4604 | 0. 4241 | 0. 3909 | 0. 3606 |
| 10 | 0. 9053 | 0. 8203 | 0. 7441 | 0. 6756 | 0. 6139 | 0. 5584 | 0. 5083 | 0. 4632 | 0. 4224 | 0. 3855 | 0. 3522 | 0. 3220 |
| 11 | 0. 8963 | 0. 8043 | 0. 7224 | 0. 6496 | 0. 5847 | 0. 5268 | 0. 4751 | 0. 4289 | 0. 3875 | 0. 3505 | 0. 3173 | 0. 2875 |
| 12 | 0. 8874 | 0. 7885 | 0. 7014 | 0. 6246 | 0. 5568 | 0. 4970 | 0. 4440 | 0. 3971 | 0. 3555 | 0. 3186 | 0. 2858 | 0. 2567 |
| 13 | 0. 8787 | 0. 7730 | 0. 6810 | 0. 6006 | 0. 5303 | 0. 4688 | 0. 4150 | 0. 3677 | 0. 3262 | 0. 2897 | 0. 2575 | 0. 2292 |
| 14 | 0. 8700 | 0. 7579 | 0. 6611 | 0. 5775 | 0. 5051 | 0. 4423 | 0. 3878 | 0. 3405 | 0. 2992 | 0. 2633 | 0. 2320 | 0. 2046 |
| 15 | 0. 8613 | 0. 7430 | 0. 6419 | 0. 5553 | 0. 4810 | 0. 4173 | 0. 3624 | 0. 3152 | 0. 2745 | 0. 2394 | 0. 2090 | 0. 1827 |
| 16 | 0. 8528 | 0. 7284 | 0. 6232 | 0. 5339 | 0. 4581 | 0. 3936 | 0. 3387 | 0. 2919 | 0. 2519 | 0. 2176 | 0. 1883 | 0. 1631 |
| 17 | 0. 8444 | 0. 7142 | 0. 6050 | 0. 5134 | 0. 4363 | 0. 3714 | 0. 3166 | 0. 2703 | 0. 2311 | 0. 1978 | 0. 1696 | 0. 1456 |
| 18 | 0. 8360 | 0. 7002 | 0. 5874 | 0. 4936 | 0. 4155 | 0. 3503 | 0. 2959 | 0. 2502 | 0. 2120 | 0. 1799 | 0. 1528 | 0. 1300 |
| 19 | 0. 8277 | 0. 6864 | 0. 5703 | 0. 4746 | 0. 3957 | 0. 3305 | 0. 2765 | 0. 2317 | 0. 1945 | 0. 1635 | 0. 1377 | 0. 1161 |
| 20 | 0. 8195 | 0. 6730 | 0. 5537 | 0. 4564 | 0. 3769 | 0. 3118 | 0. 2584 | 0. 2145 | 0. 1784 | 0. 1486 | 0. 1240 | 0. 1037 |
| 21 | 0. 8114 | 0. 6598 | 0. 5375 | 0. 4388 | 0. 3589 | 0. 2942 | 0. 2415 | 0. 1987 | 0. 1637 | 0. 1351 | 0. 1117 | 0. 0926 |
| 22 | 0. 8034 | 0. 6468 | 0. 5219 | 0. 4220 | 0. 3418 | 0. 2775 | 0. 2257 | 0. 1839 | 0. 1502 | 0. 1228 | 0. 1007 | 0. 0826 |
| 23 | 0. 7954 | 0. 6342 | 0. 5067 | 0. 4057 | 0. 3256 | 0. 2618 | 0. 2109 | 0. 1703 | 0. 1378 | 0. 1117 | 0. 0907 | 0. 0738 |
| 24 | 0. 7876 | 0. 6217 | 0. 4919 | 0. 3901 | 0. 3101 | 0. 2470 | 0. 1971 | 0. 1577 | 0. 1264 | 0. 1015 | 0. 0817 | 0. 0659 |
| 25 | 0. 7798 | 0. 6095 | 0. 4776 | 0. 3751 | 0. 2953 | 0. 2330 | 0. 1842 | 0. 1460 | 0. 1160 | 0. 0923 | 0. 0736 | 0. 0588 |
| 26 | 0. 7720 | 0. 5976 | 0. 4637 | 0. 3607 | 0. 2812 | 0. 2198 | 0. 1722 | 0. 1352 | 0. 1064 | 0. 0839 | 0. 0663 | 0. 0525 |

# 附录二

## “价值经济管理学新体系”系列专著62分册出版说明

市场经济社会大概经历了三四百年的时间，在这三四百年时间里，始终存在大量无法解决的社会经济问题，如：

1. 国民经济GDP核算体系的“片面性”把整个国民经济引导到“周期性”发展当中，甚至在宏观经济学理论中还将其固化，认为经济周期是经济发展的“规律”。经济学家明知道GDP存在片面性，却一直找不到全面性的国民经济总价值核算体系，而不得不将片面性的GDP指标当成世界各国综合实力的指标。

2. 通货膨胀、通货紧缩等于给纸币进行了“注水”或“贴金”，通过日常商品买卖，带来商品价格判断价值上的失误。由于不知道整个社会全部财富的实时总价值，不知道具体应当发行多少纸币，才能使纸币价格与商品实际价值实时相等，多发行纸币，带来通货膨胀；少发行纸币，则带来通货紧缩；治理通货膨胀过头，带来通货紧缩；治理通货紧缩过头，带来新的通货膨胀……形成市场经济社会三四百年以来的社会金融“皮肤病”,带来整个经济运营上的“高血压”、“低血压”。

3. 两次大的世界性金融危机，带来两次世界性的经济危机，之后又带来了两次世界大战，多少人头落地，鲜血流成河，多少家庭流离失所。2007年年末暴发的第三次世界金融危机，到了今天仍然没有摆脱出来，成为当前世界经济的焦点问题。

4. 失业问题直接影响每个家庭的生活以及个人的生活幸福，甚至影响社会稳定，成为世界各国长期发愁的大事。

5. 对于一国的全部财富，如投资项目、企业、资产、房产、土地、矿业权、工程、股票、债券、基金、知识经济时代的各种工业产权、版权等各种价值还无法进行全面实时正确的价值评估计算及度量。这样，带来整个国民经济运行判断上的失误是显然的。

6. 在世界经济一体化的今天，国际贸易原理之谜还没有解决，汇率战成为国际贸易致命杀手，而建立在纸币基础上的“世界元”，也会随各国货币的通货膨胀或通货紧缩而形成水涨船高或水落船低的虚拟价格价值。这样，国际贸易就会受到阻碍。

7. 房地产泡沫经济，带来世界经济畸形。

8. 按资本一种生产要素分配的资本主义市场经济社会使得资本家和工人成为两大对立阶级，经常暴发社会罢工，甚至带来社会革命，严重影响了市场经济社会制度的优越性的发挥。

……

而目前正在使用的传统经济管理理论对市场经济社会长期存在的上述及其他各种病态现象却一直束手无策，只能任其发展。

那么，怎么样进一步完善与发展传统经济管理学理论，使之能够从根本上消除市场经济社会长期存在的上述各种病态现象及有效解决市场经济社会运行过程中出现的各种实际问题，使经济管理学科专业上升到“科学”，带来“实用化”，就是历史赋予当代的使命。

“价值经济管理学新体系”系列专著62分册，就是在这样的历史背景下，通过完善与发展传统经济管理学理论“核心”的商品价值论，完善与发展了传统经济管理学理论体系，最终能够有效解决这些实际问题而形成的。

## 一、“价值经济管理学新体系”理论形成过程

公元2007年7月，作者受聘赴云南省和广西壮族自治区审查23个矿业权价值评估报告，当中发现单独使用“收益净现值NPV法”、“成本法”或“市场法”的不当，可以将一个最大的矿业价值评估成最小的价值，也可以把一个最小的矿业评估成价值最大，这太荒谬了。2007年11月14日

笔者在国际矿业大会的“国际矿业权价值评估报告会”上，首次提出单独使用“收益净现值 NPV 法”、“成本法”及“市场法”等“三种方法”之一作为矿业权全部价值认定的质疑，当时引起了台上 4 位专家及台下的 200 多名专家的全场震惊。矿业权等各种资产是国家全部财富的主要“家底”，却不知道它的价值是多少，这对整个国民经济带来的损失将无法估量。

通过进一步的研究，笔者惊讶地发现，不但矿业权价值评估带有“片面性”，其他各种资产，如投资项目、企业、房产、土地、工程、各种证券、各种知识产权、文化创意价值评估等都带有片面性或是处于理论空白状态，甚至社会市场上对于随意的一个消费品，也不知道它的价值。商品“价值”仍是世界之谜。

而要彻底弄清楚矿业权及其他所有资产的全面价值，首先必须弄清楚一切商品的全面统一实时抽象的价值，再根据一切商品全面统一的价值内容评估出来的结果才是全面的价值，这样就需要追溯到对经济学的“商品价值论”的研究上。

笔者惊讶发现所谓矿业权等各种资产的“成本法”、“收益法”及“市场法”，只不过是分别来自经济学理论中关于商品价值的“要素价值论”、“效用价值论”及“供求价值论”等得出的结果，而每种价值论下的价值内涵都只是商品价值的“一部分”，却被当成“全部”价值来使用，如同“盲人摸象”一样，把“局部”当“整体”，这样建立起来的矿业权及各种资产的价值评估结果也只能是矿业权及各种资产的“一部分”价值而已，如果当成总价值加以认定，势必会对矿业权及其他资产的价值使用造成误导。

而要从根本上解决目前世界上各种资产价值评估方法不统一以及带来的评估结果片面性问题，就要建立经济学理论上一切商品全面统一价值评估计算模型，以此作为各种资产以及一切商品全面统一价值评估计算公式，所评估出来的结果才是各种资产以及一切商品真正的“价值”所在。

首先必须明确商品的“价值”概念。以往都是以劳动、生产要素、效用或供求关系“某一个方面”作为商品的“价值”来定义，而现实社会中，全部商品的买卖都是以全部成本加全部利润的全部价格作为价值认定的，这样，就形成了全部成本加全部利润的全部价格构成商品全面价值的全面价值论概念。但是，这个全部成本加全部利润的全部价格只有在实物货币时才是固定的，而在纸币社会中，商品的价格带有通货膨胀率或通货紧缩率，单独使用纸币价格难以确定它的价值。

这样，就需要重新寻找商品“价值”的定义。现实社会中所有商品都依靠土地、资本、劳动、科技及企业家生产要素投入而形成，依靠商品的效用而存在，这样，商品的“生产要素投入”加上“效用”就是构成“一切商品”全部共同抽象的本质的价值所在。把生产要素“投入”用货币表示就是商品的“成本”，把商品的效用用货币表示，就是商品的“利润”，这样，一切商品全部共同抽象的本质的生产要素投入价值加上效用价值的全面价值体现在货币上就是全部成本加全部利润的全面价格的价值，再去掉纸币通货膨胀率或加上通货紧缩率即可。就是现实世界各国通行的商品买卖的价格价值。当作为经济学理论核心的商品价值论得以完善，就会带来全面化的经济学理论体系，与现实社会的经济相吻合，带来“实用性”，使用这样的全面价值观对于一切商品进行全面统一实时的价值评估，这样，所有商品全部价值就可以统一实时对比。

2008 年 1 月 8 日全国首届经济学家新春团拜会上，笔者介绍了“世界一切商品全面统一价值评估计算模型”，20 分钟的介绍也意外地得到了三四百名与会专家的热烈鼓掌支持，这坚定了我专项从事商品价值研究的信心和勇气，深感责任重大，于是笔者进行了大量的市场调查，翻译了大量中外文资料，认真查看了各种威权学术专著、文献等，终于形成了这一新体系，全面完善了传统经管专业理论内容。

经济管理学理论体系的建立是一个世纪性工程，涉及内容之广、写作工作量之浩大是可以想象的，为此，写作成为笔者生活的一切。

经过几年的写作，自 2009 年开始出版第一分册《第四代西方经济学新体系——高级经济学》（周天华，周京著．周天勇主审．天津大学出版社，2009 版），2012 年国内出版第 26 分册《知识产权全面实时价值评估》（周天华著．知识产权出版社，2012 版），中间在《价值工程》杂志上发表了大量论文，并计划自 2013 年开始在香港国际价值出版社出版 18 个分册，进一步计划在世界各国以电子书或纸版书出版发行。

该系列专著采用了与数学、化学、生物等各门自然科学完全相同的理论研究方法以及实验室实验方法，所以，也同数学、化学、生物等自然科学一样具有“科学性”，自然带来“实用性”。开辟世界“价值管理”新时代。

## 二、“价值经济管理学”新体系内容简介

世界新一代的“价值经济管理学新体系”系列专著 62 分册，共分为“价值经济学”、“价值管理学”以及“价值评估学”三个子系列，并且可以使用“全球经济一网通系统”系列软件的简单操作进行应用。

### （一）价值经济学简介

价值经济学新体系，是建立在商品全面实时价值判断基础上的理论体系，是建立在现实社会经济中所有商品买卖全部成本加全部利润的全部价格的价值单位基础上的商品全面实时价值分析判断基础上的理论体系，同时也是对传统的“劳动价值论”、“要素价值论”、“效用价值论”、“供求价值论”等理论体系的完善、梳理、总结、概括得出的“全面化”理论体系。与传统经济管理类学科专业理论之间是一种包含、完善、发展关系，可以用于经济管理类各门学科专业的教学以及企业、政府价值管理当中。

价值经济学新体系对于传统理论的完善与发展作用体现在以下几个方面。

1. 找到了 GDP 的具体完善化指标体系——国民经济总价值实时核算体系

GDP 作为国民经济指路明灯带来的社会经济片面性发展以及社会经济的“周期性”，为世界各国业界人士所公认，而问题的关键是怎样具体找到可以替代 GDP 的国民经济总量考量上的完善化指标。为此，本系列书根据全面价值论，给出了国民经济总价值实时核算体系，并且使用计算机技

术进行自动化运算，这是对整个国民经济全部财富的商品以及资源所做的全面实时价值统计，并且根据过去、现在的总价值变化规律推测未来的经济发展走向，对整个国民经济运行情况进行实时把握并建立未来的发展规划，奠定整个健康态经济社会的基础。

国民经济总价值实时核算体系能够对一国的国民经济总价值、剩余价值实时统计显示，可以通过互联网系统建立世界各国国民经济总价值、剩余价值实时排名，形成客观上公平合理的国际新排名，消除世界长期以来GDP片面性带来的世界经济排名上的误导。不但如此，根据这一系统的实时总价值、剩余价值显示，除以人口数，还可以得到各国的人均总价值、剩余价值排名，能够建立世界范围内人口生活水平的富裕程度的实时排名，而方便国际市场营销战略的建立，为国际经济活动提供最基础的资料。

2. 治理通货膨胀、通货紧缩的纸币社会金融“皮肤病”

通货膨胀时，纸币价值贬值，带来企业原料价格上升，商品价格上升，带来销售难；通货紧缩时，社会商品购买力差，企业销售也难。不论哪种情况都会给企业商品生产经营及消费者社会生活带来影响。商品流通是通过货币流通实现的，货币在流通过程中通货膨胀价值贬值或通货紧缩价值增值。

国民经济总价值实时核算体系可以实时调整纸币的发行量，使名义纸币量与社会现存的全部财富以及资源的价值量完全相等，将纸币的价值表示功能回归到实物货币社会当中，使通货膨胀、通货紧缩能够得以根治或可以任意调节，不再如洪水猛兽一样泛滥成灾。

而更有戏剧性特点的是，作为纸币社会，最早出现在中国四川省成都市，当时称为“交子”。经过上千年时间，纸币制度流传整个世界，带来通货膨胀、通货紧缩社会金融“皮肤病”并且也成为诱发金融危机的首要因素，带来整个世界经济发展过程中的惊涛骇浪、凶险万丈。而在历经上千年后的今天，根本消除由纸币带来的通货膨胀、通货紧缩以及金融危机的灾难也同样是出于中国，这难道真是历史的巧合，还是上帝的安排？

另外，在通货膨胀率或通货紧缩率计算方面，传统理论是将“部分”消费品市场抽样调查价格变化结果的 CPI 指数作为通货膨胀率或通货紧缩率进行计算，而国民经济总价值实时核算体系完善发展为符合通货膨胀或通货紧缩定义的社会全部商品价格平均上涨或下降的真正的通货膨胀率或通货紧缩率，这样才能找到国民经济真正“价值”所在。

3. 从根本上治理金融危机及高通货膨胀下的金融危机

如果说，通货膨胀或通货紧缩还只是涉及货币的“价值”问题，即便情况严重，社会经济还能够勉强维持，如同“高血压”并不一定能“死人”一样。而金融危机的结果如同人体“断血”一样，会导致整个国家及世界经济的“死亡”。

为了有效应对 2008 年以来的美国金融危机、通货膨胀及失业问题，美国总统成立了“白宫经济复苏顾问委员会”，经过三年多运作，没有成效，2011 年 1 月 20 日，美国总统奥巴马解除了这一组织，并同时解任了这一委员会主席沃尔克，成立了新的“就业与竞争委员会”，使用企业家作为主席。沃尔克被免职是因为他是一个“学术型”的经济学家，总是根据传统经济学理论对经济现象做出判断，对于别人提出的实际问题，总是用“这一观点是根据什么经济学原理”对待别人的质疑。正是因为处处依据这些经济学原理而无法解决现实问题。这并不能说明经济学家无能，而是整个传统经济学理论本身出了问题。而在近期的美国大学公开课上美国哈佛大学、斯坦福大学、耶鲁大学以及总统身边经济顾问都对金融危机的治理报以悲观情绪。同样是因为没有跳出传统经济学理论狭隘的“局部”理论的“圈子”带来的无奈。

本系列书给出了治理金融危机的具体计算公式，并对高通货膨胀下金融危机的根本治理给出了具体方法。

4. 消除传统的失业治理误导

失业问题，关系千家万户的生存与生活的幸福以及社会的稳定，菲利普斯曲线指出，失业与通货膨胀是反向关系，而根据这一理论，通货膨胀与失业不能同时出现，而事实上，当代世界正是通货膨胀与失业并存的。

如果按此理论治理下去，岂不是越治越坏？

本系列书首次给出了全面价值论分析下的失业治理问题。

5. 各种资产及投资类商品的全面统一实时价值评估与度量

作为投资类商品的各种资产是一国国民经济财富的基本“家底”，支撑一国经济的发展。然而，进入市场经济社会的三四百年以来，资产价值评估仍然是一个大难题，资产评估业界人士都知道现行的“三种方法”之一的评估方法不当，但却找不到正确的方法。这样，就会影响整个国民经济财富价值判断，从而导致整个国民经济处于茫然之下。

本系列书建立了一切商品全面统一实时价值评估计算及度量下的投资类商品及资产的全面统一实时价值评估及度量问题，并且使用黄金价值单位，把一切资产的价值换算为一定重量的黄金直接进行价值大小对比，使商品及资产的价值不再是只能意会不能言传，而是可计算、可度量、可直接直观对比，从而夯实整个国民经济运营的基础。而通过一切消费品、投资商品全面统一价值评估计算公式计算出来的结果，投资商品的价值也能与消费品价值放在一起，进行比较，并且换算为“价值单位”以后，可直接通过黄金重量对比，直观看得到价值差别。

6. 国际贸易原理得到完善

在世界经济一体化的今天，作为国际贸易的基本原理之谜与现代世界经济不相符，而作为国际贸易原理“之谜”产生的原因来说，还是受传统的各种片面商品价值论的影响。本系列书首次将传统的国际贸易原理，从“劳动价值论”下的“绝对优势原理”、“相对优势原理”以及“要素价值论下”的“要素禀赋原理”及带来的“里昂惕夫之谜”等，进一步完善发展为全面价值论下的“价值优势原理”，使国际贸易原理之谜画上句号。

7. 建立按生产要素投入比例分配商品利润剩余价值的标准市场经济社会

三四百年以来，整个市场经济社会出现了黑白分明的两极现象。一方面取得了超过封建社会几千年经济总量的经济奇迹，另一方面，资本主义市场经济社会国家经济运行过程中出现了各种病态现象，甚至暴发了两次世界大战，以至于第三次世界经济危机仍在持续中。

怎样消除资本主义市场经济社会的弊端，发挥其资源自动优化配置带来的经济奇迹的优越性？就要彻底消灭资本主义的市场经济社会，而建立一个能够充分发挥市场经济社会优越性的社会，即按生产要素贡献比例分配商品利润剩余价值的社会，即体现市场经济社会生产要素作为投资商品与企业之间的等价交换的经济社会，这个社会就是全面体现市场经济社会商品等价交换的本质的社会，称为“标准市场经济社会”，也是最能充分体现市场经济社会优越性的社会。

怎样具体实施按生产要素分配剩余价值，本系列书第一分册《第四代西方经济学新体系——高级经济学》（周天华，周京著．周天勇主审．天津大学出版社，2009 年版）首次给出了会计核算方法。

总之，使用全面价值论的价值经济学新体系，对于传统理论以及社会现实经济问题的解决，能够起到水到渠成的效果，是从一切商品全面价值就是成本加利润的全部价格的实际中来，再到实际中去的解决方法。

在社会经济现象的判断方面，企业家往往比经济学家来得准，源自于企业家是按商品的全部成本加全部利润的全部价格的价值进行思考，而作为经济学家却总是依据商品的劳动成本、全部成本或全部利润的某一个方面得出结论，这样，在经济学家与企业家或政府解决社会经济实际问题时，就出现了“断裂带”。而价值经济管理学新体系，就起到了填补这个“断裂带”的作用，正确指导企业、政府、家庭及个人所有经济活动。

价值经济学理论体系与传统的经济学理论之间具体存在怎样的完善与发展关系呢？

**传统的西方经济学学科专业分类**

| | | |
|---|---|---|
| **理论经济学**（一级学科） | 政治经济学 | （二级学科） |
| | 西方经济学（微观、宏观） | （二级学科） |
| | 经济史 | （二级学科） |
| | 经济思想史 | （二级学科） |
| | 世界经济学 | （二级学科） |
| | …… | |

| | | |
|---|---|---|
| **应用经济学**（一级学科） | 国民经济学 | （二级学科） |
| | 国际贸易 | （二级学科） |
| | 国防经济 | （二级学科） |
| | 企业经济学 | （二级学科） |
| | 产业经济学 | （二级学科） |
| | 金融学 | （二级学科） |
| | 金融工程 | （二级学科） |
| | 保险学 | （二级学科） |
| | 财政学 | （二级学科） |
| | 税务学 | （二级学科） |
| | …… | |

"一元价值论"为核心

"货币单位"计量经济成果

"二维平面距离空间"上的"实证分析"

**价值经济学学科专业分类（初步）**

| | | |
|---|---|---|
| **价值理论经济学**（一级学科） | 高等经济学 | （二级学科） |
| | 高等政治经济学 | （二级学科） |
| | 世界价值经济学 | （二级学科） |
| | 国民经济价值学 | （二级学科） |
| | …… | |
| **价值应用经济学**（一级学科） | 高等金融学 | （二级学科） |
| | 高等国际经济学 | （二级学科） |
| | 国民经济价值统计学 | （二级学科） |
| | 产业价值经济学 | （二级学科） |
| | 金融价值工程 | （二级学科） |
| | 保险价值原理 | （二级学科） |
| | 财政价值原理 | （二级学科） |
| | 税务价值原理 | （二级学科） |
| | 价值会计原理 | （二级学科） |
| | 会展价值经济学 | （二级学科） |
| | …… | |

"全面价值论"为核心

"价值单位"计量经济成果

"无距离空间"上的数学"实证分析"

（二）价值管理学简介

传统的经济学理论虽然建立在商品某一个方面的价值论基础上，但还是以商品的价值为理论核心，而传统的管理学理论，连片面价值论的理论核心都没有，而是零散化的理论体系，而其理论下的计算机管理系统软件 ERP 的使用结果就可想而知了，充其量只能体现信息传递功能的所谓"现代化"。"计划没有变化快"，"管理无定论"完全是一种自我解脱。

**价值管理学学科专业分类（初步）**

- 价值管理学（一级学科）
  - 企业价值管理学（二级学科）
    - 企业人事全面实时价值管理
    - 企业财务全面实时价值管理
    - 企业物质设备全面实时价值管理
    - 企业生产全面实时价值管理
    - 企业供应全面实时价值管理
    - 企业物流全面实时价值管理
    - 企业营销全面实时价值管理
    - 企业投资决策全面实时价值
    - ……
  - 政府价值管理学（二级学科）
  - 消费价值管理学（二级学科）
  - 创业价值管理学（二级学科）
  - ……

市场经济社会的一切社会活动都是建立在经济活动基础上的，因此，对于社会、企业及家庭、大学等各种组织单位的管理，本质上都是对经济进行的管理，而对经济管理的本质是实现商品的剩余价值最大化，并且要严格遵守商品的全面实时价值的价值规律，这样，作为管理学理论体系，就要建立在商品的全面价值的价值规律基础上，才是经济的管理，才能带来管理的经济效益。因此，在价值经济学理论基础上形成了价值管理学理论新体系。

价值管理学，是建立在价值经济学理论基础之上的，对一切社会经济组织全部财富商品的“少投入、多产出”，最大限度创造商品剩余价值的管理，因此是具有实效性的管理，或者说是能够带来商品剩余价值的管理，是围绕商品全面价值及剩余价值形成过程所进行的管理。这种管理本身就是按商品全面价值的剩余价值规律进行的管理。

以价值管理学为核心，形成各专门价值管理理论分支，如企业价值管理学、政府价值管理学等。

当然，只有价值管理理论的全面系统化还是不够的，要使管理理论能够有效作用于社会经济及管理实践，还必须将价值管理学的理论与计算机技术有机结合，才能实现。

（三）价值评估学简介

价值评估学，就是使用商品的全面实时价值内涵及外延对一切商品进行全面统一实时的价值评估计算的整理理论与方法，通过“世界一切商品全面统一实时价值评估计算及度量公式”对各种投资商品、消费品等进行全面统一实时价值评估，因此所评估出来的结果可以与其他所有商品统一进行价值对比，并且是计算机自动核算的过程实时价值评估结果，消除传统手工静态评估方法下的前评估预测指标形成的“虚拟性”、后评估结果的“无用性”以及评估内容的“片面性”，含有通货膨胀率或通货紧缩率价格表示的误导性等不当。

价值评估学包括的一级学科及二级学科为：

**“价值评估学”学科专业分类（初步）**

| | | |
|---|---|---|
| **价值评估学**（一级学科） | 资产全面实时价值评估 | （二级学科） |
| | 投资项目全面实时价值评估 | （二级学科） |
| | 企业全面实时价值评估 | （二级学科） |
| | 证券全面实时价值评估 | （二级学科） |
| | 工程全面实时价值评估 | （二级学科） |
| | 房地产全面实时价值评估 | （二级学科） |
| | 矿业权全面实时价值评估 | （二级学科） |
| | 土地全面实时价值评估 | （二级学科） |
| | 知识产权全面实时价值评估 | （二级学科） |
| | …… | |

（四）“全球经济一网通系统”系列软件简介

传统的经济及管理学理论存在“片面化”及“零散化”缺陷，缺少计算机技术支持，是造成现实社会各种金融及经济病态现象始终无法解决的主要原因。要从根本上解决现实社会中各种病态金融及经济现象，必须建立全面价值的“价值经济管理学新体系”以及计算机软件及网络技术的支持，而以本系列书全面价值观理论体系为指导形成的“全球经济一网通系统”系列软件，就是顺应当前社会经济实践以及各种管理上的需要应运而生的，等于给社会、企业、大学、家庭等各种组织管理安装了“方向盘”、“导航仪”或“遥控器”。

之所以称为“全球经济一网通系统”，是因为这套软件适合市场经济社会一切组织管理上的应用，是对传统的零散管理理论下的具有信息传递功能的 ERP 管理软件的革命性更新换代的新系统。而以此系统建立起来的大学 VM 价值管理实验室，一方面，同其他自然科学一样，可以用于教学理论实验，另一方面，也可以直接进行资产交易市场上的实战，带来经济效益，把学习与创业有机地结合在一起。

该套系统的主要功能如下：

1. 政府宏观经济调控应用功能

（1）国民经济总价值、剩余价值每日实时统计、核算显示及预测功能；

（2）通货膨胀、通货紧缩、金融危机及高通货膨胀下的金融危机的根本治理功能；

（3）各国国民经济综合实力实时排名功能；

（4）国民经济产业结构自动调整功能；

（5）世界各国国民经济效率每日实时排名功能。

2. 企业商品生产经营应用功能

（1）企业每日总价值、剩余价值的实时统计计算显示与预测功能；

（2）企业内部各部门每日总价值、剩余价值的实时统计、计算显示与预测功能；

（3）世界企业综合实力（1000 强）实时排名功能；

（4）世界企业效率（1000 强）实时排名功能；

（5）世界资产网上交易市场功能；

（6）商品价格及市场预测系统功能。

3. 家庭应用功能

（1）家庭财产的总价值及剩余价值的实时统计显示及预测功能；

（2）日常某种消费品价格变化指数实时显示功能；

（3）行业商品价格变化指数实时显示功能；

（4）地区商品价格指数实时显示功能；

（5）全国通货膨胀率或通货紧缩率实时显示功能；

（6）商品价格保值、增值（或贬值）计算功能；

（7）货币价值保值、增值（或贬值）计算功能；

4. 大学 VM 价值管理实验室功能

（1）企业全面实时价值的价值规律经营管理模拟实操功能；

（2）政府全面实时价值的价值规律的经营管理模拟实操功能；

（3）世界资产网上交易市场经营实战功能；

（4）系列书教学其他各种实验功能。

这样，我们就从传统的部分价值论为基础的经济学部分理论，进一步发展为以全面价值论为核心的全面化理论体系，再以价值经济学理论为基础，形成价值管理学理论新体系，合起来形成“价值经济管理学新体系”，再以“价值经济管理学新体系”理论为基础，与计算机技术有机结合，形成“全球经济一网通”系列软件，整个世界新一代的经济管理学理论新体系大厦，经过三次“升华”发展后建立起来了。而且建筑在现实社会所有商品买卖的成本加利润的全部价格的全面实时价值判断基础上，就是对现实社会所有经济现象及活动的全面系统化总结与概括的结果。

## 三、“价值经济管理学新体系”系列专著62分册出版发行及注册情况

第一分册《第四代西方经济学新体系——高级经济学》（周天华、周京著．周天勇主审．天津大学出版社，2009年版）及第二十六分册《知识产权全面实时价值评估》（周天华著．知识产权出版社，2012版）已在中国出版发行。

其他分册从2013年开始将陆续出版并在全世界进行发行，共18个分册。具体是：

1.《第四代西方经济学新体系——高级经济学》（周天华著．国际价值出版社，2013版）

2.《高级西方经济学》（周天华著．国际价值出版社，2013版）

3.《高等经济学》（周天华著．国际价值出版社，2013版）

4.《项目投资决策全面价值分析评估原理》（周天华著．国际价值出版社，2013版）

5.《财务全面实时价值管理》（周天华著．国际价值出版社，2013

版）

6. 《国际贸易全面价值原理》（周天华著．国际价值出版社，2013版）

7. 《高等金融学》（周天华著．国际价值出版社，2013 版）

8. 《国民经济全面实时价值管理》（周天华著．国际价值出版社，2013 版）

9. 《资产全面实时价值评估》（周天华著．国际价值出版社，2013版）

10. 《投资项目全面实时价值评估》（周天华著．国际价值出版社，2013 版）

11. 《工程全面实时价值评估原理》（周天华著．国际价值出版社，2013 版）

12. 《证券全面实时价值评估原理》（周天华著．国际价值出版社，2013 版）

13. 《知识产权全面实时价值评估原理》（周天华著．国际价值出版社，2013 版）

14. 《价值管理学》（周天华著．国际价值出版社，2013 版）

15. 《企业全面实时价值管理》（周天华著．国际价值出版社，2013版）

16. 《政府全面实时价值管理》（周天华著．国际价值出版社，2013版）

17. 《创业价值管理》（周天华著．国际价值出版社，2013 版）

18. 《价值语录》（周天华著．国际价值出版社，2013 版）

“价值经济管理学新体系”系列专著的 18 分册及“全球经济一网通系统”系列软件已在中华人民共和国国家版权中心及北京市版权中心备案注册。

备案情况：

1.《一切商品全面统一价值评估计算公式》 中国国家版权局 作品登记证号 2007-A-09350

2.《第四代西方经济学新体系-高级经济学》 中国国家版权局 作品登记证号 2009-A-016230

3.《高级西方经济学》 中国北京市版权局 作品登记证号 2013-A-00027193

4.《高等经济学》 中国北京市版权局 作品登记证号 2013-A-00027199

5.《高等金融学》 中国北京市版权局 作品登记证号 2013-A-00027198

6.《高等财务管理》 中国北京市版权局 作品登记证号 01-2010-A-008003

7.《高等国际经济学》 中国北京市版权局 作品登记证号 2013-A-00027194

8.《价值管理学原理》 中国北京市版权局 作品登记证号 01-2011-A-192231

9.《企业价值管理学》 中国北京市版权局 作品登记证号 01-2011-A-192230

10.《政府价值管理学》 中国北京市版权局 作品登记证号 01-2011-A-192229

11.《证券投资价值原理》 中国北京市版权局 作品登记证号 01-2010-A-007993

12.《国民经济价值统计原理》 中国北京市版权局 作品登记证号 01-2010-A-008002

13.《全面价值项目决策原理》 中国北京市版权局 作品登记证号 01-2010-A-007997

14.《资产全面价值评估原理》　中国北京市版权局　作品登记证号 01-2010-A-007999

15.《投资项目全面实时价值评估》　中国北京市版权局　作品登记证号　2013-A-00027195

16.《工程全面实时价值评估》　中国北京市版权局　作品登记证号 2013-A-00027196

17.《知识产权全面实时价值评估》　中国北京市版权局　作品登记证号　2013-A-00027197

## 四、“价值经济管理学新体系”理论成果社会影响及应用初步情况

1. 参加学术会议情况

2007 年 11 月 14 日下午，笔者参加国际矿业大会矿业权价值评估报告会，首次提出单独使用“收益净现值 NPV 法”作为矿业权全部价值加以认定的质疑，震惊会场，接受媒体采访。

2008 年 1 月 8 日，参加中国经济学家新春团拜会。会上做了“世界一切商品统一价值评估计算公式”的介绍发言，得到与会三四百名经济学家长达十几分钟的热烈鼓掌支持，接受媒体采访。

2011 年参加第三届国际版权交易会，做了《文化创意产业项目全面实时价值评估》的主旨发言，首次破解世界文化创意产业项目价值评估难问题，奠定世界知识经济时代的文化创意产业大发展的基础，促进未来知识经济时代的社会经济的更快发展，新浪网发表了报告全文。

2013 年 5 月 24 日在中国高等教育学会高等财经分会（厦门）“第二届金融学科专业建设发展研讨班”上，会上做了《金融学科建设与发展之我见》的学术报告，自此，建立在“世界一切商品的全面统一实时价值评估计算”基础上的全面系统化金融学科专业理论体系正式问世。

2. 著作出版发行社会反响及应用情况

在2009年12月北京举办的全国图书订货会上,《第四代西方经济学新体系——高级经济学》(周天华,周京著.周天勇主审.天津大学出版社,2009年版)成为热销书,有3000多家图书馆珍藏了此书,在北京大学图书馆、北京大学教材中心、北京大学经济学院突出统量摆放。

2012年10月出版的第二十六分册《知识产权全面实时价值评估》(周天华著.知识产权出版社,2012年版),在中国国家知识产权局及香港凤凰网主页展现过。

3. 教学应用情况

笔者多年来在国内外讲授《西方经济学》(微观、宏观)、《高等经济学》、《市场营销》、《财务管理》、《项目评估》、《资产评估》、《企业管理》、《国际贸易》、《国际金融》、《国民经济统计概论》、《证券投资与管理》、《政府政策与经济学》、《会展经济学》、《知识产权全面实时价值评估》等多门课程,以"全面价值论"为统率,使用"世界一切商品全面统一实时价值评估计算与度量公式"方法对传统理论加以完善、改造与发展,收到疏通传统理论神经脉络、破解传统理论各种之"谜"的药到病除的效果,而使传统理论更加简单、实用化,增强了学生们的考研信心以及创业勇气,考试成绩普遍提高。

在为工商管理专业建设方面,浙江越秀外国语学院国际商学院世界首次开设工商管理专业"企业价值管理方向",并配备相应的《企业价值管理》、《企业人事全面实时价值管理》、《企业财务全面实时价值管理》、《企业物质全面实时价值管理》、《企业生产全面实时价值管理》、《企业供应全面实时价值管理》、《企业营销全面实时价值管理》、《企业金融全面实时价值管理》、《企业全面实时价值会计核算》等课程,是培养当代工商管理专业实用人才、创建世界一流工商管理专业必经之路。建设了世界上第一个"VM价值管理实验室",这是对传统ERP软件下的实验室的革命性更新换代。

4. 获奖情况

2008 年获得亚太投资年会提名授予“世界华人十大科技发明奖”。

## 五、出版“价值经济管理学新体系”系列专著的意义

市场经济社会一切都是“商品”，一切商品都有完全相同的统一的实时的变动中的“价值”，商品的全面实时价值的理论可以应用到经济管理所有学科专业建设当中，可以普遍应用于市场经济社会所有经济活动当中，离开全面价值论的经济管理学科专业难以上升为“科学”，而离开商品的全面实时价值管理的企业管理、政府管理、家庭管理以及其他组织管理。必然是盲目的企业、社会管理。

经济管理学科专业的新体系建设是一个世纪的宏伟庞大工程，即使用笔者一生的时间去研究它，也难免在理论内容以及阐述上存在这样或那样的缺点、不足或瑕疵，甚至错误，也诚请读者见谅，并提出宝贵意见。

最后对美国印第安那波利斯大学国际学院博士生导师吕立行教授、浙江越秀外国语学院以及国际商学院的领导、专家、教授、同事等对本系列书出版过程中提出的宝贵意见及给予的各方面大力支持，表示衷心感谢。

# 附录三

## “VM价值管理实验室”简介

### 一、概念

VM价值管理实验室（Value Management Laboratory），是使用“VM价值管理系列软件”支持下的世界“新一代”的经济管理实验室。即使用商品的全面价值观，对于管理对象每天的商品进出情况或税收增减情况等，通过计算机网络系统的实时数据传递、计算机汇总、运算及实时显示，形成一条随商品进出而动态变化的总价值、剩余价值曲线，也就是商品的总价值、剩余价值的价值规律曲线，管理者只需根据这条曲线的波动变化情况，进行计划、组织、领导、沟通、控制、协调、考核及激励等管理，就实现了按商品的全面实时价值的价值规律下的企业、政府及家庭等组织管理，如同行驶中的汽车有了“方向盘”、“导航仪”及“测速仪”一样，实现企业、政府等既定管理目标，从根本上减少企业、政府等管理风险，从而培养真正懂经营、会管理、能实战的企业家、创业家实用人才，并提升大学的办学品牌。

### 二、作用

我国每年有六七百万大学毕业生找工作难，带来学生、家庭及社会极大的痛苦与压力。相形之下，作为企业招聘难，在茫茫人海的毕业生招聘会上，能够报上名的寥寥无几，而能够上岗工作的就更是少之又少，而培养一个大学生，从一出生到大学毕业，二十几年时间，学生本人、家庭、国家投入巨大，而毕业后找不到工作，又无法自主创业，大学生人生价值无法体现，社会经济发展难，为此，国内外大学都在积极寻找培养实用人才的方法，包括建设经济管理实验室。而毕业就创业，成为这一代甚至几代大学生命运所在。

另外，从整个社会角度来看，中国的市场经济社会初期需要一大批真正懂经营、会管理的企业家、创业家来支撑，否则，市场经济社会的经济效率也难以体现出来。

由于目前世界各国经济管理学理论还没有上升到“科学”，只有约定俗成的理论，与经济客观现实相差很大，所以，现有经济管理学科专业难以培养实用人才，缺少实验及实战教学。而目前所谓的计算机管理实验室，只是根据零散的管理理论编写出来的企业信息传递功能的系统，所以，也无法带来企业综合智能化的价值管理，无法体现企业商品全面实时价值规律的企业经营本质管理。

这样，就需要找到一切企业全面统一实时价值的价值规律下管理的整套理论，并且在此基础上，形成企业全面实时价值的价值规律下的计算机自动化管理。当在校学习期间学习了关于企业商品的全面实时价值规律的管理技能时，并且配合价值管理实验室模拟实习、实战之后，走到社会上，就能够以世界最先进的管理理念以及管理手段实现企业管理，带来创业上的成功。

而在价值管理实验室项目建设上，基本不需要动用原有硬件，只需要在原来的 ERP 软件实验室硬件设备基础上，直接增加“VM 价值管理”系列软件即可。

为此，浙江越秀外国语学院国际商学院已经开始建立世界第一个“VM 价值管理实验室”。此外，还有四川师范大学等国内外多所学校也在同步进行或准备之中。

## 三、“VM价值管理实验室”系列软件功能简介

整个VM价值管理实验室软件包括“三大系列”、若干“子系列”组成，即企业价值管理系列、政府价值管理系列、价值评估系列，每个系列下分成若干子系列。

1. “企业价值管理”系列软件简介

企业价值管理系列软件，是全面反映整个企业商品生产经营全过程、全方位的总价值、剩余价值及价值规律的企业实战模拟系统，即在企业的人、财、物、产、供、销等各部门、各环节商品投入、产出的全面实时价值评估计算、显示及预测基础上，形成企业的总价值、剩余价值每日实时评估显示预测系统。主要包括：

（1）企业总价值、剩余价值管理系统软件

这是在企业人、财、物、产、供、销等部门每天实时总价值、剩余价值汇总联网基础上形成的，反映企业过去、现在及未来的全面实时总价值、剩余价值及变化规律，根据这条曲线所进行的计划、组织、领导、沟通、协调、控制、激励、考核、分配等管理，就是按商品的全面实时价值的价值规律所进行的管理，并且是基于“过程”管理而实现的企业管理经济效益。

（2）企业销售价值管理软件

反映企业销售部门每天的总投入、总产出的总价值、剩余价值情况的软件。通过这个软件的使用，一方面能够为企业提供每天销售上的实时总价值、剩余价值，另一方面也作为销售管理来使用，即根据这条曲线的动态变化情况进行计划、组织、领导、沟通、协调、控制、激励、考核、分配等，通过随时改进的过程管理实现销售上的“少投入、多产出”，形成整个企业的销售上的剩余价值。

（3）企业会计价值核算管理软件

该软件是以企业实际现金收付以及价值单位为核算结果的软件，消除了传统的会计核算上的“权责发生制”下的利润核算结果与企业实际持有现金脱离的情况。由于是“价值”核算结果，可以消除纸币价格核算下的通货膨胀率或通货紧缩率下的利润脱离实际价值误导；由于是“过程”管理，可以消除事后会计核算结果的无用性，为企业管理当局提供全面正确的会计核算结果。

企业会计价值计算机核算，构成现代企业管理的核心高端技术所在。这个软件下的企业会计核算的结果是全面实时动态价值核算结果，能够及时为企业提供科学的管理决策及管理改进，带来会计核算上的剩余价值。

（4）企业财务价值管理软件

是根据企业会计价值核算结果所进行的财务价值分析软件。综合反映企业在融资、投资、分配等全过程的价值分析与管理，为企业管理当局提供有实用价值的财务分析参考。根据这个软件显示的动态变化的曲线所进行的计划、控制等财务管理，实现商品的全面实时价值的价值规律基础上的财务管理。

（5）企业资产价值管理软件

全面综合实时反映企业各项资产，如厂房、设备、仪器等实时总价值、剩余价值及实时变化情况，根据资产的使用年限，分天每小时甚至分成秒计算折旧价值，构成企业总资产实时总价值的实时显示系统。

通过企业资产价值管理软件联网支持，可以建立一国乃至全世界的资产网上交易市场，是对世界各国资产网上全面实时价值评估基础上的交易市场，学生学习期间可以通过参与这个市场上的交易，进行商业“实战”，类似于做股票一样带来实际的创业经济效益。

（6）企业生产价值管理软件

全面综合反映企业商品生产经营过程中的价值及剩余价值形成过程，通过动态跟踪企业生产经营过程中的总价值、剩余价值及变化情况，实现生产过程中的“少投入、多产出”，作为生产管理当局，只需要根据生产经营状况的总价值、剩余价值曲线进行计划、组织、领导、控制、协调、激励、考核及分配即可。如果配备工作现场监控系统以及互联网，企业生产经营管理当局可以在世界上任何一个可以上网的地方随时看到企业的实时生产经营工作现场以及总价值、剩余价值变化情况，实现遥控管理，而从根本上解决大企业、特别是跨国企业管理难的问题。

（7）企业供应价值管理软件

反映企业在生产原料等供应上的管理过程，实现供应上的“少投入、多产出”。

通过以上企业价值管理系列软件建立起来的企业计算机自动化价值管理，可以实现企业内部生产经营各部门、各单位的及时沟通、协调与配合，形成高效率的企业生产经营运营系统，可以为上下游企业提供生产工序上的接续准备，形成企业商品生产经营过程中的内外沟通、协调机制。而通过这个软件所建立起来的企业基本经济信息，可以作为政府税收的基本依据（目前中国国家统计局宣布基本实现企业税收计算机联网管理），另外，由于企业总价值、剩余价值软件显示的结果，是一个企业全面综合总价值的经营结果，所以，可以作为世界500强企业的排名系统直接加以使用。消除目前国际上按“销售收入”进行的世界500强企业排名上的误导。

2. “政府价值管理”系列软件简介

“政府价值管理”系列软件是实现一个国家与社会全部财富实时综合价值管理的系统。通过这个系统，能够根本治理世界市场经济社会历史以来，特别是近三四百年以来一直无法消除的各种宏观经济病态现象，如GDP片面性、通货膨胀、通货紧缩、金融危机、高通货膨胀下的金融危机、失业、国民经济周期性……建立一个世界永久性的健康态的经济社会。

可以肯定地说，离开商品的“全面价值论”、世界新一代的、“价值经济管理学新体系”以及政府宏观价值管理系列软件，市场经济社会的各种金融及经济病态现象是永远无法得到根本治理的。

政府价值管理软件系列包括：

（1）国民经济总价值实时核算体系管理软件

它是世界各国经济学家们梦寐以求的国民经济全面化的核算体系，能够对一个国家的总价值、剩余价值进行每日实时统计、核算、显示及预测。因此，它显示了整个国家的国民经济总价值、剩余价值及变化规律，因此按这个软件显示的整个国家的动态变化中的国民经济总价值、剩余价值进行国民经济计划、组织、领导、沟通、协调、控制、考核及激励管理，就是按商品的全面实时价值的价值规律所进行的国民经济管理，因此能够建设一个健康态的国民经济社会，造福世界70亿人口的国家和人民。

正因为它是国民经济全部财富（包括未开发资源）的总价值、剩余价值的全面实时统计显示及预测结果，所以，包括了GDP价值，并且消除了GDP的片面性指“路明灯”带来的国民经济短视现象，以及与资源短缺共同结合形成的国民经济经济“周期性”。

而以这个系统结果确定出来的结果，可以作为政府执政当局执政业绩考核以及政府公务员分配的奖罚标准，从正面激励政府人员励精图治，实现在为社会创造剩余价值的基础上实现的政府公务员的收益最大化。

通过这个系统显示出来的结果，由于是一个国家的全部财富综合总价值实时考量结果，所以，可以作为世界各国综合经济实力排名对比的唯一公平合理的标准，在此基础上，除以人口数，形成人均总价值指标，直接衡量世界各国的居民生活水平，其经济实用性价值非常大。消除 GDP“部分消费品”年新增价值作为综合国力总价值排名带来的不当。正国为 GDP 特定含义下的国际排名，才把中国与美国及日本排在相邻地位。带来海上不太平。

而通过这个系统，带来的国民经济核算上的“少投入、多产出”的巨大经济效益是显然的，因为它是整个国民经济全盘实时的总价值、剩余价值统计结果，通过动态变化曲线的变化趋势分析，可以直接做出下一个国民经济五年计划，并且国家政府管理当局可以根据这条国民经济总价值、剩余价值实时动态变化曲线进行国民经济计划、组织、领导、沟通、协调、控制及激励管理，就是真正实现了按商品的全面实时价值的价值规律所进行的国民经济宏观管理，就能建立整个国家乃至整个世界永久性的健康态社会经济。

而目前的国民经济统计方法落后，“投入大、产出少”，统计出来的 GDP 结果经常受到媒体以及社会的质疑。例如，中国国家统计局每五年进行一次国民经济普查，需要动用全国上下各种资源，费时费力，投入资金达“百亿元”，而得到的结果却是五年前的结果，这个“秋后算账”的统计结果，根本没有用，而以此作为下一个国民经济五年计划来使用，其带来的误导也是显然的，带来的整个国民经济的损失是难以想象的。

（2）国民经济金融价值管理软件

它是根据国民经济总价值核算体系管理软件实现的对通货膨胀、通货紧缩、金融危机、高通货膨胀下的金融危机的根本治理。

治理通货膨胀、通货紧缩，本质上是实现名义纸币与社会财富的实际价值的实时对等，即将纸币回归到实物货币年代的价值表示功能上，在缺少国民经济总价值实时核算体系下，纸币的发行永远不可能与社会财富总价值实时对等，这样，通货膨胀、通货紧缩就是永远不能得到根本治理的。而金融危机只是社会流动现金短缺带来的结果，一经发现，对于整个社会的庞大系统来说，治理起来也就难了，所以，通过这个软件，能够建立起金融危机预警功能，这样就能防患于未然了。

（3）国民经济增长实时核算管理软件

作为一国的国民经济增长具体怎样考量，是一个经济成果的直接确认的问题，传统的宏观经济学理论没有给出科学的价值核算方法，而缺少国民经济增长总价值的具体考量管理系统，国民经济就会一直处于茫然当中，也无法正确对政府执政当局做出全面正确科学的业绩评价。

3. “价值评估”系列软件简介

价值评估系列软件是针对目前世界各国对各种资产价值评估难而设计出来的。它是根据“世界一切商品全面统一实时价值评估计算公式”以及“价值单位”得到的对一切资产的全面实时价值评估软件。具体包括：

（1）投资项目全面实时价值评估软件

对一个投资项目所进行的全面实时价值评估，能够把握投资项目的运营关键环节，实现商品的全面统一实时价值的价值规律下的项目决策。

（2）企业全面实时价值评估软件

是将一个企业整体作为投资商品所进行的实时总价值评估软件。

（3）房地产全面实时价值评估软件

是对房地产进行全面实时价值评估的软件，具有现实实用性价值。

（4）矿业权全面实时价值评估软件

对矿业权全面实时价值评估的软件。

（5）土地全面实时价值评估软件

对土地进行的全面实时价值评估，在目前中国大规模的新农村城镇化建设过程中，使用意义与价值巨大。

（6）知识产权全面实时价值评估软件

对知识产权进行全面实时价值评估的软件，打破世界知识经济时代知识产权价值评估难瓶颈，推动世界知识产权开发与利用等。

（7）金融全面实时价值评估软件

对股票、债券、基金、期货、外汇等进行全面实时价值评估，从而盘活金融资产。

最后，上述各种价值评估软件，因为是使用一切商品全面统一实时价值评估计算公式实时评估出来的结果，所以，可以与这些资产以外的其他商品放在一起进行统一的价值对比，而采用黄金价值单位，规定 1 克黄金为一个价值单位，通过将货币换算为一定重量克数的黄金，就可以把所有资产的价值评估结果统一换算为一定重量的黄金，再与其他商品如消费品的黄金价值单位结果进行对比，一目了然。如经过评估，一处房产的价值是 200 万克黄金，而一个小汽车是 1 万克黄金，则这个小汽车是房产价值的 1/200。不管看得见的物质商品，还是看不见的服务商品，都可以统一进行这种价值评估对比。

# 附录四

## “价值经济管理学新体系”简介

“价值经济管理学新体系”是通过完善传统的经济管理学理论“核心“的“商品价值论”，完善整个传统的经济管理学理论内容而形成的，初步计划通过62分册的系列专著来完成，构成世界“新一代”的经济管理学新体系，并且通过配套的“全球经济一网通系统”系列软件来加以应用。

此外，该系列书也是出于治理当代世界各国市场经济社会中普遍存在的各种病态现象需要应运而生的。通过该理论下形成的“全球经济一网通系统”系列软件操作，能够根本治理传统理论及方法下所无法解决的各种社会经济病态问题，从而建立一个全球范围的永久性的健康态社会经济，惠及世界70亿人口的生活福祉。

### 一、原理上

本系列书以现实社会经济实际为基本模型，参照了数学、化学、生物等各门自然科学的研究方法，即通过找到“一切”“商品”的“全部共同抽象的本质”的“全面价值论”作为理论核心形成的全面而系统化的理论体系，并且通过找到“世界一切商品全面统一价值计算公式”对商品的“价值”进行具体的计算，把商品的价值应用到各种实际经济活动当中。

而这一切商品的“全部共同抽象的本质”的“全面价值”，通过实物货币来表示，就是现实社会中的所有商品买卖中的全部成本加全部利润的全部价格对应的全面价值。而把一切不同商品的全部统一的价值数统一换算为一定量的克数的黄金来表示，形成商品独立的“黄金价值单位”，能够对一切不同形式的各种商品进行价值统一对比，这样，一切商品的全面统一的价值不但可以全面统一具体计算，而且还能够直观地看得到、摸得着、用得上，走出人们对于商品的价值处于的“只在此山中，云深不知处”的“雾里看花”的境地。

由于市场经济社会就是商品经济社会，商品构成市场经济社会肌体的基本“细胞”，而一切商品的全面统一实时价值，就是一切商品的全部共同抽象的本质的体现，所以，商品的全面实时价值构成整个市场经济社会一切商品的“细胞核”，对于市场经济社会所有经济活动起到最基础的作用，也构成市场经济社会所有经济管理专业学科专业共同的理论核心所在，如同化学、生物、医学等各门学科中的“细胞核”理论对于整个学科专业的奠基作用一样。

由于经济管理活动是人类社会生存与发展的基本基础，构成社会的政治、文化、宗教、哲学等的基础，所以作为世界“新一代”的“价值经济管理学新体系”在构建科学的经济管理学科专业的同时，也构成整个世界“新一代”的各门社会科学的共同理论基础。

## 二、应用上

与以往传统的建立在商品的“某一部分”的价值为“核心”的“零散”的经济管理各门学科专业理论不同的是，本系列书是以现实社会所有商品买卖的全部成本加全部利润（考虑市场供求）的全部价格（去掉全部商品统计结果的通货膨胀率或加上通货紧缩率）的全部价值的实时的价值规律的全面而系统化的总结与概括的结果。因此，它是现实社会所有的商品价值规律的客观反映，因此可广泛用于市场经济社会经济活动当中以及理论研究、科研及教学当中，带来“实用性”，同时也是培养经管专业实用人才以及研究型人才的必经之路。

把这一商品全面价值的价值规律下的全面系统化概括总结形成的理论体系与当代计算机技术有机结合形成的“全球经济一网通系统”系列软件，能够实时显示一个家庭、一个企业或一个国家的全部财富的总价值剩余价值及变化规律，发现问题及时解决，实现过程管理，带来管理上的“少投入、多产出”的剩余价值，实现整个社会资源的最有效配置。使国家、企业及家庭的管理如同行驶中的汽车有了“方向盘”、“导航仪”及“测速器”，有效解决大国、大企业、大家庭管理难的问题。

从社会经济的微观层面上看，能够正确指导企业自觉按商品全面价值的价值规律进行生产经营的过程管理，带来管理上的剩余价值。消除现行的每年末的12月31日的会计核算结果的滞后性以及纸币价格表示偏离实际价值的无用性等，特别是有效解决世界500强等大企业管理难的问题。

从宏观经济管理层面上讲，能够从根本上治理目前社会上各种病态现象，如国民经济统计核算的GDP体系的片面性、通货膨胀、通货紧缩、金融危机以及高通货膨胀下的金融危机带来的社会金融“皮肤病”以及经济运行上的“生死存亡”、失业带来的千家万户的生活痛苦、各种资产价值评估之谜、国际贸易原理之谜……带来整个国民经济的“少投入、多产出”以及社会经济的稳定、健康发展。

此外，还可以建立各国综合经济实力的实时排名系统，消除将现行的GDP的年社会新增福利指标当成整个国家的综合经济实力的排名上的不当。

这样，通过完善与发展传统理论，使传统理论成为新体系下的一个“特例”，同时也是对现实社会全部社会经济活动全面价值的价值规律的全面系统化总结与概括的结果，所以，就架设起传统理论与现实社会经济实际之间的一座桥梁，使整个经济管理学科专业变得“实用”，并且上升到“科学”的地位上来。

相应的，以这套理论以及“全球经济一网通系统”系列软件作为教学教材以及实验室实验的大学教育，就能够把培养“实用人才”或“研究型人才”目标口号落到实处。

## 三、出版情况

整个系列专著分为“价值经济学”、“价值管理学”、“商品价值评估学”三个子系列。在2013年出版的第二批的18个分册当中，填补了很多世界理论空白，如第二、三分册《高级西方经济学》、《高等经济学》等建立了商品全面实时价值及价值规律分析计算基础上的整套价值经济学理论，《国民经济价值核算原理》、《高等金融学》、《高等国际经济学》等进一步发展了传统的国民经济统计学、金融学、国际经济学理论，《投资项目全面实时价值评估》、《投资项目全面实时价值评估》《资产全面实时价值评估》、《工程全面实时价值评估》《房地产全面实时价值评估》、《矿业权全面实时价值评估》、《汽车全面实时价值评估》、《证券全面实时价值评估》等填补了世界商品全面实时价值评估理论的空白。特别是作为第26分册的《知识产权全面实时价值评估》（周天华著．知识产权出版社 2012 版）则首次解决了世界知识经济时代知识产权价值评估难的瓶颈。

本系列书自 2009 年开始在世界范围内出版发行。

最后，关于这 18 个分册的知识产权，已经在中国国家版权中心以及北京市版权中心正式备案注册。根据《伯尼尔公约》规定，在世界 150 个伯尼尔公约国内均受到同等的“公民待遇”。但作者诚意寻求来自各国的公开合作，包括大学教材使用、大学 VM 价值管理实验室建设、共同创办国际价值管理大学、企业价值管理项目服务、政府宏观经济调控项目服务，包括国民经济总价值核算体系建设、通货膨胀、通货紧缩、金融危机以及高通货膨胀下的金融危机、失业、资产价值统一评估计算与度量等。

该系列书通过国际价值中心网站，以中文简体、中文繁体、英文、法文、德文、日文、俄文等近百种语言以电子书的形式同读者见面，并配有字幕翻译下的各国语言的视频讲座。

提示：（美国服务器）视频讲座，网址 http：//WWW. valuezhou. com，（建设中），欢迎收看。

联系方式：

手机：151 6700 8963　邮箱：zhouth1@163. com

# 附录五

## “世界资产网上交易市场”简介

由国际价值中心专司经营的“世界资产网上交易市场”是建立在世界范围内的各种资产，如投资项目、企业、矿业权、房产、土地、证券、知识产权等在网上实时的等价值交易，即“同一时点”的资产本身客观上的全面的价值的交易，通过电脑屏幕实时显示各种资产的实时价值曲线，包括实时成本价值曲线、实时利润价值曲线、实时总价值曲线（价格表示及价值单位表示）、未来收益净现值 NPV 预测曲线及整个项目全部使用期的总价值曲线等，为资产所有人进行各种不同资产瞬间的相互置换，在全球范围内瞬间实现资源整合，使世界各国资产资源能够得到超越国界的更大范围上的快速有效配置，创造资产的巨大收益。

此外，还可以对资产进行类似于股票的投机交易（实际上，投机交易本质上仍然是投资，只是一种中介投资），其交易的价值内涵完全是建立在各种不同资产的全面价值的统一对比之上的，是“即时”的价值，也就是“客观”的价值，或者是客观上的资产随时间变化而变化的价值的真实体现，这样就克服了目前国际社会专业评估机构投入大、评估时间长、评估结果失效及评估内容片面、使用折现率及折现公式不当的不足，形成当代世界投资管理“新革命”。

### 一、“世界资产网上交易市场”优点

1. 价值结果实时显示性

亦即非“基准日”的资产价值认定的交易，而是各种资产客观上存在

的时时刻刻的价值变化基础之上的价值对比结果，而且只有这样，才能真正地实现等价交换。

传统的资产价值评估，是建立在专业资产评估机构，并且是由双方约定的某一时点即“评估基准日”的评估结果基础上，而由于评估基准日是人为确定的，而每评估一种资产，需要很长时间，进行各种会计信息处理（会计信息虚假性世界公认），一般需要几个月甚至几年时间才能完成，而对于一个大资产，每时每刻的价值变化都很大，相隔时间长，即使评估结果再精确，也已经是刻舟求剑的结果。

2. 价值评估内容的全面性

传统的资产价值评估目前没有一个统一的方法。这样同一资产，由于评估方法不同，得到的结果就不同，不同行业资产的价值评估结果甚至同一行业的资产价值评估结果无法加以对比与使用。

传统的“成本法”、“收益法”及“市场法”的“三种方法”的单独使用，其评估出来的结果只是整个资产的成本或利润中的“某一方面的价值”，而不是“全部”的价值。这样，如同盲人摸象一样，从逻辑上来讲，就是以偏概全，而对于一项资产来说，由于数额巨大，差之厘毫，谬以千里，这样，就会导致资产交易中的极大价值误导，给买卖双方带来难以估量的经济损失及显失公平。

评估的数字结果并不是整个资产的全部价值，而只是整个资产全部使用期的某一部分的价值，或者是全部使用期的全部投入价值（成本法），或是整个使用期的收益价值（收益法）。而对于收益法来说，需要预测未来的各年净现金流量 NCF，但是由于缺少世界统一的 NCF 的预测方法，建立在预测不准的基础上的收益净现值 NPV 就是一个人为给定的数，而不是实际的数。况且预测时一律取复利及利息折现。但是，利息是单利的，而对于没有银行存款的资本金，没有利息收入，就无法体现，即折现率并不是资金本身的时间价值的折现率，而是某种投资方式或银行存款利息的折现率。同样的 NCF，但折现率发生错误，也会导致整个评估结果的天地之差。

从评估结果的计量单位上来看，使用的是货币价格单位来表示的，但是，在几百年的世界经济社会发展中，以通货膨胀为主线，其间通货紧缩甚至金融危机持续不断，这样，同一数量的货币，在通货膨胀或通货紧缩的不同时点，由于购买的商品数量有所不同，其价值也有所不同，这样，货币价格无法直接体现真实价值。

总之，由于这一系列问题的出现，导致社会上对于资产评估结果的不信任，而评估机构及业内专家也都对改进资产评估方法翘首以盼，直到目前为止，都在研究当中，甚至对于工程价值评估还缺少价值评估方法。而文化创意项目价值评估、知识产权价值评估，目前还是研究当中，这与知识经济时代的社会经济发展要求极不相符。而由于缺少或不当的资产价值评估方法的限制，导致社会经济实践及经济司法中出现重重困难。

而通过全面价值的即时价值显示及评估结果的价值单位度量，就从评估内容的全面性、评估结果的实时性及价值度量去掉通货膨胀率或通货紧缩率的真实性上得到了圆满解决。

3. 评估操作方便性

通过对参与系统交易的世界各国资产的介绍，实时显示每时每刻的价值，进行每时每刻的资产交易，是同一评估基准时点（精确到分、秒）实时价值的交易。只要按一下键盘，结果立即成交，不存在谈判讨价还价，如同证券电子交易一样在家里就可以进行企业资本运营。

4. 资产交易范围的全球性

由于参与交易的是世界各国的资产，则能够实现全球范围内资源的优化组合，显现国际贸易的剩余价值形成原理，比如俄罗斯重工业及自然资源资产价格便宜，而日本正好相反，高科技成果价格便宜，这样，双方进行这种资产网上交易，就能够在一定时间内实现资源互补的经济作用，实现资产商品各自的少投入、多产出，超过国内或国内某一地区小范围内的交易利润。通过资产的交易置换功能，能够使企业快速转换行业，实现“多元化”经营，减少企业商品生产经营的投资风险。只有快速转换，才能快速适应市场，而对于一些自建工程，从立项到建设再到投入，往往需要几年、几十年甚至几百年的时间，而这时市场对这种商品需求却早已经是时过境迁了，这样的立项决策评估、项目建设还有什么实际意义？

世界范围内的资产交易能够及时盘活企业固定资产，使之发挥资产的收益效用功能，减少折旧带来的资产价值损失，具有极大的经济意义。

根据价值经济学原理，市场范围越大，越有利于自然资源及市场资源的整合，越容易带来商品的价格之差，带来超过本国或本地区的利润剩余价值，例如世界 500 强企业几乎都是跨国公司，而英国、美国、加拿大、日本、韩国、香港……这些经济发达国家及地区的经济成功，也都是来自“外向型经济”，所以，世界贸易是促进世界各国经济发展的共同基础。通过全球范围的资产转换交易，就是世界贸易中最关键的贸易，因为资产生成其他商品，资产的交易带动了其他商品的交易，就能够带来世界范围商品生产的优化组合。

事实上，商品的价格价值决定了生产这种商品资产的价格价值，反之，资产的价格价值也决定了商品的价格，最终通过商品得到补偿，这样，通过资产在世界范围的交易，就能够自动实现世界范围内商品的交易及资源的优化组合，促进世界经济的大发展。

5. 交易成本的低廉性

网上交易抛开了各种专业评估机构巨大的成本投入及税收、利润的支出，只是收取一点点服务费或提供经销服务。

## 二、交易种类

1. 投资项目；

2. 工程；

3. 企业；

4. 矿业权；

5. 房地产；

6. 土地；

7. 知识产权（版权及工业产权的专利等）；

8. 证券（股票、债券等）；

9. 其他。

## 三、交易方法

1. 向中心提出申请；

2. 下载软件；

3. 中心审核通过后，进行登录，并且通知账户、密码等，用户可以随时查询；

4. 按交易标的额百分比收取手续费。

# 附录六

# “世界各国企业总价值实时排名系统”简介

由国际价值中心专司权威推出的“世界各国企业总价值实时排名系统”是根据商品全面价值理论下的整套经济管理学理论，通过“全球经济一网通系统——企业总价值、剩余价值每日实时统计显示预测系统”软件及互联网技术支持，对世界各国企业的综合总价值、实时价值进行每日实时排名的系统，克服目前按“销售收入”进行世界500强企业排名方法的不当。基于客观上实时总价值、剩余价值的实时排名，使世界上的每个企业每天每时都有提升排名名次的新机会。

其优点体现在：

一、有利于提高企业全面总价值的综合实力排名，是企业货真价实的总的经济实力的体现。

二、这是客观的企业总经济实力的体现，就能够客观公正实时揭示出企业的综合经济实力。

通过参加这一系统的世界企业排名活动，能够带来企业的品牌效益，增加企业的无形资产，同时，对于所有企业都提供了实时平均的排名竞争机会，而将参加排名作为企业竞争的目标管理，则能够带来过程管理，从而带来企业的管理经济效益。

# 附录七

## “世界各国大学价值排名系统”简介

大学是向社会提供各种专业技术人才培养的高等教育服务的机构，此外还担任科研、社会服务职能。本质是也是“投入”与“产出”的“价值”创造单位。因此，可以通过使用价值的投入与产出对世界各国大学进行统一排名，而且是通过具体的价值计算的量化分析得出的结果，消除人为设定“个例”指标排名带来的“不公平性”。

其评估方法，主要是根据商品全面实时价值的基本内容，以开办时的固定资产作为“投入”价值，以各年学费“收入总现值 TPV”为内部收益价值，以各年毕业生创造的“收益总现值 TPV”为外部收益价值，二者之和为总剩余价值。这样，如果大学教育质量低下，入学学生少，则减少剩余价值，毕业生就业以及创业不利，使外部的剩余价值减少，从而整个大学的总价值也小；如果教育质量高，招生数量增加，带来内部收益价值增加，毕业就业及创业上有优势，则提升外部收益总价值，进而从内外两个方面增加剩余价值，这是社会以货币购买认可的价值，具体量化计算出来的大学总价值，而不是口头上人为设定的指标。这样，对大学的价值有了公平合理的认定，也就能够鞭策世界各国大学努力提升办学质量，从而造福于整个社会。这样办学规模大、存续时间长的大学，总价值大，培养的人才实用性强、质量高的大学总价值大。反之，小。本系统排名由国际认证中心专司推出。

# 附录八

# “世界各国综合国力总价值实时排名系统”简介

由国际价值中心专司权威推出的“世界各国综合国力总价值实时排名系统”是对一个国家全部财富的总价值的每日实时排名系统，是对 GDP 排名的完善化系统，即对一国的全部消费品、全部投资商品以及全部资源总价值进行每日实时统计评估计算、度量及显示的系统，使用黄金—价值单位来度量，可以建立世界各国财富的固定重量的黄金数量的统一对比，实时指导国民经济全面协调发展，促进综合国力的快速发展。是历来经济学家总统政要们“梦里寻她千百度”的指称系统。

另外，系统中还包括一国每日实时剩余价值情况，通过这个数据，可以看出一国的经济效益，实施过程管理，带来经济效益。

通过这个系统的建设，可以消除 GDP 片面性排名带来的各国经济发展中的“周期性”误导，从根本上治理通货膨胀、通货紧缩、金融危机及高通货膨胀下的金融危机等社会金融“皮肤病”，在建立健康态的金融社会基础上，实现整个国民经济综合、协调、健康快速发展。

通过这个系统的建立，可以树立国家的品牌形象，增加国际业务，带来少投入、多产出的社会经济效益。

# 附录九
## “全球经济总价值、剩余价值每日实时统计显示预测系统”简介

该系统是国际价值中心制作的，是根据“世界各国综合国力总价值实时统计系统”汇集而成的，旨在实时掌握世界经济总发展动向。这一系统实时动态变化的曲线所显示的经济变化规律，就是实际的世界经济总的发展规律。通过这一系统的指示作用，方便世界各国实时作出社会经济发展规划，可以作为证券买卖、社会投资、企业经营、社会生活科学所有经济预测先导，采用相应的对策，实现世界范围上资源的有效组合，提升各国经济发展速度，成为建设健康态世界经济的“方向盘”、“导航仪”、“测速器”。

# 参考文献

[1]［美］威廉·N. 戈兹曼. K. 哥特·罗文霍斯特. 价值起源（修订版）［M］. 王宇，王文玉等，译. 北京联合出版传媒（集团）股份有限公司，万卷出版公司，2010.

[2]［英］亚当·斯密. 国富论［M］. 唐日松等，译. 北京：华夏出版社，2005.

[3]［英］马歇称. 经济学原理（精华本）［M］. 张桂玲等，译. 北京：中国商业出版社，2009.